역학교과서

神通한 易學

김봉준(金奉俊)

충남 서산에서 태어나 서산 서령고등학교 졸업했다. 도학연구, 서울시 행정개선 제안 3회 입상, 지방 행정공무원과 국영기업체 근무, 기업체 정신교육 강사, 동국대 사회교육원 강사를 지냈으며, 지금은 백우역학원을 운영하고 있다.

저서 『쉽게 푼 역학(개정판)』, 『운세십진법｜本大路』, 『國運｜나라의 운세』, 『통변술해법』, 『말하는 역학｜알기 쉬운 해설』, 『핵심 관상과 손금』, 『나의 천운 운세찾기｜몽골 정통 토정비결』, 『천직｜사주팔자로 찾은 나의 직업』, 『완벽 사주와 관상』(공저), 『正本｜완벽 만세력』, 『팔자소관』, 『역학교과서｜신통한 역학』이 있다.

· 전화 (02) 2275-5607~8　　· 팩스 (02) 2275-5608

역학교과서 **신통학 역학**
────────────────

초판 인쇄일　｜　2018년 6월 6일
초판 발행일　｜　2018년 6월 16일

발행처　｜　삼한출판사
발행인　｜　김충호
지은이　｜　김봉준

신고년월일　｜　1975년 10월 18일
신고번호　｜　제305-1975-000001호

10354 경기도 고양시 일산서구 고양대로 724-17호
　　　(304동 2001호)

대표전화 (031) 921-0441
팩시밀리 (031) 925-2647

값 36,000원
ISBN 978-89-7460-179-9 03180

신비한 동양철학 114

역학교과서

신통학 역학

김봉준 편저

삼한

머리말

2007년 『말하는 역학』을 끝으로 책을 내지 않았다. 물론 독자들에게 다음 책은 무엇이냐는 숱한 독촉과 격려를 받으면서도 절필한채 공부나 하면서 후학을 지도하는 데 힘썼다.

오래되었다. 햇수로는 꼭 10년! 10년 만에 이 책을 쓰게 된 것도 좋은 친구가 있어서였다. 그는 현대 의학을 공부한 의학 박사면서 d 역학 이론과 실전에도 능한 보기 드문 사람으로 역학을 주제로 『초과학 이야기』를 펴낸 설현욱 박사다. 그는 나에게 가끔씩 만나 명리학으로 담소하며 지내는 유일한 학벗이다.

하루는 그가 말했다. 이제는 오래됐으니 '말하는 역학 10년 후'라는 제목으로 책을 하나 낼 때쯤 됐다며 권고 아닌 독촉을 한다. 이말을 듣는 순간 나는 전신 고압에 감전된 듯 짜릿한 기가 느껴지면서 이 책을 쓰게 되었다. 설 박사에게 감사한다.

대저! 세상은 많이 변했다. 꽃 안 된다고 죽은 나무가 아니듯, 그날이 그날 같아도 세월은 많이 변하고 있었다. 알바고 얘기다. 지구가처음 열리고부터 지금까지 수억 년을 사는 동안 인간은 지구의 왕자였다. 그러면서 만물의 영장 노릇을 했는데, 이제는 알바고란 괴물한테 그 자리를 넘겨줘야 할 것 같다. 시간만 남았을 뿐이다. 끔찍한 얘기다. 차디찬 기계의 다스림을 당하며 산다는 것은 공포다.

그러나 지구가 존재하는 한, 지구가 궤도를 이탈하지 않는 한, 지구 속에 목화토금수(木火土金水)가 존재하는 한 오행의 원리는 그대로 존재해 결코 지배당할 일은 없으리라 믿어 걱정하지 않는다. 왜냐하면 인공지능보다 인간의 지혜가 우선하기 때문이다.

이 책에서는 목화토금수(木火土金水) 속에는 천지인(天地人)의 심성이 들어 있고, 오행으로 조립된 사주팔자 속에는 인생의 길흉화복과 영고성쇠하는 이치가 들어 있다는 사실을 짧게 설명하는 데 주력했다. 역(易)을 공부하는 사람들은 물론 누구에게라도 필독을 권하는 바다. 왜냐하면 명리학은 자연의 이치를 근본으로 쓰여진 것으로, 노자의 도덕경처럼 삶의 지침서로 삼게 하고자 쓴 것이다. 특히 명리학을 공부하는 사람들에게는 교과서처럼 읽을 수 있도록 요점을 정리하는 데 주력했다. 끝으로 이 책을 내주신 삼한출판사 김충호 사장님께 감사를 드린다.

차 례

제1장. 신통한 역학

제2장. 육친 해설

제3장. 격국과 통변

제4장. 역학으로 본 건강과 재난

제1장. 신통한 역학

1. 운명의 이기(理氣)

理는 오행의 이치를 말하는 것이요, 行은 天行의 이치를 말하는 것이며, 氣는 사시로 왕래하며 순환하는 계절을 말한다.

春來後夏　봄이 오면 뒤에 여름이 오고,
夏來後秋　여름이 오면 뒤에 가을이 오며,
秋來後冬　가을이 오면 뒤에 겨울이 오고,
冬來後春　겨울이 오면 뒤에 봄이 오게 되어 있다.

이는 거역할 수 없는 자연의 이치다. 이와 같이 사람의 명도 봄 기운을 받고 태어나면 木氣가 근본이 되고, 여름 기운을 받고 태어나면 火氣가 근본이 되고, 가을 기운을 받고 태어나면 金氣가 근본이 되고, 겨울 기운을 받고 태어나면 水氣가 근본이 된다. 그러므로 이를 바탕으로 삼아 운명의 왕쇠강약과 길흉을 진단해야 한다.

내 몸인 日干과 月支의 오행이 같아 比肩이 되거나 月令을 얻으면 通根했다 하고, 日干을 극하거나 설기하면 失令 또는 失氣했다고 한다. 그런가 하면 년·월·일·시 어디라도 日干과 같은 오행이 있으면 地支를 얻었다 하고, 그곳에 通根했다고 한다.

그러나 운명이란 氣가 왕성해야 활발하게 활동하는 것처럼 먼저 生月의 地支에 뿌리가 있어야 한다. 生月은 계절을 주재하는 時의 장군이요, 司令神이기 때문이다. 日干이 무엇이든 사주명식의 근기를 이루는 곳은 바로 月支며, 이곳이 운명의 중심이요 핵임을 잊어서는 안 된다. 만약 본명에서 月令을 얻지 못했으면 대운에서라도 地를 얻어야 하는데, 그렇게 되면 方을 얻었다고 한다.

운명은 이토록 身旺하기를 요구한다. 이것은 일단 내 몸인 日干이 강건해야 財·官·印·食·比 어느 운을 만나도 충분히 감당할 수 있어서다. 이래야만 財官印食을 내 마음대로 움직여 세상을 풍미하고 오래도록 이름을 빛내 세상에 태어난 보람을 느끼고 보은하며 살게 되는 것이다.

이것만도 아니다. 물론 사주의 기세가 강건해야 하지만, 비록 身弱하더라도 대운에서 方을 얻으면 弱變强되어 사주가 활발해지고, 대운에서 用神·喜神·救神을 만나면 발복할 수 있다. 이것은 대자연이 순환하는 법칙에서 비롯된 것이므로 인간의 운명도 여기에 따라 영고와 성쇠가 있으니, 가고 오는 화복을 어찌 마음대로 가감할 수 있단 말이냐.

운명의 원리는 음양이 근본이다. 陽이 다하면 陰轉이 되고 陰이 다하면 陽轉이 되듯이, 자연의 질서가 順行好調할 때는 물 밀듯이 나가는 것 같지만, 이는 곧 유한한 것으로 때가 되면 극을 만나 退氣하는 법이다. 또 逆行不調하여 물러서는 것 같아도 역시 때가 되면 극을 만나 進氣로 바뀌는 법이다.

이것도 자연의 이치에서 비롯된 운명의 常理요 常法에서다. 그러므로 명학에서 오행이 지나치게 많으면 억제하고, 부족하면 도우라는 명언은 금과옥조와 같은 말이다. 이는 지구가 태양계에서 떠나지 않는 한 인간의 운명학 역시 변하지 않을 테니 만고에 불변하며 불멸하는 진리로 알고 받아들이기 바란다.

泰靈 선생께서 말씀하셨다. "인사를 다하여 천명을 기다리는 것은 상인이요(盡人事待天命是常人也), 자기의 숙명을 알고 인사를 다하는 것은 달인이다(知宿命盡人事是達人也)." 이는 오행의 작용으로 말미암은 幸不은 선천적으로 타고난 것. 그렇다고 하늘에만 의지할 게 아니라 운명을 알고 잘 대처한다면 세상을 살아가는 데 달인이 된다는 뜻이다. 이것이 後天이다.

先天이 숙명이라면 後天은 운명이다. 생각이 바뀌면 행동이 바뀌고, 행동이 바뀌면 운명도 바뀐다. 예를 들어 돌풍처럼 불어닥친 삼재팔난 속에 갇혀있을 때 돌풍과 맞서며 버티겠다고 하면 이는 先天의 명을 따르는 것이고, 안전한 곳으로 피신하겠다고 하면 이는 後天의 명을 만들어 가는 것이다.

이때 전자와 후자의 명은 같을 수 없다. 후자는 생각이 행동으로 나타나 안전한 곳으로 피신했으니 운명을 개척하지만, 전자는 생각과 행동에 변화가 없으니 숙명에 굴복당해 만신창이가 되든 말든 이 속에 갇혀 살 수밖에 없다.

後天命은 先天命을 앞선다. 아무리 좋은 명식으로 태어났다 하더라도 그에 맞지 않는 행동을 한다면 쓸모가 없어진다. 그러나 명조가 좀 나빠도 마침 대운의 기세와 맞아떨어지면 질풍노도처럼 승승장구할 것이다. 이것은 부족함을 채우려고 노력한 산물이 곧 경험이라는 자산으로 나타나는 결과다. 더구나 현대 사회에서 옛날 농경시대처럼 살려고 한다면 뒤떨어질 수밖에 없다.

혹자는 지금이 어느 때인데 아직까지도 태곳적 오행설이나 되씹느냐고 폄하한다. 그럴 때마다 강변하고 싶지만 격이 맞지 않아 상대조차 안 한다. 물론 시대에 따라 학문도 발전한다. 이것은 사람의 지능이 발달해 과학으로 나타나고, 과학은 곧 현실이 되어 사람의 생활에 편리함과 유익함을 주므로 눈에 보이는 현실만 갖고 하는 말이므로 이해하지 못하는 것은 아니다.

하지만 과학보다 음양오행학이 상위 학문임을 안다면 어찌 그런 소리를 할 수 있겠는가. 본 학문은 死學이 아니라 活學이다. 태양계가 움직이고 지구가 움직이는 한 사람의 운명도 지구처럼 자전과 공전의 궤도를 돌며 크고 작은 운을 따라 운행한다고 역설하는 바다.

1. 천도(天道)의 법칙

사람의 길흉화복은 누가 뭐라 해도 자연의 大理法으로 만들어진다. 태초에 우주가 생성되었을 때부터 천지에 음양의 조화가 있어 陽은 남자가 되고 陰은 여자가 되었다. 하늘의 오행은 氣가 되고 땅의 오행은 물질이 되어, 남자는 하늘의 氣를 본받고 여자는 땅의 물질을 본받아 태어났다. 어찌 사람만 그렇겠는가. 만유의 생물이 모두 이처럼 암컷과 수컷을 있게 해서 종족을 번식하게 했다. 이는 천도의 이치다. 암컷은 수컷의 氣를 받아 생명을 잉태하고, 이것이 곧 물질이 되어 세상에 태어나는 것이다.

그러나 암컷이 제아무리 물질을 잉태하고 싶어도 氣가 없으면 불가능하고, 수컷 역시 제아무리 氣를 내리고 싶어도 혼자서는 할 수 없다. 이것은 천지의 음양이 상합혼교할 때만 새로운 생명이 비로소 탄생할 수 있는 것이다. 이처럼 하늘의 氣만 갖고도 안 되고 땅의 물질만 갖고도 안 된다는 것을 一陽不生 一陰不成 혹은 孤陽不生 孤陰不成이라 한다.

천지의 만물은 모두 이렇게 음양이 혼교하여 물질과 인물을 만들어낸다. 여기에는 반드시 天·地·人이라는 삼도의 준엄한 법칙이 따른다. 이를 三才라 하며, 三元이나 宗源 혹은 만물의 宗이라고도 한다.

2. 지도(地道)의 법칙

삼광 만물의 종을 알려면 먼저 때를 알아야 하고, 때를 얻으면 명조는 비로소 神功을 나타내기 시작한다. 地에는 강하고 유한 때가 있는데, 이는 동서남북 중앙이라는 五方의 神將을 말한다. 하늘에 덕과 氣가 있다 하더라도 때와 맞지 않으면 功을 이룰 수 없으니 이 때를 놓치면 안 된다. 이 때가 인명과 딱 맞아떨어지면 天功과 地功과 人功이 三合하여 큰 공을 이룬다.

坤은 땅이요 어머니로, 만물을 생육하는 생명의 근원이다. 하늘의 정령을 받아 형질이라는 물질을 비로소 낳았으니 당신의 위대함에 감사드린다. 또한 地의 土란 재물의 神將으로도 본다. 이 땅의 물질은 모두 土에서 낳고 土에서 자라 土로 돌아가지 않는 게 없다. 하찮은 금수나 초목은 물론 만물의 영장이라는 사람 역시 이 범주에서 벗어나지 못한다. 아무튼 만유의 것이 土에서 낳고 土에서 자라는 것을 먹고살다 죽는다. 그러므로 土를 금은재화, 財神, 財將이라고도 한다.

3. 인도(人道)의 법칙

 만물만사에 오행이 아닌 것이 없고, 五氣가 아닌 것이 없다. 사람은 누구나 아무것도 모르고 태어난다. 다만 묘하게도 하늘의 기를 받고 땅에서 형상을 갖추고 태어나 사람이 되었으니 그저 천지에 감사할 따름이다.

 하늘의 기는 지구상에 비가 오듯 쏟아지는 것이고, 땅의 물질은 쏟아지는 기를 마음껏 들이켜 축생도 만들고 초목도 만들 수 있다. 그중에서도 하필이면 만유의 영장인 사람으로 태어났으니 이보다 더한 광영이 어디 있겠는가. 내가 사람으로 태어나 보니 이제서야 알겠노라. 어쩌면 그렇게도 한치의 오차도 없이 자연과 빼닮았더란 말이냐. 자연의 五常立事가 완벽하게 내 몸에 박혔고, 정신에는 仁義禮智信이 깃들어 천지신명과 통하게 했으며, 地로 중심을 잡게 하여 天地人의 道에 벗어나는 일을 하지 않도록 한 것은 오직 사람에게만 주어진 五常五事의 특도가 아니겠는가.

 하등동물에게는 五常立事도 五常五事도 있을 수 없어 그들은 오직 먹는 것밖에 모른다. 또 감정을 조절할 지능이 없어 노하고 성낼 줄은 알아도 웃지는 못한다. 이것은 오행의 기를 사람처럼 완벽하게 받지 못하고 편고하게 받아서다. 만약 그들도 사람처럼 완벽하게 오행의 기를 받았더라면 희노애락을 아는 지능이 있어 오감신경계를 갖춘 동물이 되었을 것이다.

 물론 사람에게도 선악이 있어 잘난 사람과 못난 사람이 있고, 사람 같은 사람과 사람 같지 않은 사람이 있다. 이는 환경과 밀접한 관계가 있다는 것으로만 알자. 이를 설명하자면 본문과 너무 멀어져서다. 다만 악기악령 속에서 헤어나지 못하는 사람이 있다면 그것은 오행의 氣가 편기편고하게 짜여져 기운이 편향되어 그런 것이다. 그러므로 년월일시로 조립된 사주팔자의 오행은 섬세하게 잘 짜여진 옷감과 같아야 한다.

여기에는 生·剋·制·化·會·合·刑·沖이 있다. 어느 것은 극을 좋아하는 制가 있고, 생을 좋아하는 生化로 귀명을 이루는 것도 있으니 참으로 심오한 학문이다. 날로 시대가 복잡해지면서 우리나라만 보더라도 미세먼지 등으로 공해촌이 되어가고 있다. 환경운동가들이 지구 살리기에 나섰지만 때는 이미 늦은 듯하다. 여기에 편승하여 정신세계를 좀먹는 학술이 지상으로 올라와 우주판을 흐려놓는 것도 걱정이다.

명리학의 대본은 위에서 말한 대로 生剋制化의 바탕 위에서 길흉의 조화가 이루어지는데도 잡다한 神殺로만 명운을 감정하는 이가 있는가 하면, 단기완성이라는 이름으로 사람들을 끌어들여 한두 달 교육시켜 존귀한 사람의 운명을 감정하게 하는 이들도 있다. 게다가 겁없이 달려들어 길흉을 논하는 철부지들도 있으니 그저 두렵고 걱정만 할 따름이다. 도대체 이런 곳에 오라는 사람은 누구고, 가는 사람은 누군지….

다시 한번 말한다. 명리학을 공부하는 데 많은 이법과 천언만어가 있지만, 핵심은 日干의 왕쇠를 판단하는 것이요, 用神과 喜忌神을 바로 보는 것만이 참된 법리임을 꼭 기억하기 바란다.

4. 지천명(知天命)

내 운명을 모른다면 장님이나 귀머거리와 같아진다. 성인도 말씀하시기를 자신의 명을 알아야 비로소 군자가 된다고 했다. 그러나 내 운명을 알기란 결코 쉬운 일이 아니다. 설령 안다 하더라도 명에 따라 나아가고 물러서기는 더더욱 어렵다.

우선 운명을 알려면 4가지 원칙, 즉 相生·相剋·制化·制剋을 알아야 한다. 운명이 순해야 되는 것은 순해야 하고, 역해야 되는 것은 역해야 하는데 이를 生剋制化라 한다. 대개 正財·正官·正印·食神 4길신은 順生을 즐기고, 偏財·偏官·偏印·傷官 4흉신은 逆剋을 즐긴다. 이는 명조마다 차이는 있으나 본 법의 정의는 이렇다고 보면 된다.

명조 감정은 어디까지나 오행의 相剋이 기본이므로 여기에 맞는 合理合會의 궤를 벗어나지 않으면 자연의 常理를 벗어나지 않은 정통 법리라고 하겠다. 특히 운명이라고 하면 흔히 돈 벌고, 출세하고, 시집 장가가는 것만 묻고 답하는데, 이게 전부가 아니다. 그래서 필자는 항상 손님에게 먼저 말한다. "질문 잘 하시요"라고….

공연히 되지도 않는 말로 엉뚱한 것을 묻는 사람들이 있어 하는 말이다. 운명이란 정사각형처럼 네모 반듯한 학문이다. 여기에는 가감이 있을 수 없고, 질곡이 있을 수 없다. 되는 것은 되고, 안 되는 것은 안 된다. 선이 악이 되고, 악이 선이 되는 것도 운명이다. 그러므로 받을 것은 받고 줄 것은 줘야 하는데, 그냥 움켜쥐고 있으려니 번뇌가 생기고 갈등이 생기는 것인데도 그것을 알지 못하기에 번뇌가 번뇌를 만들어 우리를 이토록 고통스럽게 하는 것이다.

이것은 자연의 질서에 반하는 易이다. 여기에는 반역한 것만큼의 대가를 죗값으로 받아야 하는데도 이것을 모르니 한심할 따름이다. 그래서 운명을 알아야 한다. 知天命하고, 知地命하며, 知人命하면 우를 범하지 않는다. 이것은 三道之儀를 알고 행하라는 완벽한 도언이다.

우리는 어차피 사람으로 태어났으니 도인이 되어야 한다. 어려울 것도 없고, 행하지 못할 것도 없다. 五行五氣를 알고 이에 따라 행하면 天事와 地事와 人事에 응하는 것이고, 응하면 만물만사가 형통해진다.

우선 사람의 명과 일을 알려면 자신의 육신에 있는 오감신경 움직임부터 이해해야 한다. 그리고 이것을 안다면 지금까지 말한 천지오행과 음양오행이 헛되지 않음을 알게 될 것이다.

5. 인간 설계

1) 사주의 개념

사주란 글자 그대로 태어난 년·월·일·시 네 기둥을 말하고, 한 기둥에 干支 두 글자씩 있으니 2×4=8이므로 팔자라고 하는 것이다. 이를 중국에서는 명리, 일본에서는 추명, 우리나라에서는 사주라 하는데 이를 천명이라고도 한다.

이는 태어날 때 하늘이 "너는 이렇게 만들었으니 이대로 살라" 하고 명령했다는 뜻이다. 어쨌든 사주팔자는 음양오행의 부호인 干支

로 표시한 건물인 셈이다. 따라서 사주는 사람이 이 세상에 태어날 때 조물주에게 받은 인생 각본이며 설계서다. 그러므로 사람은 그 설계에 따라 정신과 육신이 만들어지고, 사지오체와 오장육부가 형성되었다. 그리고 그 각본에 따라 흥하며 망하고, 울고 웃는 배우 노릇을 한다고 볼 수 있다. 이것이 바로 인생이다. 그러므로 사주를 보면 그 사람의 성격과 재능을 알 수 있고, 오장육부와 이목구비의 허와 실을 가늠할 수 있다.

즉 사주는 타고난 문서요 건강 명세서며, 적성과 IQ까지도 측정할 수 있는 청사진이기도 하다. 따라서 그 사람이 어떻게 생기고, 어떤 능력으로 무엇을 할 수 있는지, 닥치는 운세의 길흉화복은 어떠한가 등은 모두 사주에 나타난 음양오행의 질량과 구조의 허실에 달려있다고 보는 게 사주학이다.

2) 사주는 4차원이다

인간은 지금 3차원 세계에서 몸부림치지만 2차원적인 사고방식과 3차원의 과학과 문화가 혼재하면서 4차원 세계도 꾸준히 연구하는 게 현실이다.

1차원은 선이다. 한 줄로 된 선은 마치 외나무 다리처럼 겨우 한 사람이 지나갈 수 있는 좁은 길이다. 가는 도중에 다른 사람과 마주치거나 장애물을 만나면 피할 수도 비킬 수도 없는 외길이 1차원이다. 따라서 1차원이 원하는 것은 자유롭게 행동할 수 있는 면인데, 이 2차원의 면은 사방으로 트여서 어디든지 마음대로 갈 수 있고 피할 수도 있다. 그러나 2차원의 면도 날거나 뛸 수 있는 높이는 없어 전후좌우의 공간과 상하까지 자유자재로 행동할 수 있는 공간을 원한다. 이러한 선과 면과 체가 있는 완전한 공간이 3차원이다.

1차원의 선과 2차원의 면과 3차원의 체는 모두 물질 형태가 지배한다. 하지만 물리는 물질을 분석하고 관찰할 수는 있어도 형이상학의 진리는 알 수 없다. 그래서 물리나 과학으로 易을 이해하고 분석하려는 것은 무리다.

易은 4차원이다. 만물의 생성을 놓고 크게는 진화론과 창조론이 있다. 어느 쪽이든 다 일리는 있으나 창조는 천지의 운기로 이루어지고, 만물은 진화로 이루어진다고 본다. 운기가 만물을 창조하는 원리와 법도를 천도라 하고, 만물을 형성하는 성분과 설계를 천명이라 한다. 이 천명의 성분은 음양과 오행이므로 창조의 객체는 바로 이 음양과 오행의 명세서요 청사진과 같은 명을 각자가 타고난 것이 사주다.

따라서 천도와 천명은 창조의 근원이며 원리고 법도로, 이를 4차원이라고 한다. 3차원의 물체에 빛과 기를 더하면 4차원이 된다. 다시 말해 3차원은 물체는 있으나 빛과 氣가 없어, 빛을 밝혀야만 볼 수 있고 기를 통해야만 움직일 수 있기에 3차원은 모든 게 힘으로 움직이지만, 4차원은 道와 命과 빛과 氣로 自生, 自動, 自化하는 것이다.

3) 운기가 조물주다

운기는 만물을 만들고 움직이며 지배하는 것으로, 우주의 정기요 원기다. 즉 춘하추동, 밤과 낮, 생과 사, 흥망성쇠를 지배하고 요리하는 전지전능한 조물주와 같다는 말이다. 따라서 병의 근원인 장부의 부족과 허도 그의 조화이기에 병의 뿌리를 찾으려면 운기부터 살펴봐야 한다.

그러면 운기란 무엇인가. 옮길 運 자와 기운 氣 자인 것으로 보아 氣가 바로 운기라는 말이다. 기의 고향은 태양이며 수소를 먹고 자라고, 물을 찾아 땅으로 하늘로 돌아다니며 온갖 조화를 부린다. 운기를 다른 말로는 水火라는 음양오행으로 설명할 수 있다. 운기는 火精과 水精의 합성에서 발생한 정기로, 양전자와 음전자가 합성할 때 나오는 전기와 같다. 그래서 운기는 태양의 빛과 열로 천하를 광명한 세계로 만들어주고, 지구상의 물과 조화되어 만물을 창조하고 기르며 다스린다.

낮은 火를 먹고살고 밤은 水를 먹고살기에, 낮만 계속되면 뜨거운 불길이 땅을 불살라 만물을 잿더미로 만들 것이다. 반대로 밤만 계속되면 천하가 차디차게 꽁꽁 얼어붙을 것이다. 水火는 서로 주고받는 운기의 교류로 숨을 쉬며 살아가기에 결코 배척하거나 떨어질 수 없다. 다만 멀어졌다 가까워졌다 할 뿐이다.

운기가 올랐다 내렸다 모였다 흩어졌다 더웠다 추웠다 하는 것은 모두 음양오행의 작용이기에, 음양오행이 바로 우주와 천지만물의 해답을 풀 열쇠라고 할 수 있다.

기는 만능 열쇠다. 지금의 과학은 3차원을 완전히 정복하려고 몸부림친다. 달나라를 오가고 초음속 비행기와 우주선을 개발하는 등 입체적인 공간을 최대한 탐험하고 개발하려 한다. 하지만 이는 물질과 물리를 최대한 활용하는 것일 뿐 기체의 세계, 즉 4차원을 과학으로 정복할 수는 없을 것이다.

4차원의 세계를 형성한 운기와 천명은 동양의 철학과 의학으로 터득하는 게 기본이라고 본다. 그러나 얼치기 육갑과 점술, 비결과 귀신타령 같은 2차원적인 음양오행론으로 4차원에 담긴 진리와 기를 어찌 깨닫겠는가.

4) 역(易)을 알면 질병까지 알 수 있다

본래 易은 曆·力·疫이다. 우리말로는 모두 '역'으로 발음하지만 뜻은 각기 다르다. 하지만 전부 서로 통하는 이치는 같아 易이 밝으면 疫도 밝아진다.

疫은 질병을 의미하는데, 병을 세균 개념으로 이해하려면 세균 같은 병원체를 분석·관찰하는 전문 의술이 필수다. 하지만 병의 개념을 세균이 아닌 부족으로 보는 시각에서 천명의 운기로 체질을 분류하고, 체질에 따라 병의 뿌리인 허를 관찰하고, 허를 보강하는 예방의학의 자료가 되는 게 바로 사주팔자다.

다시 말해 사주만 똑바로 이해하면 사주가 인체의 설계서인 만큼 체질을 분별하고 거기서 병의 뿌리를 찾아 치료할 수 있다는 말이다. 의술은 병이 드러나야만 손을 쓸 수 있지만, 易은 疫인지라 사주만 보고도 병의 뿌리를 알 수 있기에 만병을 예방해서 무병장수에 이바지할 수 있다는 게 사주학의 자랑이요 권위다.

본래 건강은 내가 지켜야 하는 것이다. 병이 난 뒤에 의사한테 생명을 맡길 게 아니라, 易으로 疫을 미리 다스려야 한다는 말이다. 그러면 病은 어디서 오고, 어떻게 易으로 미리 진단할 수 있는지 알아보자.

　사람은 물질적인 육신과 기질적인 정신으로 이루어져 있으므로, 육신은 물질을 먹고 정신은 기를 먹어야 살 수 있다. 그래서 물질은, 즉 음식은 생명을 유지하는 절대 조건이면서 만병을 다스리는 약이므로 사람을 비롯한 모든 생물은 우선 먹어야 산다. 먹어서 배를 채운다는 것은 부족한 것을 채우는 것이다. 반면에 부족은 허를 낳고, 허는 병을 만들고, 病은 생명을 위협한다.

　사람은 피나무(血木)라고 할 수 있다. 육신은 수천억 개가 넘는 세포로 이뤄졌고, 그 세포는 끊임없이 피를 먹고 성장하며 증식해야 하기에, 조물주는 사람에게 먹거리를 생산할 수 있도록 사지오체와 손발을 만들어줬다. 또한 음식을 흡수하고 소화하는 기관으로 오장육부를 만들어 끊임없이 피를 생산하게 하고, 모세혈관을 통해 세포를 증식시켜 먹여 살리도록 했다.

　그런데 피는 물과 같다. 물은 저절로 흐르는 물질이 아니다. 반드시 공기를 만나야만 숨을 쉬고 움직일 수 있다. 그렇기에 세포가 먹고 사는 피도 산소가 없으면 순환할 수 없고, 공기를 만나야만 숨을 쉬며 피가 움직이게 된다. 그래서 결국 육신과 정신으로 이루어진 사람은 혈과 기를 먹고 사는 것이다. 그러므로 혈기가 왕성하면 육신과 정신이 건전하고, 혈기가 부족하면 생명이 허약해져 부족과 불균형에서 병이 생기는 것이다.

　사람이 하루 세끼 밥을 먹는 것은 혈기를 보충하는 기본적이고도 필수적인 작업이다. 이때의 만족과 정상은 생리고, 부족과 이상은 병리다. 혈기는 오장육부에서 생산·저장·소비되므로 장부는 혈기를 먹고 사는 셈인데, 생명을 건실하게 유지하려면 혈기를 생산하는 기능이자 공장인 장부를 튼튼하게 유지해야 한다.

그렇다면 질병은 장부가 부실함에서 온다는 결론에 이르게 된다. 구체적으로 말하면 간이 부실하면 간장병이 생기고, 폐가 부실하면 호흡기와 대장이 약하고, 심장이 부실하면 심장과 순환기 질환이 오고, 콩팥이 부실하면 신장병이 온다는 것이다.

5) 오행과 장부

사람의 뱃속에는 오장육부가 있는데, 이는 혈기를 생산하는 공장 구실을 한다. 여기에도 음양오행의 원리가 작용해 저마다 구실이 다르다.

臟은 고기 육(肉, 月과 변이 같음) 변에 감출 장(藏)으로 된 글자로, 그늘지고 감춰진 곳에서만 살면서 감추고 갈무리하는 그릇 역할을 한다는 뜻이다. 오장은 陰女라 혈기를 알뜰히 관리하고, 육부는 陽男이라 부지런히 혈기를 만들어 오장에 넘겨준다.

오장은 간장·폐장·심장·신장·비장을 일컫는데, 비장의 脾 자는 고기 육(肉) 변에 낮을 비(卑), 즉 머슴을 나타내는 글자라 아주 재미있다. 머슴은 본래 자기 것이 없어 주인 일만 죽도록 해주고 밥이나 얻어먹는 사람으로 노상 일만 하는 처지다. 밥통 위(胃) 자 또한 밭 전(田) 밑에 고기 육(肉)인지라 농토 구실만 하기에 비위는 혈기를 생산하는 공장에 지나지 않아 소화만 시키면 다른 4개의 장으로 보내고, 또 새로 음식을 받아들여 계속 일만 하는 곳이 위장이다. 원래 땅은 주인의 것으로 소득 또한 주인한테 돌아가나, 경작만은 머슴이 맡아 하듯이 비장은 생산된 혈기를 배당받지도 못하고 위장의 소화 기능을 촉진시키는 분비물만 공급할 뿐이다.

실제로 살펴봐도 肝木은 혈을 저장하며 동방과 봄을 관장하고, 肺金은 기를 저장하며 서방과 가을을 주관하고, 心火는 火神을 간직하며 남방과 여름을 차지하고, 腎水는 水精을 갈무리하며 북방과 겨울을 주재한다. 하지만 脾土는 방위와 절기가 없이 가운데 공간만 차지할 뿐이다. 여기서 가장 중요한 것은 땅이 있어야 농사를 지을 수 있듯이, 脾土와 더불어 경작은 인력(木)과 농수(水)와 햇빛(火)과 돈이나 농기구(金)의 협력으로 농사를 짓게 된다.

육부는 각자 자기 아내를 위해 열심히 일하는데, 뱃속의 장부는 相生만 할뿐 相剋은 하지 않는다는 사실이다. 혈은 水의 딸이요 기는 火의 아들인데, 水는 물이 아닌 精으로 차고 단단하며 肝木으로 보내져야 혈이 된다. 피는 간에서 직접 분배되지 않고 심장으로 간다. 한편 心은 이를 가공하여 열에너지를 생산해 전기가 양전자와 음전자로 형성되듯이 양에너지는 氣가 되어 폐로 가고, 음에너지는 혈이 되어 간으로 보내진다.

다시 말해 水木으로 피를 생산·공급하는 것은 腎水요, 土生金으로 폐기를 공급하는 것은 心火요, 水火는 곧 精과 神으로 相生할 뿐 相剋은 아니다. 精은 血을 만들고 神은 氣를 만드는지라 精血神氣는 결국 모자지간이라는 말이다.

설계서만 갖고도 그 건물의 구조와 용도를 알 수 있듯이, 사주로 장부의 허실을 알아 질병을 예방하는 지혜를 갖자는 뜻에서 이 글 제4장에서 건강을 통변하는 데 주력했다.

2. 천간(天干)의 오양(五陽)과 오음(五陰)

五陽인 甲·丙·戊·庚·壬은 陽氣라 그 빛이 밝고 강하다. 陽은 남자이므로 다른 세력에 굴복하지 않고 독립독행하려는 기질이 있어 결코 종하기를 싫어한다. 이것은 陽이라는 자신의 세력을 믿어서인데, 陰의 여자는 그렇지 않다. 주변 세력에 쉽게 굴복하고 순종하려는 기질이 있어 從殺이나 從兒하는 경우가 많은 것도 예사로운 일이 아니다.

五陽의 기란 그가 품고 있는 성정이 강하여 財와 官殺을 다스려 그를 권으로 삼으려는 기질이 있어 기세에 굴복하기를 싫어하는 것이다.

五陰인 乙·丁·己·辛·癸는 五陽의 기와는 다르다. 財나 官殺이 사나우면 그 기세에 쉽게 굴복해 자신의 본성을 버리고 따라가는데, 이를 棄命이라 하며 棄命從殺格, 棄命從財格, 棄命從兒格으로 나눈다. 운에서 만나면 크게 발전한다.

그러나 棄命從한 사주가 比肩運이나 印綬運을 만나면 크게 실패한다. 이는 자신을 버리고 살려했는데 공연히 比劫과 印綬가 들어와 나를 돕겠다고 하니 명을 거역한 것과 같아 응분의 대가를 받는 것이다.

그렇다고 陽干이 종했다 해서 나쁠 것도 없고, 陰干이 종했다 해서 좋을 것도 없다. 또 財官을 다스린다 하여 좋을 것도 없고, 財官에 순종한다 하여 나쁠 것도 없다. 陽의 강이 陰의 유만 못한 때가 있고, 유가 강만 못한 때가 있어서다. 예를 들어 문을 열 때도 힘만

준다고 해서 열리는 게 아니다. 부드럽게 열어야 쉽게 열리는 것처럼 사주도 강유가 적당해야 호명이요 귀명이 된다.

1. 갑목(甲木)

甲木은 초춘에는 한랭하여 자라기 어려우니 火로 따뜻하게 해주면 성장과 번영을 약속받는다. 중춘과 만춘에는 木의 기세가 왕성해지므로 金의 극을 받더라도 두렵지 않다. 오히려 반극작용을 하여 木의 위세를 떨친다.

또한 金의 극을 받더라도 火로 金을 다스리면 두려울 게 없다. 그러므로 명조에 木氣가 많을 때는 火로 木을 생해야 호명이 된다. 이때 木勢는 木火通明의 기운을 얻어 발복하는데, 이는 木의 仁性과도 상당한 관계가 있어 더욱 좋은 명으로 본다.

가을 甲木은 쉬는 나무다. 土는 金을 생하여 土氣가 극도로 쇠한 때라 木을 키울 힘이 없다. 고로 가을에는 金氣만 왕성한 때라 木이 고사 직전에 들어가는데 하찮은 초목은 오죽하겠는가. 그러나 火가 있으면 木을 보호한다. 火가 있으면 土를 생하여 土는 敗土를 면하고, 敗土를 면한 土는 養土가 되어 木을 살린다.

비록 가을 木이 되어 이파리는 말라버려도 木의 기세는 뿌리로 돌아가 긴 겨울을 지내면서 봄을 기다린다. 이와 같은 이치를 가을은 土를 용납하지 않는다고 한다.

앞에서 甲木은 火를 좋아한다고 했지만, 그것도 지나치면 심하게 泄氣되므로 木氣는 쇠하여 쓸모가 없어진다. 이때는 辰土가 있어야 호명이 된다. 辰土는 慈養之土가 되어 木을 착근시켜 생장을 돕기도 하지만, 우선 火氣를 빼 木氣가 쇠하는 것을 막아주는 중요한 일을 하기에 辰土가 반드시 필요한 것이다.

辰月은 五陽之火의 때라 丙火의 기세가 만만치 않다. 그러나 辰月 丙火가 아무리 작렬한다 하더라도 木이 성장하는 데는 오히려 辰土가 있어 설기가 두렵지 않으므로 辰月 초목들은 그렇게도 무성하게 싹이 트고 윤기를 발하며 무럭무럭 잘 자라는 것이다.

하지만 만약 辰土가 없는 丙火月 甲木이라면 木氣는 丙火에 木生火로 쉽게 설기당하여 木焚되거나 시들시들 말라 죽어버릴 것이다. 이렇게 되면 동량지목은 어디서 구할 것이며, 집 짓고 가구 만드는 재목은 어디서 구할 것인가. 아마도 우리 생활에 엄청난 타격을 주는 것은 물론, 주거 또한 이상하게 바뀌어 동물도 아니요 식물도 아닌 환경에서 살아갈지도 모른다. 왜냐하면 사람은 태초부터 水木에 의존해 입고 먹고 잠자며 살아왔기 때문이다.

水는 甲木을 生한다지만 과하면 썩어버린다. 아무리 水가 印綬가 되어 자양한다 해도 지나치면 그 자식은 버릇이 없고 게을러 공짜 인생이나 살려고 한다. 이럴 때는 財가 들어와 태과한 印綬를 극하거나, 寅 建祿이 着木시킨 후 왕성한 水를 설기해 주면 안세를 이루며 천화지윤하게 된다.

명조가 이쯤되면 천년을 장수할 삼림을 이룬 듯 만고에 빛나는 동량이 된다. 나무 한 그루가 성목이 되어 대기를 이루려면 丙火의 活木과 土의 배양과 水의 자양을 받아야 한다. 그러므로 甲木은 時令을 얻어야 동량이 된다. 그렇지 않으면 쓸모없는 재목이 되기 쉽다.

2. 을목(乙木)

乙木은 봄에는 복숭아 나무요, 여름에는 벼요, 가을에는 오동 나무요, 겨울에는 화초다. 이렇게 乙木은 계절에 따라 그 모습을 달리한다. 봄 乙木은 火를 좋아하고, 여름 乙木은 水를 좋아하고, 가을 乙木은 火를 좋아하고, 겨울 乙木도 역시 火를 좋아한다.

乙木은 土를 財로 삼기에 丑未를 좋아한다. 이는 陰木이라 능히 陰土를 극하여 財를 취할 수 있어서다. 년월일시 어디에 있든 기뻐하고, 사주에 丙丁火가 있으면 土財를 도와 더더욱 좋다.

乙木이 甲木을 만나는 경우다. 乙木이 비록 身弱하다 해도 甲寅木을 만나면 甲木을 휘감고 올라가 호명을 이룬다. 춘하추동 언제 태어나건 甲寅木을 만나면 이런 방법으로 생명을 보전하니 호명이 된다고 하는 것이다.

乙木이 時令을 얻으면 꽃을 무성하게 피워 결실을 거두지만, 失令하면 시들어버린 잡초에 불과하다.

3. 병화(丙火)

丙火는 봄과 여름에 성한다지만 가을을 만나도 서리를 우습게 여기고, 겨울을 만나도 水를 두려워하지 않는다. 태양은 서리를 없애고 눈을 녹이므로 水의 극을 두려워하지 않는 것이다. 丙火가 아무리 염상을 이룬다 한들 辛金을 만나면 부드러워져 강한 기운을 발동하지 않는다. 이는 현처를 만나 부드럽고 자애로워지는 이치와 같다.

丙火에 水가 적당하면 水火旣濟를 이룬다. 이는 丙火의 기세가 밝고 맑으면 대지에 널려있는 水를 불러들여 만물을 배양하므로 큰 공을 세우게 한다. 이를 火의 은공이요 水의 은혜라 하는데, 丙火는 웅장함을 뜻하므로 태양이라 한다.

丙火가 時令을 얻으면 찬란해지고, 失令하면 빛을 잃어 쓸모가 없어진다.

4. 정화(丁火)

丁火는 丙火처럼 작렬하는 火가 아니므로 柔火라고 하며, 文明之火라고도 한다. 하늘에서는 星列이요 땅에서는 燈火가 되므로 丁火가 丙火를 만나면 빛을 빼앗기는 대신 丙火처럼 폭발적인 화력을 나타내 성질이 발광하고 조급해지기도 한다.

그러나 그 본성은 陰火라 壬水를 만나면 애정지합으로 돌아선다. 이때는 戊土 傷官도 겁내지 않는다. 또한 陰火라 하여 성질이 느긋하고 섬세한 것만도 아니다. 다만 丙火보다는 그 열기가 약하다는 것뿐이다. 노할 때는 丙火에 버금간다. 이것은 등촉불의 따끔한 화력과 같아서인데, 이는 잠시잠초일 뿐 쉽게 시들고 만다.

丁火가 春木을 만나면 광휘가 빛나고, 夏木을 만나면 강해지고, 秋木을 만나면 가을밤의 별처럼 찬란해지고, 冬木을 만나면 땅속에 火氣를 간직한 것과 같아 丁火日生은 춘하추동 사시 언제 태어나도 의식에는 궁함이 없는 법이다.

丁火는 천성이 온순해 그 기세가 밝고 맑다. 時令하면 민첩하고,

失令하면 간사하고 근심이 많다.

5. 무토(戊土)

戊土는 천지 중앙에 자리잡아 중심을 잃지 않는다 하여 正 혹은 中이라 한다. 또 그 성정이 곧고 무거우니 산이요 육지요 제방이며, 두터운 성벽을 뜻하기도 한다.

戊土는 중앙에 자리잡고 있으면서 사계의 순환을 돕기도 하지만, 부족한 것은 채우고 넘치는 것은 극하여 중용을 이루게도 한다.

천지의 만물은 土에 의지하지 않은 게 없다. 사람도 土의 성정에 따라 신용과 덕을 바탕으로 인도를 중히 여기며 살아가듯, 만물도 土에 의지하면서 이렇게 살아가는 것이다. 이를 正大라 한다.

춘하의 戊土는 그 기세가 커 만물을 생육하고, 추동절에는 조용해지면서 만물을 수장시킨다. 그러므로 土는 만물의 명을 다스린다 하여 土旺 또는 土帝라고도 한다.

土가 時令하면 그의 뜻이 웅대하며 과감하고, 失令하면 어리석고 연약하여 쓸모가 없다.

6. 기토(己土)

己土는 陰土로, 습하고 윤하여 초목을 잘 키우므로 전원이라고도 한다. 木은 土를 극하지만, 木 역시 土가 없으면 발아도 착근도 할 수 없는 법이다. 그래서 土는 木을 두려워하지 않고 오히려 木을 달래 土에 살게 하는 중정의 기질이 있다.

土는 四立 전인 辰戌丑未月마다 18일씩 있어 가장 왕성하다. 여름에는 조금 왕하고, 가을에는 쇠하고, 겨울에는 많이 쇠약해진다. 己土가 時令하면 인품이 높고, 失令하면 품위는 떨어지나 그래도 절제가 굳고 바른 특성을 갖는다.

7. 경금(庚金)

庚金은 본래 천지를 숙살하는 막강한 권한을 가진 병권자답게 天上太白星의 殺星까지 갖춰 그 능력이 대단하다. 천지 만물의 기세가 그토록 충천하여 춘하에 무성하게 발육·성장하더라도 가을바람을 맞으면 오곡백과에 맺힌 열매가 비로소 영글기 시작하니 열매를 맺는 것도 한 시절이요, 영그는 것도 한 시절이다.

이것은 인도의 삶과도 같다. 부지런히 일하고 공부할 때가 있는가 하면, 일하고 공부한 것이 영그는 때가 있는 법이다. 이러한 이치는 金克木에서 비롯된 원리다. 金이 비록 木을 극하지만 이는 유용한 剋이므로 만물의 씨앗을 보존하게 해서 만인의 식생활을 도우니 善剋이요 善哉다.

그러나 金이 七殺 노릇을 하면 무섭다. 천하의 건달처럼 강봉을 휘둘러 殺刀庚金으로 쓰는 자도 있는데, 이때는 흉도요 흉검이 된다. 하지만 金이 희고 맑으면 명검이 되어 생활에 유익함을 주므로 이를 추월 보검이라 한다.

庚金이 時令하면 의인이 되고, 失令하면 권위가 없고 무능한 사람이 된다.

8. 신금(辛金)

辛金은 陰金이라 土에 묻히는 것을 싫어한다. 辛金이 겨울에 태어나 丁火를 만나면 한랭함을 잘 견뎌 호명으로 보지만, 丙火를 만나면 丙辛合하여 귀함이 작아진다. 특히 여자가 丙辛합을 하면 남편을 업신여겨 불화하기도 한다.

辛金의 성정은 부드럽고 연약하다. 그러므로 土가 많아 묻히면 金實無聲이 되어 쓸모없는 사람이 되기 쉽고, 무능하며 무력해 처자한테 의지하려 한다. 이럴 때는 壬水가 있어 설기하면 水通根이라 하여 호명이 된다. 辛金은 금은주옥과 같은 보석이라 묻히는 싫어한다. 여름 辛金은 丁火가 七殺이 될까 두렵고, 겨울 辛金은 水가 얼까 두려워 丁火를 원하는 것이다.

본래 辛金이 水를 만나면 金水淸麗라 하여 총명하고 지혜가 많은 사람이 되지만, 水가 많으면 가라앉아 주옥을 녹슬게 한다. 辛金이 時令하면 황금종이 되고, 失令하면 잡석이 된다.

9. 임수(壬水)

壬水는 陽水로 그 힘이 위대하므로 亥水요 백천의 水라고도 한다. 水는 천상에도 떠있고 지하에도 가라앉아 그 모습이 때에 따라 다르지만 만물을 키우는 모체임에는 틀림이 없다.

水는 천지에서는 산하백천이요 사람에게는 혈행과 같으니 맑아야한다. 그렇지 않고 탁하거나 과하면 사람이 어리석거나 지혜가 지나쳐 자기 무덤을 파는 우를 범하게 된다.

壬水가 時令하면 지혜가 무궁하지만, 失令하면 근심이 그치지 않는다.

10. 계수(癸水)

癸水는 순음지약하여 구름을 이룬 후에야 비로소 비를 내리게 한다. 천상에서는 천하수이지만, 지상에서는 노상설이며 세류에 불과하다.

그러나 癸水가 至陰으로 아주 나약한 水지만, 몹시 메마른 戊土를 보면 剋合化하여 본성을 버리고 戊癸合火로 화하려는 성정이 강해지므로 명중에 土氣가 많으면 가장 쉽게 종한다. 그래서 癸水는 명중에 火土가 많으면 殺이 되지만 이를 두려워하지 않으니 때로는 그 행동이 무서울 정도로 대범해지기도 한다.

특히 天干에서도 끝이요, 60甲子 중에서도 癸亥로 끝자리를 지키고 있듯이 앞장서기보다는 뒤에서 따라오기를 좋아하는 것도 눈여겨 볼만하다.

癸水가 時令하면 변화를 즐겨 새로운 것을 찾아내 발전하지만, 失令하면 동정을 바라거나 남한테 의지하려고 한다.

3. 생일천간론(生日天干論)

1) 갑목일생(甲木日生)

춘월 木日生이 甲趨乾格이나 供貴格이나 子遙巳格을 놓으면 대귀
대길한 명이 된다. 처세가 바르고 편안하며 반드시 上壽를 누린다.
그러나 서방운에 들면 불운한 명이 된다.

2) 을목일생(乙木日生)

乙木日生이 추월 旺金한 때 태어나 旺殺로 眞格을 이루면 큰 재
목이 된다. 그러나 亥를 만나면 死宮이 되고, 낙엽이 기근한 때가 되
니 격이 깨진다.

3) 병화일생(丙火日生)

丙火가 여름이나 겨울생이면 춘추에 풍부하고, 봄생이면 공이 크
고, 가을생이면 쓸모가 있다. 겨울은 빛이 흐리고, 여름은 맹렬하다.

4) 정화일생(丁火日生)

丁日生이 亥時에 태어났으면 天乙貴人의 時를 얻고 天門이 되어
부귀가 넉넉하고, 가을밤에 태어나면 성광이 때를 얻은 것처럼 호명
중에 호명이 된다. 그러나 丁巳日生만은 극부극처하고, 比劫을 싫어
한다.

5) 무토일생(戊土日生)

戊土日生이 天干에 癸水가 뜨면 상격으로 본다. 이는 丙火의 巳祿과 同祿이 되어 丙火 태양이 석양에 노을을 이룰 때 戊土 역시 癸水의 水氣를 받아 무지개를 만드는 이치와 같아서다.

6) 기토일생(己土日生)

己土日生이 酉를 만나면 長生이 되어 귀격을 이룬다. 己土가 酉를 만나면 兌方 연못(澤) 위에 구름이 걸터앉아 연못이 마르지 않도록 비를 뿌려주는 격이라 상격으로 보는 것이다.

7) 경금일생(庚金日生)

庚金日生이 가을에 태어났는데 사주에 乙과 巳가 있으면 상격으로 본다. 이는 하늘은 높고 바람은 시원하며 달은 희고 맑아서다. 그러나 봄이나 여름에 태어났으면 하격이 된다.

8) 신금일생(辛金日生)

辛金日生이 酉月에 태어나면 建祿을 얻고 백로절이 되어 그 기세가 당차다. 陰木은 날카로운 서릿발에 浮木斬伐되고 陽木은 재목을 이룬다.

辛金日生 사주에 乙과 卯未가 있으면 대부격이 되고, 亥가 있고 丙火가 투간하면 귀명을 이룬다.

9) 임수일생(壬水日生)

壬水日生이 丁火를 만나면 현출하다고 하지만 가을생에게만 해당하는 말이다. 이는 하늘이 높고 맑은 때 화열마저 식어 대기가 서늘해진 가운데 별빛조차 맑고 희어서다. 壬日生이 辛酉金을 만나면 秋露格이 되어 호명을 이룬다.

10) 계수일생(癸水日生)

癸水日生이 申月에 태어나면 死宮을 만나 루天이 되고, 춘월에 卯를 만나면 雷門이 되어 龍雲이 일어난다고 한다. 癸卯日에 태어났는데 사주에 巳가 있으면 총명하고 財運이 좋아 춘하월생이 복인이요, 동월생은 빈천하며 癸日生이 己巳를 만나면 단명한다.

4. 십간(十干)과 십이지(十二支)의 상

1. 십간(十干)의 상

1) 갑목(甲木)

甲木은 사시를 주재하며 만물을 생육하고, 하늘에서는 뇌요 땅에서는 동량이다. 甲木이 火를 만나면 文明之象이 되지만, 火가 많으면 오히려 불에 타 재로 변한다. 木은 봄에 왕성하여 우뢰를 만들고,

가을에는 지엽이 말라 우뇌를 멈추게 하고, 여름에는 바람을 일으
켜 金이 많으면 쓸모가 없어진다.

2) 을목(乙木)

乙木은 하늘에서는 바람이고 땅에서는 活木이다. 乙木은 潤土를
만나 배양받는 것을 좋아하고 水를 즐기지만 많으면 범람할 우려가
있어 겁을 내기도 한다. 봄 乙木은 싹을 트게 하고, 여름 乙木은 줄
기가 무성해지고, 가을 乙木은 金旺할 때만 從殺하니 길하고, 겨울
乙木은 한랭하여 낙엽이 되고 뿌리의 생기를 땅에 감춘다.

3) 병화(丙火)

丙火는 하늘에서는 태양이며 뇌광이고, 땅에서는 용광로다. 태양
은 寅에서 長生이 되어 떠오르고, 酉에서 사하여 저녁에 지는 법이
다. 봄 丙火는 공이 크고, 여름 丙火는 염열하고, 가을 丙火는 만물
에 용을 이루고, 겨울 丙火는 쇠하여 氣가 꺾인다.

4) 정화(丁火)

丁火는 하늘에서는 별이고, 땅에서는 등촉불이다. 丁火가 해 뜨는
寅에 태어나면 사하여 별빛을 잃으므로 丁火는 해가 진 戌亥를 즐
긴다. 봄 丁火는 등잔에 기름을 부은 것과 같고, 여름 丁火는 용광로
에 기름을 부은 것과 같고, 가을 丁火는 별빛이 찬란해지고, 겨울 丁
火는 열기가 땅에 묻힌다.

5) 무토(戊土)

戊土는 하늘에서는 노을이며 안개고, 땅에서는 산이다. 戊土는 天干 癸水를 좋아하지만, 木과 火가 많은 것을 싫어한다.

6) 기토(己土)

己土는 하늘에서는 구름이고, 땅에서는 논밭이다. 甲木 우뢰가 己土 구름을 몰고와 논밭에 비를 뿌려 옥토가 되니 만물을 생육하는 이치에 따라 甲己는 합을 좋아한다. 己土가 失令하면 사람이 천박하고, 得令하면 큰 공을 이룬다.

7) 경금(庚金)

庚金은 하늘에서는 월색이요, 땅에서는 철광석이다. 庚金이 乙木을 만나면 달빛이 희고 바람이 시원하다 하여 좋아한다. 봄 庚金은 쓸모가 없고, 여름 庚金은 화염을 만나 연약하고, 가을 庚金은 맑고 깨끗하나 火土를 보면 복록이 반으로 줄고, 겨울 庚金은 水가 범람해서 못 쓰게 된다.

8) 신금(辛金)

辛金은 하늘에서는 서리요, 땅에서는 주옥이다. 辛金이 丙火를 보면 태양이 까다롭고 날카로운 서릿발을 녹여 따뜻해지므로 丙辛합을 즐긴다. 그러나 辛金은 丙火가 투간했을 때만 명성이 있고, 乙木을 보았을 때만 예리한 칼끝이 되어 利刀라는 별칭을 얻게 된다.

특히 辛卯日, 辛未日이 겨울에 태어났는데 乙木이 투간하면 財를 깔고 있어 부명을 이루고, 辛丑日은 虛財다. 日支 梟神이 財를 구하는 격이라 때로는 비굴하고 천박하게 산다.

9) 임수(壬水)

壬水는 하늘에서는 비요, 땅에서는 연못이며 저수지다. 봄 壬水는 초목의 싹을 틔우고, 여름 壬水는 초목을 키우고, 가을 壬水는 만물을 손상하게 하고, 겨울 壬水는 남방운을 만나면 기뻐한다.

10) 계수(癸水)

癸水는 하늘에서는 가랑비요, 땅에서는 세류다. 癸水가 卯辰을 만나면 雷門龍宮이라 하여 길명이 되고, 辛金과 己土를 보면 흙탕물이 된다. 가을 癸水는 만물을 생하고, 여름 癸水는 만물을 키우고, 가을 癸水는 쓸모가 없고, 겨울 癸水 역시 쓸 데가 없다.

2. 십이지지(十二地支)의 상

1) 자수(子水)

子水는 북방의 坎水로 대설 뒤부터 왕성해진다. 子水를 墨池龍泉이라 하는데, 이는 깊은 밤의 검은 물이라는 뜻이다. 水氣가 맑고 왕한 사주는 雙魚遊墨이라 하여 문장력이 뛰어난 재사가 된다.

2) 축토(丑土)

丑土는 二陽節의 土라 한동되었다 해도 따뜻한 기운이 땅속에서부터 감돌기 시작해 만물을 만드는 징조를 나타내기 시작한다. 그러므로 己未時에 태어나는 것을 상격으로 친다. 이것은 소한을 지나 입춘을 맞이하는 進氣이므로 이때는 이미 버들가지 끝에 파릇파릇 싹이 돋기 시작하는 때를 만나 財를 취하는 상으로 보기에 未時를 상격으로 보는 것이다.

3) 인목(寅木)

寅은 동북방의 艮山에 속하며, 三陽節이 모이는 때다. 火土가 長生하므로 土는 廣土요, 木은 火의 기운을 받아 생장하기 시작한다. 고로 寅日 戊辰時에 태어나면 범(寅)이 호곡에서 울부짖고 광곡에서는 바람이 일어나는 상이 되어 명진사해한다고 한다.

4) 묘목(卯木)

卯木은 정동이요 震方이다. 2월 卯木은 청색이요, 卯日 己未時에 태어나면 토끼가 달에 들어가는 상이라 하여 귀명으로 본다.

5) 진토(辰土)

辰 중에는 癸水가 乙木을 저장했다가 청명이 되면 만물을 키우니 草澤의 상을 이룬다.

6) 사화(巳火)

巳火는 巽風이요 六陽節의 火가 되어 火의 극치를 이룬다. 그러므로 巳月 辰時生은 뱀이 용으로 변해 천리를 달리는 상을 이룬다 하여 호명으로 본다.

7) 오화(午火)

午는 화열이 넘치는 망종절로 광명이 점점 강해지는 때다. 이때는 열이 높아 적황색을 띠므로 午日 辰時生이면 眞龍이 나오는 時라 하여 길명으로 본다.

8) 미토(未土)

未는 乙木과 丁火를 품고 있으므로 더운 土에 속한다. 卯木을 만나면 화원을 이루며 담장을 만들어 백화가 만발한다.

9) 신금(申金)

입추 후 7일부터 壬水가 발기하여 더위를 식히고 숙살바람을 일으켜 만물의 성장을 멈추게 한다. 그러나 申은 壬水의 長生處가 되어 만물을 絕凄逢生하는 은혜로 도움도 주니 이때가 곧 입춘절을 기약한 것이다. 申日 亥時生이면 天地交泰格이라 하여 상격으로 친다.

10) 유금(酉金)

백로절이 되면 만물은 금색으로 변하고, 하늘은 높아지며 맑은 기로 뒤덮인다. 巳丑으로 三合會局을 즐기는 것은 酉金이 長生을 만

나 건강해지기를 바라서다. 酉日 戌亥時에 태어나면 天門을 얻은 것
이니 종교계로 나가면 명사가 되고, 酉日 寅時에 태어나면 원근에
명성을 떨친다.

11) 술토(戌土)

한로가 되면 초목이 시든다. 이것은 戌에 辛金과 丁火가 있어서
다. 戌月을 九秋乾土라 하는 것도 만물을 시들게 하는 때라 나온
말이다. 戌日 卯時에 태어나면 天乙이 다치지 않고 卯戌로 합했다
하여 영달하는 명으로 본다.

12) 해수(亥水)

입동절을 소춘절이라고도 한다. 亥日生이 寅辰을 만나면 雷門을
밀어젖혔다 하여 명성이 높고 재화가 풍부한 명이 된다.

5. 출생과 가족관계

사람은 음양의 理氣生法으로 태어난다. 天一生水한 陽精子가 陰
卵子와 교합해 비로소 丑土에 응고되어 잉태한 뒤 열 달 만에 나오
는 게 사람이다. 열 달이란 십이라는 동서남북의 氣가 모여 하나를
만든 것과 같고, 동서남북이란 사방을 뜻하며 전후좌우의 기합을
뜻한다.

한 사람이 열 달 만에 태어난다는 것은 이처럼 어려운 일이다. 이

때 어느 한 가지 기만 부족해도 완전하게 태어날 수 없으니 사람은 빈부귀천을 떠나 누구나 귀한 존재다. 다만 수복은 사주팔자에 따른 것이지 출생과는 전혀 무관하다. 한 사람이 태어나기 위해서는 동서남북의 사방 神將이 一氣四合하여 어머니의 복중에서 열 달을 키우고 출생시켰으니 이를 보자.

$$
\left.\begin{array}{l}
東\ 3 \\
西\ 4 \\
南\ 2 \\
北\ 1
\end{array}\right\}\ 10월\ 만삭
$$

이것은 河圖의 數理에서 비롯된 것이므로 우주의 만수를 뜻하는 것이다. 중앙 土 역시 5다. 5는 뱃속의 중앙이면서 음양의 배합이 있어야 10이 되므로 5×2=10이 되어 뱃속에서도 열 달을 채워야 하나의 완성된 사람을 출생시키게 되어 있다. 그러나 진정 출생하는 날을 월로 계산하면 만 10개월이 채 안 되는 9개월째 태어난다. 이것은 1·2·3·4·5 중 生數 1·3·5가 합하여 9가 되므로 9개월째에 출생하는 것이다. 입태일 수는 사람마다 다르다.

※ 입태일 수

子午日生 : 276일   丑未日生 : 266일

寅申日生 : 256일   卯酉日生 : 246일

辰戌日生 : 296일   巳亥日生 : 286일

위 입태일 수를 평균을 내면 271~275일이다. 그렇다면 사람이 입태하는 날은 언제인가도 알아보자. 이것은 내가 출생한 날의 天干日에 입태되었고, 地支가 충하는 날 출생한다. 이것은 天一生水한 날, 즉 음양이 교합한 날을 말한다. 이는 하늘의 氣가 땅에 내린 날이다. 天干의 氣는 변하지 않으므로 이날은 내가 하늘에서 一氣를 받고 태어났기에 내가 출생한 날이 입태된 天干日과 같은 것이다.

우리 속담에 씨 도둑질은 못 한다는 말이 있다. 입태일의 天干과 출생일의 天干이 같은 데서 나온 말이다. 오직 하늘에서는 天一生水하여 씨앗을 뿌렸으니 그 씨가 그 씨라는 말이다. 만약 天一生水가 아니라 天二生水했다면 그 씨가 아닐 수도 있으나, 하늘에서는 이를 결코 허용하지 않으니 우주의 법도는 엄숙하기 이를 데 없다. 어찌 하늘을 속이고 눈가림할 수 있겠는가. 얄팍한 사람의 지능으로 잠시는 속일 수 있을지 모르나 영원히 속일 수는 없다.

天은 아버지요, 地는 어머니다. 어머니의 뱃속에서 열 달을 채우고 충하는 날 내가 태어난다. 충이란 충격이요 자극이다. 두꺼운 껍질을 깨고 씨앗이 터지는 것도 충이고, 새가 두꺼운 껍질을 깨고 부화되는 것도 충이며, 사람이 어둡고 두터운 陽水 주머니에서 터져나오는 것도 충이다. 이렇게 만물은 모두 충을 받아 태어나는 것이다. 충을 받지 않고는 출생할 수 없다.

子午沖, 寅申沖, 卯酉沖, 辰戌沖, 巳亥沖을 好沖이라 한다. 그러므로 사람도 好沖하는 날 태어나는데 이날이 바로 생일이다. 칠흑처럼 어둡고 답답한 세상에서 살다 광명한 세상으로 왔으니 이보다 더 기쁜 일이 있겠는가. 그래서 사람들은 생일을 기쁘다 하며 그렇게 축복하는 것이다.

1. 부모의 길흉

天一生水하여 나를 낳게 했으니 아버지는 하늘이요, 아버지한테 씨를 받아 나를 뱃속에 넣고 키웠으니 어머니는 땅이다. 天의 아버지는 하늘을 상징하므로 가정에서는 하늘과 같이 지엄하고 존엄한 존재요, 地의 어머니는 기름진 밭에서 나를 잘 키웠으니 가정에서 어머니는 자애로운 土와 같다.

이처럼 천지조화의 합일로 한 생명이 태어난 것까지는 좋으나, 이들의 길흉화복이 모두 같을 수는 없다. 누구는 天地合德으로 부모가 장수하고 유복하여 좋고, 누구는 부모가 무정하여 좋지 않기도 하다. 이를 사주명조의 구조에서 알아보기로 하자.

– 사주에 財가 많은데 印이 약하면 한쪽 부모를 잃는다.
– 사주에 偏財가 약한데 比劫이 많으면 아버지를 일찍 잃는다. 여기다 羊刃까지 있으면 더욱 확실하다.
– 사주에 正財가 많으면 어머니가 일찍 개가한다.
– 생년에 偏官이 득세하면 한쪽 부모가 없다.
– 日支에 正印이 있으면 부모가 모두 장수하나 沖剋을 당하면 한쪽 부모가 없다.
– 偏財와 印綬가 심하게 沖剋받으면 부모와 인연이 없고, 있어도 도

움이 되지 않는다.

- 偏印이 강한데 官殺이 많으면 부모와 인연이 없다.

- 생년과 生月이 空亡이 되면 부모와 인연이 짧고, 조상의 기반을 지키지 못한다.

- 사주에 比劫이 많으면 아버지를 일찍 잃는다.

- 년월에 比劫과 偏財가 무리를 이루면 아버지가 객사한다.

- 時干이 年月干을 剋沖하면 아버지를 먼저 잃고, 時支가 年月支를 剋沖하면 어머니를 먼저 잃는다.

- 생일이 衰나 絶이 되면 아버지가 힘을 못 쓴다. 그렇지 않으면 한쪽 부모와 인연이 없다.

- 생년이나 생일이 空亡되거나 沖剋되면 부모와 사별하거나 불화가 심하다.

- 년월에 偏印이 중중하면 한쪽 부모와 인연이 없고 곤고하다.

- 년월일까지 偏印이 중첩되어 있으면 어릴 때 다른 집에서 자라거나 중년 이후에 처자와 이별한다.

　이상의 문항 중 制化가 잘 되면 오히려 유복하고, 조상한테 후한 복지를 받는다.

2. 부부의 길흉

- 남녀 모두 사주에 比肩이나 劫財, 羊刃이 있으면 부부간에 불화하여 가정이 위태롭다. 比肩은 偏財를 극하고, 劫財와 羊刃은 正財

를 극하므로 평화로운 가정을 꾸미기 어렵다.

- 남자가 月支에 比劫이나 羊刃이 있는데 타주에 比劫과 羊刃이 중
중하면 배우자와 생사이별을 면하기 어렵다.
- 남자가 比劫과 羊刃이 많으면 아내가 현숙하지 못하다. 이런 사주
는 아내 때문에 망신하고 재해가 그치지 않는데도 아내는 부끄러
운 줄 모른다.
- 남자가 日支에 偏印이 있으면 결혼운이 나쁘고, 아내가 음탕하다.
- 남자가 日支에 食神이 있는데 十二運星이 강하면 후하고 아름다
운 현모양처를 둔다.
- 남자가 日支에 偏印이 있는데 剋除하는 것이 없으면 용모는 볼 것
이 없다.
- 남자가 日支에 偏印이 있는데 偏印이 또 중중하면 아내한테 질병
이 많다.
- 남자가 日支의 財가 用神이면 아내가 어질고, 처덕이 있다.
- 남자가 日支에 偏官이 있으면 아내가 아름다우나 허영심이 많다.
- 남자가 日支에 忌神이 있으면 평생 아내와 불화하며 반목한다.
- 남자가 日支의 財가 喜用神이면 아내가 명문가 출생이며 처덕이
많다.
- 남자가 日支에 財가 있는데 타주에 財가 또 있어 혼잡하면 아내
가 수치스러운 사람이요, 재혼해도 현처를 만나기 어렵다.
- 남자가 日支의 財가 忌神이면 아내가 어리석으며 열등하고, 暗合
하면 아내가 부정하다.
- 남자가 日支에 偏印이 있는데 身强하면 아내와 의견이 맞지 않아

이별하지 않으면 안 된다.

- 남자가 日支에 正官이 있는데 喜用神이면 현명한 아내를 만나 화평한 가정을 꾸린다. 그러나 타주에 傷官이 있어 正官을 극하면 이별한다.

- 남자가 日支에 偏官이 있는데 타주에 正官이 있어 官殺이 혼잡되면 두 마음을 가진 음흉한 아내를 만난다.

- 남자가 日支가 刑이나 충되면 아내의 마음이 항상 동요해 안정을 찾지 못한다.

- 남자가 년월이 日支를 충하면 조상한테 미움을 산 것과 같고, 日支가 년월을 충하면 조상께 불효하는 것과 같다.

- 여자가 官殺이 혼잡하면 재혼하거나, 남자관계가 복잡해 풍문을 일으킨다.

- 여자가 官이 일찍 들어오면 일찍 결혼하거나 남자를 일찍 안다. 그러나 官이 일찍 들어왔는데 혼잡하면 늦게 결혼하기도 한다.

- 여자가 사주에 財星이 많으면 남편이 무능해 외조를 받지 못한다.

- 여자가 사주에 正官이나 偏官이 하나 있는데 食神이나 傷官이 왕하면 늦게 결혼한다.

- 여자가 사주에 食傷이 왕하면 결혼한 뒤 일찍 이별하고, 食傷이 약해도 힘없는 官이 투출하면 늦게라도 이별한다.

- 여자가 正偏官이 혼잡하더라도 食傷이 어느 것 하나를 制剋하면 남편이 현량하다.

- 여자가 사주에 食傷이 태과하면 내조할 수 없는 팔자다. 설사 대운과 세운에서 인연을 맺어 결혼한다 해도 불안함은 면할 수 없다.

- 여자에게 正偏官이 혼잡한 것과 偏官 하나가 투간하고 支藏干에 正官을 暗藏한 것은 같은 명인데, 이러한 사람은 반드시 사통한다.
- 여자가 地支에 偏官이나 正官이 하나 있으면 겉으로는 착해 보인다. 그러나 官이 협공하면 반드시 정부를 둔다.
- 여명에서 傷官은 정부를 극하는 성질이 있으므로 年月時干에 傷官이 투간하면 남편과 이별을 면하기 어렵다.
- 여명에서 食神은 偏官을 극하는 성질이 있으므로 年月時干에 食神과 偏官이 뜨면 남편과 이별을 면하기 어렵다.
- 여자가 힘없는 正官이나 偏官이 투출했는데 대운이나 세운에서 食傷을 만나면 남편과 이별한다.
- 여자가 日支에 食神이 있으면 너그럽고 인물이 좋고 풍만한 남편을 만난다.
- 여자가 日支에 比劫이 있는데 타주에 羊刃이 많으면 남편과 이별할 명이다.
- 여자가 日支에 財가 있는데 길성이면 재력이 풍부한 남편을 만나고, 비록 가난해도 결혼해서 부가를 이룬다.
- 여자가 日支에 偏印이나 印綬가 있으면 남편한테 사랑을 받는다. 그러나 正偏印이 중첩되면 타인에게 질시와 질타를 받는다.
- 여자가 日支에 傷官이 있으면 결혼한 뒤 곧 권태가 찾아와 부부간에 이별을 재촉한다.
- 여자가 日支에 偏印이 있는데 합을 이루어 偏印이 강해지면 무능한 남편을 만나 평생 불만이 많다.
- 여자가 日支가 沖破되면 첩 팔자를 면하기 어렵다. 이런 사주는

재혼 자리로 가거나 재혼해도 해로하기 어렵다.

3. 자녀의 길흉

- 사주에 자식을 극하는 오행이 있으면 자식을 두기 어렵다. 설사 행운에서 자식을 두어도 병약해 효도받기 어렵다.
- 天干에 財官이 일찍 투간하면 자식이 일찍 결혼하고, 역시 天干에 자식이 있으면 자녀를 일찍 두지만, 地支에 자식이 있으면 늦게 둔다. 이는 天干이 地支보다 빨리 작용해서다.
- 사주에 正印이나 偏印이 많으면 자식을 두기 어렵고, 있어도 변변치 못해 항상 마음 고생이 많다.
- 日干이 극쇠하고 자식이 극왕하면 내가 從官해 자식이 크게 성공한다.
- 자식의 열에 七殺이 있으면 그 자식이 병약하거나 잃어버린다.
- 자식이 刑沖이나 空亡되었는데 풀지 못하면 변변한 자식이 될 수 없고, 때로는 자식을 늦게 두는 경우도 있다.
- 사주에 正偏印이 극왕하면 母子滅子가 되어 자식이 변변치 못하고, 있다 해도 버릇이 없거나 무능하다.
- 사주에 比劫이 많아 日干이 왕한데 印綬까지 있으면 身太旺이 되어 자식이 많지 않다. 어렵게 하나를 두지만 효도받기 어렵고, 이로써 부부간에 정이 멀어지기도 한다.
- 日干이 약해도 印綬가 있어 나를 도우면 현귀하며 현출한 자녀를 둔다.

- 日干이 약한데 印綬까지 없으면 자식이 병약하다.
- 여자가 사주에 偏印과 食神이 있으면 자식이 있어도 없는 것과 같다.
- 日干이 왕하면 財를 기뻐하고, 약하면 印을 기뻐한다. 이런 사주는 逆剋相生法이 되어 좋은 자식을 둔다.
- 日干이 약한데 生時에 比劫이나 羊刃이 있으면 자식이 효도한다.
- 日干이 왕성한데 時干에 比劫이나 羊刃이 있으면 자식 때문에 가운이 기울어 곤고함을 면하기 어렵다.
- 生時에 印綬가 있으면 효양심이 두텁고 어진 자식을 둔다.
- 生時가 刑沖破되거나 空亡되면 불행한 자식을 둔다. 그러나 制剋하고 合化하면 先苦後笑라 하여 늦게는 좋아진다.
- 日干이 왕한데 生時에 偏印이 있으면 오만불손하며 야비한 자식을 둔다.
- 남자가 食傷이 왕하면 자식이 없고, 있어도 불효한다.
- 日干이 태왕하면 딸만 둔다.
- 生時에 食神이 있는데 身旺하면 현출한 자식을 둔다.
- 여자가 食神이 길신이면 자식이 기운 가세를 일으킨다.
- 生時에 正官이나 偏官이 있으면 자식이 있는데, 길신이면 명리를 세울 자식이지만 흉신이면 부모가 단명한다.

4. 형제의 길흉

- 月支에 羊刃이나 建祿이 있으면 장자 명이다.
- 比劫이 建祿에 앉으면 형제 중에서 가장 훌륭하다.

- 比肩이 正財와 暗合하면 아내가 사통을 즐긴다.
- 日干이 왕한데 比劫과 羊刃이 또 있으면 형제간에 불목한다.
- 比劫이 심하게 刑沖을 당하면 형제가 비명횡사하거나 잔병치레를
  한다.
- 日干이 약한데 比劫을 만나면 형제가 다정하며 의롭다.
- 天干에 財가 투간했는데 比劫이 많으면 형제간에 재산을 놓고 싸
  운다.
- 사주에 比劫과 羊刃이 무리를 이루면 반드시 성질이 거친 이복형
  제가 있다.
- 사주에 比劫이 있어 身旺해졌으면 형제 중에 요절하는 사람도 있
  고 빈곤한 사람도 있다.
- 사주가 偏財格이나 食神格인데 比劫이 많으면 재물 때문에 형제
  간에 항상 싸운다.
- 사주에 比劫과 羊刃이 있어 身强한데 偏印까지 있으면 더욱 강해
  진다. 이때 偏官이 미약한데 財까지 약하면 반드시 형제가 요절하
  거나 의절하거나 행방불명된다.
- 사주에 比劫이 많아도 偏官이 制化를 잘 하면 형제가 다정하고
  유복하다.
- 사주에 財官이 왕성해서 身弱해졌는데 比劫이 있으면 형제들이
  부귀하며 영달한다.
- 사주에 官殺이 많으면 형제가 없어 외롭다.
- 사주에 比劫이 刑沖이나 空亡되면 형제간에 화목하지 못하다.

5. 자기 운명 진단

- 日干이 왕한데 食神이 좋으면 틀림없이 부자가 된다.
- 財는 身旺한 것을 좋아하니 身旺財旺하면 큰 부자가 된다.
- 日支가 羊刃인데 比劫으로 身强해지면 반드시 아내가 손상되어 생사이별을 면하기 어렵다.
- 日干이 왕한데 財가 약하면 食傷運에서 발복한다.
- 사주에 羊刃이 있는데 陰刃이 또 있으면 광기가 대단하여 자해도 서슴지 않는다.
- 년월 印綬가 損剋당하지 않으면 조상의 업을 보존한다.
- 羊刃이 年에 있으면 조상을 욕되게 하고, 月에 있으면 부모를 욕되게 하고, 日에 있으면 배우자를 상하게 하고, 時에 있으면 자식을 욕되게 하니 말년이 추하다.
- 남자가 財가 많으면 어머니와 아내가 불화하다 어머니가 가출하거나 단명한다.
- 사주에 比劫이 많으면 아버지를 극하니 아버지가 요절한다.
- 印綬가 沖破당하지 않으면 부모가 무병장수한다.
- 財나 官이 沖剋당하지 않으면 부부가 평생 행복하게 산다.
- 여자가 甲寅日이나 戊申日에 태어났으면 틀림없이 과부가 된다.
- 여자가 사주에 辰戌丑未가 많으면 자식을 낳지 못한다.
- 남자는 財가 여자는 官이 墓에 들면 부부간에 사별이나 이별한다.
- 生時에 羊刃 七殺이 태왕한데 忌神이면 내 자식과 인연이 없고 남의 자식을 키울 팔자요, 남의 자식을 키워주고도 구박을 받는다.

- 사주에 羊刃이 둘 있으면 부부연이 바뀌고, 羊刃이 하나 있는데 대운이나 세운에서 羊刃運을 만나도 마찬가지다.
- 사주에 偏官과 偏印이 합을 하면 사생아나 서출이다.
- 사주에 官殺이 혼잡한데 三刑까지 합세하면 가계가 혼잡하나, 財가 있으면 무난하다.
- 生時에 羊刃이나 傷官이 있는데 대운이나 세운에서 심하게 剋沖하면 반드시 가난해지고 자녀와의 인연도 끊어진다.
- 사주에 偏印·偏官·偏財가 많으면 반드시 첩의 자식이다.
- 生月에 財·官·印을 놓으면 명문가 출신이다.
- 남자가 官이 長生에 해당하면 자식을 일찍 두고, 명조가 좋으면 이름 있는 자식을 둔다.
- 여자가 食神이 왕한데 官이 약하면 자식을 낳고 남편과 정이 멀어진다.
- 사주에 殺이 많으면 형은 있으나 동생이 없다.
- 戊土日生이 壬水가 2개 투간하면 아버지가 둘이다.
- 남자가 사주에 偏官이 많으면 딸만 두고, 偏財가 많으면 본처와 정이 없다.
- 사주에 偏印이 강하고 많으면 배우자보다는 남의 남편이나 아내를 좋아한다.
- 여자가 印綬가 강하면 부권을 빼앗고 전횡을 일삼아 빈축을 산다.
- 남자가 正偏財가 합을 하면 호색가 아내를 둔다.
- 身旺한데 財의 뿌리가 좋으면 남자는 처덕으로 부자가되고, 여자는 시집이 부자다.

- 남녀 모두 사주에 比劫이 많으면 음탕하며 부끄러운 줄을 모른다.
- 偏財가 月에 있는데 死絕되면 아버지가 객사한다.
- 日干이 강한데 財 뿌리가 있어 길성이 되면 평생 좋은 일만 생긴다.
- 남자는 생일을 여자는 생년의 띠를 맞춰 相生하는 것을 좋은 합으로 본다.
- 寅申巳亥生은 戌未生과 결혼하고, 子午卯酉生은 丑辰生과 결혼하면 매우 흉하다.
- 사주에 羊刃·偏官·傷官이 있으면 반드시 친구 때문에 크게 실패한다.
- 남자가 辰戌丑未日生인데 華蓋가 또 있으면 아내를 극하니 아내가 병약하거나 단명한다.
- 여자가 亥日生인데 子를 만나면 남편이 하는 일을 사사건건 방해한다.
- 여자가 正官에서 月支가 死絕되면 아들 낳고 남편과 사별한다. 이를 官絕官死라 하는데 딸이면 무사하다.
- 남자가 正財에서 月支가 死絕되면 딸 낳고 아내와 사별한다. 이를 妻絕이라 하는데 아들이면 무사하다.
- 남자가 申日 辰時, 未日 亥時, 寅日 戌時, 丑日 巳時生이면 아내한테 상해가 생겨 사별을 면하기 어렵다.
- 남자가 寅日生인데 丑年이나 丑運이 오면 반드시 아내를 극한다.
- 남녀 모두 日干이 干與支同이 되면 배우자를 극한다. 그러나 부부

가 똑같이 日干이 干與支同이 되면 면할 수 있다.

– 사주에 陽이 많으면 아들을 낳고, 陰이 많으면 딸을 낳는다.

– 時干이 陽이면 아들을 먼저 낳고, 陰이면 딸을 먼저 낳는다.

– 남자가 사주에 亥亥가 있으면 아들을 먼저 낳고, 巳巳가 있으면 딸을 먼저 낳는다.

– 여자가 사주에 亥亥가 있으면 딸을 먼저 낳고, 巳巳가 있으면 아들을 먼저 낳는다. 그러나 남자는 반대로 되는 경우도 있다.

– 사주에 害殺이 많으면 가정에 풍파가 그치지 않는다.

– 日支가 驛馬에 앉으면 아내가 병약하고 게으르다.

– 辛酉日生은 비밀스러운 생활을 즐긴다.

– 丁酉日生은 까다롭고 외로워 좋은 배필을 만나도 이별한다.

– 癸巳日生은 배우자가 병약하거나 주색에 빠져 가정을 돌보지 않는 경우가 있다. 그러나 여자는 늙은 남편을 만나면 면할 수 있다.

– 丁巳日生은 부부간에 해로하기 어렵지만, 劫財가 손님을 모셔오는 행운도 있어 위로받기도 한다.

– 乙巳日生은 간부를 두고 적적함을 달랜다.

– 辛亥日生은 財를 감춘 부자라고는 하나 안방이 냉랭하다.

– 辛丑日生은 내 것 주고도 뺨맞는 격이니 주머니가 비어있다.

– 丙子日生은 허세밖에 없다.

– 여자가 사주에 甲寅이 있으면 반드시 과부가 되고, 甲午 역시 日支에 傷官을 놓아 미색은 있으나 허풍쟁이다.

6. 일주(日柱)와 용신(用神)

생일을 體라 하고 활용하는 喜神을 用이라 한다. 물론 사주마다 日干의 강약에 따라 喜用神이 같을 수는 없다. 그러나 대개 用에 따라 나타나는 성질과 기세 작용은 대동소이하니 다음을 참고하기 바란다.

1. 갑을일생(甲乙日生)

1) 목용신(木用神)일 때
- 身弱하면 호명이요, 身旺하면 흉명이다.
- 춘하생이 木을 만나면 형제덕이 있고, 추동생은 서로 먹고살기 바쁘다.

2) 화용신(火用神)일 때
- 사주에 木火가 모두 왕성하면 木火通明이 되어 총명하며 영재감이고, 성격이 명랑해 매사에 긍정적이다.
- 사주에 木이 적은데 火가 많으면 焚木이 되어 죽은 나무와 같아 허풍쟁이다.
- 사주에 木이 많은데 火가 적으면 木多火熄이 되어 쓸모가 없으나, 火運을 만나면 대발한다.
- 사주에 木과 火가 적당히 있으면 동량이 된다.

3) 토용신(土用神)일 때

- 사주에 木과 土가 적당히 있으면 부귀지상을 이룬다.
- 사주에 木이 적은데 土가 왕하면 財多身弱이 되어 富屋貧人格이 된다.
- 사주에 木이 적은데 土가 많으면 木이 부러지니 쓸모없는 사람이 된다.
- 여름 木生이 水氣가 적당하면 土財를 마음대로 다스릴 수 있으니 부명을 이룬다.

4) 금용신(金用神)일 때

- 身旺한 木이 왕성한 金官을 만나면 큰 그릇을 만드니 사회에 이바지한다.
- 사주에 木이 많은데 金이 약하면 인격이 추하고 빈천하게 산다.
- 木日生이 土가 많으면 富屋貧人을 면하기 어려우나, 金이 있으면 유용한 사람이 된다.
- 사주에 木이 약한데 金이 왕하면 평생 신경통을 앓고, 겁이 많으며, 일에 분발력이 없어 무능한 사람이 된다.

5) 수용신(水用神)일 때

- 木日生이 가을에 태어났는데 水가 있으면 官印이 相生하여 인품이 고결하다.
- 木日生이 水가 많으면 印綬가 태과하니 고독하며 빈천하다.

- 印綬가 태과하면 자식이 있어도 효도받기 어렵고, 늙어서 고생한다.
- 木과 水가 변변치 못하면 시작도 끝도 시원하지 않다.

2. 병정일생(丙丁日生)

1) 화용신(火用神)일 때
- 身弱하면 길명이요, 身旺하면 흉명이다.
- 추동생은 火의 덕이 있으나 춘하생은 이보다 못하다.
- 火는 발현하는 기세가 있으므로 身弱한데 火運을 만나면 자랑하고도 남을 기세가 있다. 이때 水氣의 도움이 받아야 그 광도가 더욱 빛나 財官으로 명성을 얻는다.

2) 목용신(木用神)일 때
- 木火가 通明하면 재지가 발달해 분별력이 있고 장수한다.
- 火日生이 水가 많으면 지루하게 살지만, 木運을 만나면 대발한다.
- 火日生이 木이 많으면 안하무인이다.
- 火도 쇠하고 木도 쇠하면 부귀가 장구하지 못해 가난한 명이 된다.
- 火日生이 土가 많으면 실리가 없으나 木을 만나 土를 극하면 영화가 따른다.

3) 토용신(土用神)일 때
- 火가 왕한데 土가 적당히 있으면 맹화를 멈추게 하니 인격이 높다.
- 火가 왕한데 土가 적으면 왜소하고 보잘것없다.

- 火가 적은데 土가 많으면 虛財요, 공명이 없다.
- 火土가 모두 왕하면 실리가 있으나, 水運을 만나면 공이 없다.

4) 금용신(金用神)일 때

- 火金이 모두 왕하면 身旺財旺이 되어 부명을 이루고, 財生官하니 내조의 공이 크다. 만일 무관직이면 명성을 크게 떨친다.
- 火가 왕한데 水가 빈약하면 金이 조열한 것과 같아 천한 아내를 둔다.
- 火가 약한데 水도 약하면 평생 곤고하고 자식이 질고에 시달린다.
- 火가 약한데 金만 무성하면 財多身弱이 되어 富屋貧人이 된다.
- 火가 약한데 水가 왕하면 일생 파란곡절이 많다.
- 火가 왕한데 水가 약하면 성질이 불과 같고 속단을 잘 한다.
- 火水가 未濟되어 剋沖하면 시력과 심장이 약하다.

5) 수용신(水用神)일 때

- 火가 왕한데 水가 적당히 있으면 자식이 현출하며 명리가 높다.
- 火水가 모두 왕한데 旣濟를 이루면 권력가요, 사해명진한다.
- 火가 왕한데 水가 약하면 복록이 짧다.

3. 무기일생(戊己日生)

1) 토용신(土用神)일 때

- 신앙에 대한 믿음이 강하고 대인관계가 원만하다.

- 형제와 친구 사이에 신의가 있고 우애가 강하다.
- 성격이 중후하며 편견을 갖지 않는다.

2) 목용신(木用神)일 때

- 土가 많은데 木이 적당히 있으면 일생이 평안하다.
- 土가 약한데 木이 왕하면 파란곡절이 많고 되지 않는 일이 많다.
- 土가 약한데 木이 많으면 평생 잔병과 질고에 시달린다.
- 土가 많은데 木이 약하면 우둔하며 되는 일이 없다.
- 土가 약한데 水木이 울창하면 평생 근심 속에 살아간다.

3) 화용신(火用神)일 때

- 土가 火를 적당히 만나고 金水가 완전하면 재주가 있고 두뇌 회전이 빠르다.
- 土가 약한데 金水가 많으면 財多身弱이 되어 일생이 곤고하나, 火가 있으면 면할 수 있다.
- 土가 많은데 火가 왕하면 燥土가 두려우나, 金水가 있으면 부명을 이룬다.

4) 금용신(金用神)일 때

- 土가 왕한데 金이 적당히 있으면 인품이 수려하다.
- 土가 왕한데 金이 더 왕하면 사람이 졸렬하다.
- 土가 火와 金을 적당히 만나면 시종일관하며 신용이 바르다.

5) 수용신(水用神)일 때

- 土와 水가 모두 왕하면 부명이 된다.
- 土가 약한데 水가 왕하면 빈명이 된다.
- 土가 왕한데 水가 木을 도우면 부귀를 겸비한다.
- 土가 약한데 水가 극왕하면 조상의 묘를 파거나 타국으로 떠돈다.
- 土가 약한데 水가 土를 역으로 극하면 평생 위장병이 따른다.

4. 경신일생(庚辛日生)

1) 금용신(金用神)일 때

- 身弱한데 比劫運을 만나면 자수성가한다.
- 金이 약하면 형제를 만난 격이라 외부의 도움을 받는다.
- 은혜를 잊지 않는 사람이다.

2) 목용신(木用神)일 때

- 金木이 모두 왕하면 부명이요, 책임감이 투철하다.
- 金이 약하고 木이 강한데 財多身弱이 되거나 從財하면 길하다.
- 金木이 모두 약하면 단명한다.
- 金이 약한데 木이 왕하면 아내가 우둔하거나 여난이 많다.
- 金木이 서로 싸우면 인의심이 없고 이기적이다.

3) 화용신(火用神)일 때

- 金火가 모두 왕하면 부귀와 공명이 높다.

- 金이 약한데 火가 왕하면 직업이 불안정하고 심신이 허약하다.
- 金이 왕한데 火가 약하면 평생 의식 걱정을 하고, 혈과 대장 질환이 있다.
- 金이 火를 만나지 못하면 제련되지 못한 쇳덩어리 같아 평생 큰소리 한번 못치고 산다.

4) 토용신(土用神)일 때

- 여름생이면 水로 부귀를 이룬다
- 가을생이면 木으로 부귀를 이룬다.
- 土가 많으면 金實無聲한 명이 된다.
- 土가 약하면 가난한 명이 된다.

5) 수용신(水用神)일 때

- 金이 강한데 水가 적당히 있으면 金白水淸 혹은 金水雙淸이라 하여 상격의 귀명을 이룬다.
- 두뇌가 우수하고 사람이 청수하여 만인의 사표가 된다.
- 金이 약한데 水가 왕하면 金이 잠기니 쓸모가 없고, 겨울 金日生이면 金冷水寒하니 곤고하다.
- 金水가 有氣하면 총명하나 색을 좋아한다.
- 金水雙淸格이 官을 만나면 크게 발전하고, 본명에서 官을 만나면 길명이 된다.

5. 임계일생(壬癸日生)

1) 수용신(水用神)일 때
- 身弱하면 형제나 친구 도움을 받으니 백만 원군을 만난 격이다.
- 財多身弱하면 반드시 水運에서 발복해 큰 재물을 얻는다. 그러나 比劫年 다음에 食神年이 들어오니 재물을 지키는 데 힘써야 한다.

2) 목용신(木用神)일 때
- 水가 왕한데 木이 적당히 있으면 水木이 相生해 좋지만, 火財가 있어야 균형을 이뤄 부명이 된다.
- 火가 없고 水가 왕한데 木까지 왕하면 火가 떠내려가니 결과가 허망하다.
- 水가 약한데 木이 왕하면 물이 말라 쓸모가 없고, 사람이 소심하다.

3) 화용신(火用神)일 때
- 水가 왕한데 木이 있어 火가 왕해지면 부명을 이루고, 평생 복이 많다.
- 水火가 旣濟되면 총명하고 권위가 있으나, 水가 약한데 火가 무성하면 水火가 未濟되니 가난한 명이 된다.
- 水는 왕한데 火가 없으면 사람이 어둡고 욕심이 많으나 욕심을 채우지 못하니 불만이 많다.

4) 토용신(土用神)일 때

- 水土가 모두 왕하면 水가 성곽을 만난 격이라 지위가 높아진다.
- 水가 약한데 土가 왕하면 사람이 우둔하다.
- 水가 왕한데 土가 약하면 실리가 없고, 평생 남의 뒷바라지만 한다.

5) 금용신(金用神)일 때

- 水가 약한데 金을 만나면 쌍청을 이루어 최상의 길명이 되나, 水가 왕한데 金까지 왕하면 濁水가 되어 쓸모없는 사람이 된다.
- 겨울 壬癸日生이 金이 왕하면 가난하면 장수하고, 부유하면 단명한다.

7. 오행(五行)으로 본 성격

1. 목일생(木日生) : 甲·乙

- 木日生이 木이 적당히 있는데 火로 잘 설기하면 木火通明이 되어 총명하며 인자하고 덕이 있어 품위를 잃지 않는다. 이런 사주는 군자의 상이라 하여 만인의 사표요, 동량이 된다.
- 木日生이 木이 약하면 인색하며 어질지 못하고, 시작은 있으나 끝이 없다.
- 木日生이 木이 태왕하면 羊刃처럼 강직하나 편굴하며 타협할 줄 모르고, 시기와 질투가 많아 가는 곳마다 시비를 일삼는다.

- 木日生이 木이 많은데 土가 많으면 재물에 집착이 강하고, 火로 財를 생하면 이재에 뛰어나 부자가 된다.
- 木日生이 木火土가 균형을 이루면 식견과 도량이 넓다.
- 木日生이 金氣가 많으면 殺星이 태과해 병약하고, 여기다 隔角殺까지 있으면 반드시 다리를 전다.
- 木日生이 水가 많으면 언행이 다르고, 변덕스러우며 수다쟁이다.
- 木日生이 火가 많으면 木焚이 되어 공상이 많은데, 심하면 정신착란을 일으키거나 神이 들어온다. 정신착란과 신이 들어오는 것은 의학적으로 구분하기가 매우 어렵다.
- 木日生이 木焚이 되면 꿈을 자주 꾸고, 헛것을 보며 헛소리를 잘 하기도 한다.

2. 화일생(火日生) : 丙·丁

- 火日生이 火가 많으면 예의를 알지만, 불급하면 무례하다.
- 火日生이 火가 많은데 잘 설기하면 화려한 것을 좋아하고, 재담과 풍류를 즐기고, 글 솜씨가 좋고, 판단력이 좋다. 그러나 속으로는 동요가 많아 평정심을 갖기 어렵다는 단점도 있다.
- 火日生이 火가 태왕하고 설기가 약한데 調候까지 부실하면 포악하고 아침 저녁으로 마음이 잘 변해 믿을 수 없는 사람이고, 겉으로는 화려하며 솔직한 것 같으나 속에는 검은 마음을 품고 있는 이중인격자다.
- 火日生이 火가 약한데 木이 많으면 木多火熄이 되어 졸렬하며 욕

심이 많아 베풀 줄을 모른다.
- 火日生이 木이 없는데 火가 매우 약하면 잔재주는 많으나 불손하기 이를 데 없고 신의를 모른다.
- 火日生이 土가 많으면 설기가 지나치니 결과가 없다. 타협이나 양보할 줄 모르고, 고집이 강해 잘 부딪치고, 쓸데없는 말이 많고, 경솔하고, 행동보다 말이 앞서는 사람이다.
- 火日生이 金이 많으면 감언이설을 잘 하다 오해를 많이 받는다.
- 火日生이 水火가 旣濟하면 인품이 고결하지만, 未濟되면 천박하며 시비와 다툼을 많이 한다.
- 火日生이 火보다 水가 왕하면 총명하나, 분수를 모르고 쓸데없는 모사를 꾸민다.

3. 토일생(土日生) : 戊·己

- 土日生이 土가 왕한데 잘 설기하면 마음이 부처 같아 중용을 잃지 않고 신의를 중시하는 사람으로 1분 1초도 어기지 않는다.
- 土日生이 土가 왕한데 설기하지 못하면 솔직하지 않고, 반성을 할 줄 모르고 자기 주장만 펴는 편벽한 사람이 된다. 또 미련하며 식탐이 많고, 남의 말을 잘 듣지 않는다.
- 土日生이 土가 많은데 火까지 많으면 매사 자기 위주로만 생각하고, 겉으로는 화려하고 솔직해 보이나, 속으로는 결단력이 부족하며 인색하다.
- 土日生이 土가 지나치게 많으면 중후하며 비밀을 생명처럼 지킨다.

- 土日生이 水가 적당히 있으면 부명을 이루고, 戊土가 癸水를 만나
  도 부명을 이룬다. 이렇게 財를 모아 부명이 된 것은 좋으나 언행
  이 달라 신망을 얻기 어렵고, 재물에 집착이 강하고, 베풀줄을 모
  르니 냉정하다는 소리를 듣는다.
- 土日生이 土와 金이 적당히 있으면 무정한 것 같아도 정이 있어
  사귈수록 깊은 맛이 있다.
- 土日生이 土가 약한데 金이 강하면 오기와 근성이 대단해 지는 것
  을 죽기보다 싫어한다.

4. 금일생(金日生) : 庚·辛

- 金日生이 金이 왕한데 土가 없어 사주가 맑고 깨끗하면 정신이 맑
  고 밝아 높은 인격을 갖춘다.
- 金日生이 金이 지나치게 많으면 만용을 잘 부리고, 색을 좋아하고,
  이기적이다.
- 金日生이 金이 지나치게 강하면 자존심이 강하고, 타협할 줄 모르
  고, 남의 말을 듣지 않으려는 기질이 있다.
- 金日生이 金이 약하면 결단력이 약하고, 매사 일이 늦어지고, 기회
  를 놓치고 후회하는 일이 많다.
- 金日生이 土가 많으면 金이 묻혀 소리를 내지 못한다. 그런데도 경
  망스럽게 요란을 떨며 잘난 척하지만 알아주는 사람이 없다.
- 金日生이 火가 많으면 겉으로는 예의를 아는 것 같지만 속으로는
  의리가 없고 이욕에만 밝다.

- 金日生이 水가 있으면 총명하며 끝까지 책임을 지는 사람이다.
- 金日生이 金이 왕하면 결단력이 있고, 지는 것을 싫어하고, 정이 많다. 그래서 金이 많으면 눈물이 많다.
- 金日生이 金이 왕한데 水가 없으면 지혜가 없고 우둔하다.
- 金日生이 金보다 火가 왕하면 겁이 많고, 빈혈증으로 늘 어지럽고, 종양이 많다. 치질이나 맹장 같은 말초신경이 약하다.

5. 수일생(水日生) : 壬·癸

- 水日生이 水가 왕하면 지혜롭고 영특하다.
- 水日生이 水가 왕한데 金까지 있으면 여러 학문에 조예가 깊고, 독서를 좋아한다. 그러나 金이 지나치게 많아 石讀斗用이 되면 쓸모가 없어지니 안방 선비에 불과하다.
- 水日生이 水가 태왕하면 방탕한 생활을 즐기고, 부끄러움을 모르며, 남이 간섭하는 것을 아주 싫어한다.
- 水日生이 水가 태왕한데 土가 약하면 土가 떠내려 가니 여자는 남편을 무시하고, 남자는 자식이 없다.
- 水日生이 水가 지나치게 많은데 金까지 가세하면 음흉하며 얼음장처럼 차갑고, 옳고 그름을 몰라 함부로 행동한다. 게다가 반성할 줄 모르고 오히려 남한테 뒤집어 씌우며 거짓말을 잘한다.
- 水日生이 水가 부족하면 마음이 좁고 변덕스러워 마음을 주고받을 사람이 못된다.
- 水日生이 水보다 木이 많으면 공치사를 잘 하고 성질이 급하다.

- 水日生이 火가 많으면 재물은 있으나 서두르는 경향이 있어 경솔해지기 쉽다.
- 水日生이 金이 많으면 편협하고 편굴하며 의타심이 많아 자립할 줄 모른다.
- 水日生이 土가 왕하면 겁과 조심성이 많아 좋은 기회를 놓치고 후회한다.

제2장. 육친 해설

1. 비견(比肩)

- 사주에 陽比肩이 있으면 목소리가 명랑하며 부드럽고, 陰比肩이 있으면 목소리가 탁하다.
- 사주에 比肩이 많아도 財가 없으면 형제간에 우애가 좋다.
- 사주에서 比肩은 형제자매에 해당하며, 자존심·투쟁·활동·용기·인기·자유를 뜻하기도 한다. 身弱 사주에는 길하나 身旺 사주에서는 흉신 작용을 한다.
- 사주에 比肩이 많으면 부부간에 불화하고, 타인과도 융화하기 어렵다.
- 사주에서 比肩이 喜神이면 자선심이 많으나 실속은 없다.
- 比肩에는 항상 불평 불만이 내재되어 있다.
- 比肩을 설기하지 못하면 성격이 모가 나고 융통성이 없다.
- 比肩은 독립 정신이 강해 지배받는 것을 싫어한다.
- 比肩은 반항하는 기질이 강해 분리되기 쉽고 허황된 꿈이 많다.
- 사주에 比肩이 너무 허약하면 형제나 부모덕이 없다.
- 사주에 比劫이 강하면 봉급생활을 하기 어렵고, 사업하다 남한테 피해를 입히고 자기도 금전 고충을 겪는다.
- 比肩이 三刑이나 沖破되면 몸에 이상이 생긴다.
- 比肩도 陽比肩이 陰比肩보다 강하게 작용한다.
- 사주에 財는 약한데 比肩이 왕하면 성격이 편굴하고 인색하다.
- 比肩이 喜神이면 남의 덕을 보지만 재물에 허실도 많이 따른다.
- 사주에 比肩이 많은데 돈놀이를 하거나 금융업에 손을 대면 큰

화근이 따른다.

– 사주에 比肩이 많으면 부부궁에 고난이 많다. 결혼도 늦게 하는 것이 좋다.

– 사주에 比肩이 왕한데 官이나 食傷이 없으면 독불장군 기질이 있다.

– 사주에 比肩이 있는데 死絶이나 墓가 있으면 형제가 일찍 죽기도 한다.

– 년월에 比肩이 있으면 형이나 누나가 있다.

– 여자가 比肩이 많은데 食傷이 약하면 산액이 따른다.

– 사주에 比肩이 왕한데 印綬가 태왕하면 아내를 잃고 굶어죽는다 고 한다. 여기다 食傷까지 없으면 지식이 있어도 활동할 무대가 없 는 격이 된다.

– 여자가 比肩이 많으면 색정과 부부궁에 고난이 따른다.

– 여자가 比肩이나 劫財가 강하면 독신이나 첩이 되는 수가 많다.

– 여자가 官이 약한데 比肩이 왕하면 남편을 멸시하고, 파란곡절이 많다.

– 比肩이 있어 身旺해졌는데 財가 허약하면 일생 가난을 면하지 못 한다.

– 月支에 比肩이 있는데 身旺하면 아집과 고집이 많아 남의 말을 잘 듣지 않는다.

– 比肩이 七殺과 동주하는데 身旺하면 관재나 구설, 시비가 많이 따 른다.

– 比肩이 喜神이면 형제나 친구의 도움으로 사업에 성공하고, 조직 적인 일에서 탁월한 능력을 발휘하고, 어려운 고비마다 귀인이 도

와주고, 인기가 많다.

- 比肩이 흉신이면 유산 상속·부모궁·부부궁에 송사나 시비가 따르고, 부모형제나 친구 때문에 손재나 중상모략을 당하고, 동업하다 손해를 보거나 이용만 당하고, 나쁜 친구만 모여들고, 친구 때문에 항상 말썽이 많다.
- 比肩이 흉신인데 食傷이 허약하면 공부운이 박하다.
- 比肩이 흉신인데 身旺하면 만사에 막힘이 많고, 가정과 재물에 풍파가 심하다.

2. 겁재(劫財)

- 劫財는 성이 다른 형제자매나 이복형제, 친구를 뜻한다.
- 劫財는 正財의 七殺이므로 정처와 재산을 해치는 흉신이다.
- 劫財는 재물에 허욕이 많고 아내를 억압하는 신이다.
- 劫財가 왕한데 忌神이면 재물과 부부궁에 실패가 많아 염세적이 되기 쉽고, 官을 거역하는 격이니 관재나 송사나 옥살이가 따르는 경우가 많다.
- 劫財는 교만하며 불손하고, 투쟁과 폭력이 따르고, 횡재나 요행을 바라는 기질이 있고, 단순한 반면 변화가 심하다.
- 身旺한데 劫財와 偏印이 함께 있으면 흉사나 급사가 따르고, 건강이 나쁘고, 재물복이 없다.
- 劫財와 羊刃이 함께 있는데 흉신 작용을 하면 횡액이 따르고, 가

정은 적막강산이 된다. 이런 사람은 재물에 풍파가 많아 떠돌며 장사하는 경우가 많다.

- 사주에 劫財와 傷官이 있는데 흉신 작용을 하면 무뢰한이 되고, 時柱에 있으면 자식이 불량하거나 죽을 때까지 말썽만 피운다.
- 劫財와 羊刃이 함께 있거나, 劫財와 傷官이 함께 있거나, 劫財와 偏印이 함께 있는데 흉신 작용을 하면 무서운 이중인격자가 되기 쉽다.
- 比肩이나 劫財가 왕한데 官이 剋除하지 못하면 무법자가 되기 쉽다.
- 比肩이나 劫財가 흉신이면 육친·형제·타인의 덕이 없고, 劫財가 干合하여 흉신 작용을 하면 바람둥이나 말썽꾸러기가 되기 쉽다.
- 財星 위에 있는 比肩이나 劫財가 흉신 작용을 하면 돈을 모아도 언젠가는 사기를 당하거나 빈털터리가 되고, 재물에 시비 송사가 많이 따른다.
- 比肩이나 劫財가 흉신이면 사기꾼·서리꾼·도둑놈이 되기 쉽다.
- 比肩이나 劫財가 忌神인데 食傷이나 官이 없으면 성격이 외골수로 모가 나고, 자식덕이 없고, 부부궁에 변화가 많다.
- 財나 官이나 食傷이 왕해 比肩이나 劫財가 길신이 되면 형제나 친구의 덕을 본다.
- 比肩과 劫財는 작용이 비슷하지만 흉신일 때는 劫財가 더 흉하다.
- 남자가 正財가 허약하고 身旺한데 행운에서 劫財를 만나면 아내와 사별하거나 아내가 질병으로 고생한다. 이런 운에는 재물 손해도 따른다.
- 劫財가 忌神인데 행운에서 劫財를 또 만나면 형제나 친구가 배신

하고, 손재나 송사가 따른다.

- 比肩이나 劫財가 官星과 동주하면 호언장담을 잘 한다.

- 比劫과 桃花가 동주하면 주색으로 방탕하는 기질이 있다.

- 比劫이 태왕한데 官星과 財星이 약하면 조상을 욕먹일 일만 하거나 폐인이 되고, 오만불손하며 안하무인인 경우가 많다.

- 比劫과 財星이 동주하면 자기가 잘 되려고 부모형제를 돌보지 않고, 수단과 방법을 가리지 않고 돈을 벌려는 기질이 있다.

- 사주에 比劫이 있으면 눈치가 빠르며 재치가 있고, 언어와 수완이 좋고, 영특하나 실수나 구설도 많다. 여기다 食傷이 허약하면 기억력이 약하고, 매사에 싫증을 빨리 낸다.

- 초년 대운에서 比肩이나 劫財를 만나면 부모가 활동을 많이 하고, 比劫이 흉신이면 부모와 일찍 떨어져 살기도 한다.

- 중년 대운에서 比劫을 만나면 아내가 활동하는 경우가 많다.

- 말년 대운에서 比劫을 만나면 늦게까지 활동하고, 자식덕이 박하다.

- 比劫運에는 기술이나 맨주먹으로 돈을 버는 것이 좋고, 比劫이 흉신인데 比劫運을 만나면 동업이나 투자에 손재수가 있으니 조심해야 한다.

- 比肩이나 劫財가 財와 동주하면 내가 잘살면 형제가 못살고, 형제가 잘살면 내가 못산다.

- 比劫이 用神이면 평생 자기 노력으로 살아야 하는데 노력이 끝나면 죽는 수가 있다. 이는 用神이 쉬면 사주는 할 일이 없어진다는 말이다.

- 比劫이 왕한데 여자가 食傷이 허약하거나 남자가 官殺이 허약하

면 자식궁에 불평불만이 많아 자식과 따로 사는 것이 좋다.

- 여자가 比肩이나 劫財가 많으면 활동력이 강하고 인기가 많다.
- 比肩은 친구에 해당하므로 사주에 比肩이 있으면 항상 주위에 친구가 많고, 바깥 소식을 빨리 듣는다.
- 여자는 陰이고 물질 성분이므로 여명에 比肩이 있으면 항상 돈 버는 궁리를 한다.
- 여자가 사주에 比肩이 많은데 가만히 있으면 공상 때문에 질병이 생긴다.
- 사주에 比肩이 있으면 영리한 편이나 귀가 얇고, 사업에 함부로 덤비다가 사기를 당하는 수가 많다.
- 여명에서 財는 시부모인데 比劫이 많아 財를 심하게 극하면 시어머니와 뜻이 맞지 않으니 시집살이가 어렵다.
- 여자가 印綬가 많은데 身旺하면 공을 많이 들여야 자식을 키우고, 성병이나 자궁병을 조심해야 한다.
- 年支나 月支에 있는 比劫이 왕하면 덤벙대고, 天干에 있으면 더 그렇다.
- 比劫이 忌神이면 평생 보증이나 돈놀이, 계를 하지 않는 것이 좋다.
- 여자가 比肩과 傷官이 동주해 官이 허약해지면 자식을 낳고 남편과 이혼하거나 사별하는 수가 있다. 이런 사주는 자식을 키우면서 혼자 사는 사람도 많다.
- 比肩과 劫財는 사주의 조립에 따라 길신 작용도 하지만, 비교적 흉신 작용을 많이 한다.
- 比肩과 劫財는 파란·바람·驛馬·방대·화통·주색·능력·자유·언

어·용기·인기·기초·방종·오락·친우·혁신·유통·교섭 등을 나타 낸다.

- 比劫과 官星이 동주하면 호언장담을 잘한다. 만약 比劫과 桃花가 동주하면 방탕함이나 주색을 조심해야 한다.

- 比劫이 태왕한데 약한 官殺과 동주하면 허황된 꿈이 많아 작은 일은 하지 않으려 하고, 과욕을 부리다 조상을 욕먹이고, 폐인이 되는 경우가 있다.

- 말년에 比劫運을 만나면 젊을 때처럼 자기가 움직여야 한다. 그렇 치 않으면 가난하고 자식덕이 박하니 사고뭉치가 되는 일이 많다.

- 比肩運과 劫財運에는 친구 말에 속아 움직이는 경우가 많은데, 喜 神이면 대성하지만 흉신이면 망신과 시비만 생긴다.

- 比劫이 喜神이면 다른 사람과 함께 하는 일로 일확천금을 얻는 수도 있지만, 比劫運을 만나면 돈 걱정이나 직장에 변동이 생긴다. 또 남이나 부모형제한테 신경쓸 일이 생기기도 한다.

- 작용은 比肩보다 劫財가 더 강하고, 사주의 陰陽에 따라 길흉 차 이는 있으나 비교적 흉신 작용을 많이 한다.

- 여자가 比劫運을 만나면 시집 걱정이 생기고, 財旺한데 財運을 만 나면 친정 걱정이 생긴다.

- 年에 있는 比劫이 길신이면 부모가 자수성가한 사람이고, 흉신이 면 이복형제가 있거나 아버지가 외도를 많이 하거나 부모와 일찍 생리사별할 명조다.

- 劫財가 국을 이루면 형제간에 항상 불목한다. 여기에 財까지 있으 면 형제간에 시기와 질투로 싸움이 그치지 않는 집안이고, 자애

로운 마음이 없어 타인을 비방하는 잔인한 성격이다. 또 羊刃까지 있으면 겉으로는 온순한 척하지만 속에는 독을 품은 사람이다.

- 劫財와 羊刃이 사주 구석구석에 포진하고 있으면 겉으로는 착하며 중후한 것 같지만, 속으로는 가난하고 각박하며 매사 성의가 없고 공짜를 좋아한다.

- 사주에 羊刃이나 劫財나 傷官이 많으면 사교적이지 않아 친구가 없고 고독하다.

- 劫財나 羊刃이나 偏官이 중중하여 사주가 태왕하면 음흉하며 포악하고, 사통을 즐기며 수치를 모르고, 상하를 모르는 무뢰한이 된다. 또한 내 것은 천금처럼 보면서 남의 것은 가볍게 여기는 수전노요, 은혜를 모르는 철면피 같다.

- 劫財와 羊刃은 억세고 무지한 형제 같아 싸움에서 물러서는 법이 없다. 고집이 발동하면 때려부숴야 직성이 풀리고 피를 봐야 속이 후련해지는 성격이라 여자는 남편이 없고 남자는 자식이 없다.

3. 식신(食神)

- 食神과 傷官은 자기 몸에서 태어난 화신에 비유한다. 자신의 힘이 외부로 작용하는 것이라 자기 능력을 평가할 수 있는 것이므로 食神은 발전하는 별, 노력하는 별이라고도 한다.

- 食神은 남자에게는 장인·장모·조카·손자에 해당하고, 여자에게는 자식·손자·친정 조카에 해당한다.

- 身旺 사주에서는 食神이 자기 기운을 빼서 투자해 이익을 만드는 격이니 길신 작용을 하고, 身弱 사주에서는 기운을 빼는 것이 도리어 질병을 가져오고 수명을 단축시키는 것과 같아 흉신 작용을 한다.
- 身旺하면 食神은 식록의 별이 되어 명예와 의식주가 풍족하고, 낙천적이며 매사에 불평불만이 없다. 이런 사주는 食神이 財를 생하니 가정도 다복하고 몸도 건강하다.
- 食神이 喜神이면 성격이 원만하니 만인의 존경을 받고, 조상의 업도 이어받을 수 있다.
- 身弱한데 食神이 심하게 설기하면 망한 집안의 후손이며 부모도 일찍 잃는다..
- 身弱한데 食神이 왕하면 악처를 만나고, 자식에게도 놀림감이 되고, 현실에 너무 어둡다.
- 食神은 자기 생각이 표출된 현실의 결과와 같다.
- 食神이 偏印과 동주하거나 偏印이 심하게 剋除하면 머리가 잘 돌아가지 않아 능력을 발휘할 수 없다.
- 食神을 偏印이 剋除하면 밥그릇을 엎는 倒食이라 하여 빈천한 명이 된다.
- 食神과 偏印이 동주해 심한 制剋을 받으면 단명하거나 질병이 따르고, 마음이 항상 불안하며 고생이 심하다.
- 身弱한데 食神이나 傷官이 병이 되면 印綬가 도리어 喜神 작용을 한다.
- 食神이 심하게 극을 당하면 초년에 젖이 부족하고, 어머니가 본인

을 낳을 때 산고가 많았을 것이다.

- 身旺한데 食神이 왕하면 저절로 소득이 생기는 것과 같고, 미적 감각이 있으나 가무와 색정에 빠지기 쉬운 결점이 있다. 이때 比肩을 만나면 그 특성이 더 강해지고, 印綬를 만나면 자제할 줄 안다.
- 身弱한데 사주에 食神이 너무 많으면 바람둥이나 창녀나 과부가 되기도 한다. 특히 여자가 陽日生이면 창녀가 되기 쉽고, 陰日生이면 기생이나 첩이나 여급이 되기 쉽다.
- 食神이 왕한데 正偏官이 허약하면 자식이 불량하며 신체가 허약하고 질병이 따른다.
- 身旺한데 왕한 食神과 正官이 하나씩 있으면 부귀와 공명을 이룬다. 그러나 食神과 正官이 合되지 않아야 한다. 만약 合되어 忌神이 되면 색을 좋아하거나 방탕하는 기질이 있다.
- 身旺한데 食神이 왕하면 음식 솜씨가 좋고 명랑하다.
- 食神이 약한데 偏印이 왕하면 편식한다. 이런 사주는 위가 작은 편이고, 식복이 작고, 신체가 왜소하다.
- 여자가 食神이 偏印을 심하게 극하면 산액이 따르고, 젖이 부족하고, 양쪽 유방 크기가 다르다.
- 時上에서 偏印이 食神을 심하게 극하면 늙어서 의식 걱정을 하고, 음식물에 중독되거나 굶어죽는 경우가 많다.
- 여자가 身旺한데 食神이 왕하고 官과 印綬를 극하지 않으면 자식이 크게 발전한다.
- 食神이 有氣하면 財나 官이 있는 것보다 더 좋게 여긴다.
- 食神이 刑이나 극을 받으면 어릴 때 젖이 부족하거나 어머니와 이

별할 수 있다. 특히 여자는 자식이 불효하거나 자식을 剋할 수도
있다.

- 比肩과 食神이 왕한데 喜神이 되면 양자로 가거나 남의 것을 상속
받을 수도 있다.

- 食神이 比劫이나 偏印이나 偏官과 함께 있으면 좋은 일보다 나쁜
일이 많다.

- 身旺한데 食神과 財가 있으면 남자는 여자가 많이 따르고, 여자는
특출한 자녀나 효자를 두기도 한다.

- 食神이 충이나 剋除받지 않고 用神이 되면 도량이 넓고 정신이 건
전하다. 그러나 충이나 剋除를 심하게 받으면 입이 짧고 몸이 왜
소하며, 생각이 사리에 맞지 않아 무능해지기 쉽다.

- 木日柱가 火食神이 있으면 총명하고 박학하다.

- 火日柱가 土食神이 있으면 방정하다.

- 土日柱가 金食神이 있으면 재리에 집착하고, 문장이 뛰어나고, 가
무를 좋아하고, 다방면에 재능이 있다.

- 金日柱가 水食神이 있으면 박학박식하고 다재다능하다.

- 水日柱가 木食神이 있으면 명랑하며 인물이 준수하고, 문장에 뛰
어난 면이 있다.

- 食神이 空亡되면 의식이 부족하며 한직 생활을 하고, 食神이 驛馬
에 해당하면 자수성가한 사람이다.

- 食神格 사주가 財가 유근하면 금융기관이나 경리부서 와 인연이
많다. 국제 무역이나 기술직 봉급자나 사업과도 인연이 많다.

- 食神格이 官殺이 있으면 의사나 역술인이 되는 경우가 많다. 특히

華蓋와 함께 있으면 구류업과 인연이 더 깊고, 종교나 수도생활이나 봉사하는 일에 종사하는 사람이 많다.

- 食神格 사주가 왕한데 祿馬가 왕하면 권력 계통 직업인 군인·법관·경찰·수사 기관과 인연이 많다.

- 여자가 身旺한데 食神도 왕하면 색정을 참지 못하니 한 가정을 지키기 어렵다. 그러나 印綬로 구제하면 면할 수 있다.

- 남자가 食神이 왕한데 正偏官이 나타나 허약하면 자식을 두기 어렵거나, 있어도 힘이 되지 않는다.

- 食神格 사주가 財星을 만나지 못하면 노력은 하지만 결실이 작다. 그러나 財星을 만나면 水氣가 유통되니 대부대귀격을 이룰 수 있다.

- 남자가 食神格인데 正偏印이 왕해 食傷을 심하게 극하는데 財로 印綬를 剋해 食神을 구하면 처덕을 본다.

- 身弱하더라도 食神格에 正偏官이 왕하여 흉신이 될 때 食神으로 제거하면 泄氣로 보지 않고 藥神으로 본다.

- 食神이 用神인데 傷官과 같이 있으면 생각이 두 갈래로 나뉜 격이니 이중인격자가 되기 쉽다.

- 食神格 사주는 日柱가 강해야 한다. 刑沖破害나 合이나 剋이 심하면 작용하지 못하므로 나쁘다.

- 食神은 길신이지만 身弱한데 많이 만나면 오히려 병이 된다. 이때는 印綬로 食神을 눌러주고, 官으로 印綬를 생하여 중화시키면 현달한다.

- 食神이 있어도 財星이 너무 왕하면 능력을 발휘하지 못한다. 이때는 比肩이나 劫財로 財를 剋除하면 길신이 된다. 다만 身弱해 比

肩이나 劫財가 필요한 경우다.

- 食神이 왕한데 身旺하면 배운 학문을 충분히 발휘하고, 身弱하면 거짓말과 허언을 많이 한다.
- 身旺한데 食神이 약하면 말글을 배워도 뒷글로도 못 써먹고, 食神이 없으면 생각이 조급하고 단조롭다.
- 身弱한데 食神도 없으면 우둔해 남을 지도할 수 없다.
- 食神이나 傷官은 자궁과 생식기를 의미하므로, 食神이 없는데 身弱하면 부부간에 성생활이 원만하지 못하다.
- 사주에 食神이나 傷官이 없으면 애정을 표현할 줄 몰라 배우자한테 사랑을 받기 어렵다.
- 食神格 사주는 官殺이 나오지 않는 것이 좋다. 만약 나온다면 食神이나 傷官으로 눌러줘야 귀한 명이 되고, 正官이 나와도 위치에 따라 剋除를 받지 않고 조화되면 귀한 국을 이룬다.
- 食神이 正官과 干合해 길신이 되면 좋지만, 흉신이 되면 흉조가 따른다.
- 日이나 時의 食神이 健旺하고 喜神이 되면 장수하고, 時支에 正官이나 偏印이 있어 制剋이 없으면 단명하거나 늙어서 질병으로 고생하다 죽는다.
- 身旺한데 食神이 왕하면 다재다능하며 건강하다. 그러나 여자가 身旺한데 食神이나 傷官이 약하거나, 食傷이 있어도 偏印이 심하게 극하면 출산하는 데 고통이 많고, 자녀를 낳아도 印綬方이나 官殺方으로 잠을 재우면 키우기 힘들고, 자식덕이 없다.
- 食神과 官殺이 동주하거나 食神과 正偏印이 동주하면 생활이나

마음의 굴곡이 심하거나 건강이 나쁜 경우가 많고, 인격이 비열하며 천한 직업을 갖는 경우가 많다.

- 身旺한데 食神이 왕하면 경호원이 있는 것과 같아 官殺이 와도 제거할 수 있고, 財가 나타나도 순리적으로 내 것으로 만들 수 있다.
- 사주에 食神과 傷官이 많으면 몸에 흉터가 생기거나 수술을 받을 수 있다.
- 身弱한데 食神이나 財가 왕하면 아내한테 눌려 살거나 자식한테 희롱당하면서 사는 천한 명조가 된다.
- 食神이나 傷官이 用神이면 대개 총명하지만 색을 좋아한다. 왕한 본신을 설기하기 때문이며, 머리의 정기를 뿜어내기 때문이다.
- 食神格 사주가 財星이 없고 偏官이나 印綬가 喜神이 되어 食神이 상하지 않고 조화를 이루면 권위 있는 인격자로 부귀를 모두 갖춘다.
- 身旺한데 食神이 허약하거나 暗藏되면 기술자나 상업인 명이다.
- 남자가 日時의 食神이 用神인데 왕하면 처복과 자식복이 좋고, 건강하게 장수하고, 말년복이 좋다.
- 食神이 用神인데 日時支의 偏官이나 偏印이 왕하면 부부궁이 안 맞고, 질병이 있거나 공방수가 따른다.
- 여자가 食神이나 傷官이 길신이면 음식 솜씨가 좋다.
- 身旺하고 食神이 왕한데 財星이 없으면 財星運에 재물운이 발복한다.
- 身弱하고 食神이나 傷官이 왕한데 傷官運이나 食神運을 만나면 온갖 재난이 생긴다.

- 食神格이 身弱한데 官殺이 많으면 印綬運이나 比劫運에 발복하고, 財星運이나 官殺運에는 흉조가 생긴다. 사주에서 體와 用이 균형을 이루면 조화되었다고 하는데, 이 조화를 이루지 못하면 재난이 일어나 심하면 죽는 경우도 있다.
- 食神이 日柱보다 약할 때는 傷官運도 喜神이 될 수 있지만, 그렇지 않은데 傷官運이 오면 격이 탁해져 忌神運이 된다. 이런 경우 남자는 자식 때문에 애로가 따르고, 여자는 남편궁에 생리사별이나 고통이 따른다. 이때 사주에 印綬가 有氣하면 면할 수 있다.
- 食神이 用神인데 用神運이 오면 승진·출산·건강·재물이 바라던 대로 이루어진다.
- 食神이 흉신인데 食神運이 오면 만사가 침체된다. 건강도 나빠지고 소송이나 액난이 따른다. 그러나 사주에 따라 참작해야 한다.
- 食神이 중화되면 부드러우며 덕이 있고, 만사가 순리대로 된다. 이런 사주는 소박하며 자애가 있고, 화합하는 것을 좋아한다.
- 食神은 爵星이나 壽星, 敬養神이라고도 한다.
- 食神이 有氣한데 身旺하면 대부대귀하고 장수하지만 잡되면 소국이 된다.
- 食神은 七殺 偏官을 制하여 나를 보호하니 수명을 지키는 신이라 한다.
- 食神은 偏財인 재물을 생하고 효행하니 敬養神이라 한다.
- 身旺하고 食神이 干露하여 유근하면 이론적이며 만인의 존경을 받고, 身弱한데 食神이 많으면 정신이 탁하고 행동이 비천하다.
- 食神格이 身弱한데 印綬가 없으면 속성속패한다.

- 印綬는 어머니 자리며 본인의 생기처이므로 食神 傷官이 태왕하면 印綬가 무력해져 어릴 때 부모가 가난하거나 부모와 떨어져서 자란다. 그러나 사주에 財가 있으면 무방할 수 있다.
- 왕한 食神運이 오면 아내의 印綬運이니 아내의 명의로 문서를 잡으면 좋다. 다만 財가 用神이어야 한다.
- 食神이 用神이면 미남미녀가 많은데 食神運을 만나면 이성이 많이 따른다.
- 傷官이 用神이면 미인이 많으나, 성격이 원만하지 않아 애인을 오래 사귀면 반드시 파란곡절이 따른다.
- 여자가 身旺한데 食神이 왕하여 用神이 되면 자녀를 많이 두고, 자손덕도 본다.
- 食神이 태왕하면 부모와 인연이 없어 떨어져 살지 않으면 서로 애를 먹인다.
- 身弱하고 食神과 財가 약한데 印綬가 왕하면 잘살던 집안이 본인이 크면서 망한다. 食神生財를 하지 못해서다.
- 食神이나 傷官이 약한데 印綬가 태왕하면 부모가 너무 극성맞아 자식을 오히려 나쁘게 만들고, 착하고 성실하더라도 자기 뜻대로 살기 어렵다. 특히 남자는 어머니와 아내가 갈등하니 고난이 많고, 여자는 친정 부모의 간섭으로 가정이 온전하기 어렵다.
- 食神은 아들이나 장인으로 보고, 傷官은 딸이나 장모로 본다. 물론 남녀가 陰陽 관계로 달라질 수도 있다.
- 食神이 왕하여 印綬를 극하면 주위 환경이 나쁜 데서 자라고, 머리가 영특해도 활동할 무대가 없으니 불평불만이 많다.

- 食神이 官星과 합하여 喜神이 되면 신체가 비만하고 정신이 건전
  하다.

4. 상관(傷官)

- 傷官은 官星을 상하게 하므로 傷官이라 하고, 食神처럼 머리를 설
  기하는 별이니 두뇌가 총명하나 남을 얕보며 남의 말을 듣지 않는
  기질이 있다. 항상 자기 생각만 옳다고 주장하며 교만하다.
- 사주에 傷官이 있으면 총명해서 어려서는 사랑을 받지만, 윗사람
  을 멸시하는 기질이 있어 부모 속을 썩이고, 학교에서는 선생 속
  을 썩이고, 사회에 나와서는 상관을 이기려 한다. 이런 사람은 성
  격이 괴팍해 규칙적인 생활이나 규범에 얽매이는 것을 싫어하니
  독불장군이 되는 경우가 많다.
- 사주에 傷官이 왕하면 구속받지 않는 자유로운 직업이나 독자적
  인 사업에는 적합하지만 단체 생활에서는 따돌림을 받는다.
- 傷官은 인정이 많으나 자유분방하며 자기 머리만을 믿는 경향이
  있어 형벌을 받거나 참혹한 일을 당하는 경우가 많다. 특히 傷官
  이나 劫財나 羊刃이 있으면 조상한테 누를 끼치고 참수형을 당하
  는 수도 있다.
- 사주에 傷官이 왕하면 印星으로 눌러줘야 한다. 그렇지 않으면 항
  상 불평불만이 많고 외롭다.
- 어릴 때 왕한 傷官이 들어오면 조실부모하거나 편친이 되는 경우

가 많고, 잘살던 집안도 망하거나 조상을 욕되게 한다.

- 傷官은 지나치게 감정적인 면이 있으니 자신을 냉정하게 들여다보며 수양하고 교양을 기르는 게 출세하는 비결이다.

- 傷官은 유아독존적인 면이 있어 남한테 지는 것을 싫어하고, 허황된 망상에 빠져 착각하는 경우가 많다.

- 身旺하면 머리가 영특하니 아이디어 개발, 예술계, 연구직, 참모, 교육계와 인연이 많다.

- 食傷이 왕하면 남자는 자식을 극하고 여자는 남편을 극한다. 특히 여자는 남편궁에 고난이 많으니 후실로 가는 것이 좋다.

- 食傷이 왕하면 남녀 모두 인물이 아름다우나 기복이 많다. 그러나 印星이 傷官을 막으면 좋다. 이때 比肩이나 劫財가 있으면 도리어 傷官만 왕해지니 더 흉하다.

- 傷官이 왕하면 교통사고를 당하거나 상처가 생긴다. 만약 상처가 없으면 반드시 수술을 받는다.

- 傷官은 조모나 외조부에 해당한다. 남자는 첩의 어머니에 해당하고, 여자는 자식에 해당한다.

- 日柱가 왕한데 傷官이 用神이면 감수성과 예술 감각이 뛰어나 명성을 떨치기도 하고, 특출한 연구로 학문 분야에서 이름을 날리기도 한다.

- 사주에 傷官이 많은데 正官이나 印綬가 없으면 관골이 높고 눈썹이 거칠며 눈빛이 예리하다. 이런 사람은 재예가 있으나 교만해 안하무인이 되는 경우가 많다.

- 사주에 傷官과 劫財가 많으면 재산을 목적으로 결혼하는 탐욕스

런 사람이 될 수 있다.

- 사주에 傷官만 왕하고 印綬가 없으면 욕심이 많고, 財가 없으면 잔재주는 많으나 빈천한 명이 된다.
- 傷官格 사주는 강자에게는 반항하고, 약자에게는 의협심과 동정심이 발동해 잘 도와주는 기질이 있다.
- 傷官은 불의를 참지 못하고, 비밀이 있으면 털어놓는 본성이 있다.
- 傷官은 허영과 화려함을 좋아하나, 예리한 선견지명과 대단한 승리욕도 있다.
- 身旺하고 傷官이 왕한데 制剋하는 印星이 없고 傷官이 羊刃과 함께 있으면 허영과 욕망이 높고, 사기성과 계략이 능란하다.
- 木火傷官格은 총명하며 문학이나 문장에 뛰어나다.
- 火土傷官格은 자신의 학덕을 과장해서 평가하는 경향이 있다.
- 土金傷官格은 재지가 뛰어나고 인정이 많다.
- 金水傷官格은 박학다능하며 지혜가 청수하다.
- 水木傷官格은 다능다재하나 질투심이 많다.
- 身強하고 傷官이 왕한데 制化가 없으면 종교인이나 예술인이 되는 경우가 많고, 財로 왕한 傷官을 설기시켜 중화되면 큰 사업가로 출세할 수도 있다.
- 여자가 傷官格인데 正官運을 만나면 남편이 죽거나 남편 신상에 큰 흉조가 생긴다.
- 身旺 사주가 傷官이 왕하면 財星이 있어야 복명이 되고, 身弱 사주는 印星으로 制化해야 길명이 된다. 이때 財가 印綬를 극하면 차려놓은 밥상을 엎는 격이 된다.

- 傷官이 흉신인데 偏印이 합하여 작용을 막으면 좋고, 傷官이 왕하면 日干이 왕해야 傷官의 능력을 최대한 발휘할 수 있다.
- 身旺 사주가 傷官이 약한데 印綬 대운을 만나면 대흉하고, 食傷運을 만나면 크게 발전한다.
- 身旺 사주는 傷官이 왕하고 官星이 없고 중화되면 명리를 모두 이룰 수 있다.
- 金水傷官格이 겨울생이면 물이 얼어붙으니 調候가 필요하므로 官인 火를 반기고, 木火傷官格도 官인 金을 만나야 기물을 이룰 수 있다. 다른 傷官格은 官이 나타나면 좋지 않은 경우가 많다.
- 土金傷官格은 眞傷官格이 되어야 좋다.
- 水木傷官格은 財星을 만나야 좋다.
- 火土傷官格은 印星인 木을 쓸 때도 있지만 調候가 필요할 때는 財星인 金과 官인 水를 반긴다.
- 사주에 偏官이 있어 日干을 심하게 剋할 때는 傷官으로 偏官을 제거하면 日柱를 보호할 수 있으니 길작용을 한다.
- 丙日柱가 己土 傷官이 있으면 상하간에 불화가 잦고, 작은 이익에 빠져 대범하지 못한 면이 있다.
- 辛金日柱가 傷官이 있는데 調候가 안 되거나 土가 없으면 가정이 불안하고, 매사에 안정감이 없다.
- 壬水日柱나 癸水日柱가 傷官이 왕하면 영특하나, 어릴 때 죽을 고비를 넘기거나 집안에 풍파가 있다.
- 庚金日柱가 傷官이 왕하면 질병에 걸리거나 가정에 풍파가 많거나 재물 고난이 많다. 그러나 土로 傷官을 다스리면 발복할 수 있다.

- 傷官佩印格 사주가 財星이 나오면 격이 깨지고, 운에서 다시 왕한 傷官이 들어오면 고질병에 걸리거나 죽을 수도 있다.
- 日干이 너무 허약해 사주 전국이 傷官이 되면 從兒格이 되어 傷官을 따라가는데, 이때 왕한 傷官運을 만나면 발복한다. 그러나 남자는 자식 때문에 걱정이 많고, 여자는 남편 때문에 애로가 따르기도 한다.
- 傷官格 사주는 극과 극을 함축해 벼락출세를 하기도 하지만, 갑자기 좌천되어 고생할 수도 있다.
- 假傷官格 사주가 印星運을 만나면 각종 질병에 걸리거나 재물에 실패한다.
- 傷官이 喜神이면 예능이나 특수한 연구직이나 개발에서 남다른 명망을 얻을 수 있다.
- 傷官이 用神인데 傷官運을 만나면 혼담이나 출산이나 희망하던 일이 풀릴 수 있다.
- 傷官이 忌神이면 매사에 구설·시비·송사·손재가 따르고, 건강이 나빠지거나 수술을 받을 수 있다. 직장인은 사표를 쓰거나 파직이나 좌천을 당하는 수도 있다.
- 傷官이 왕한데 다시 왕성한 傷官이 들어오면 질병이 생기거나 큰 재난을 당한다.
- 대운이 傷官運인데 년운이 官運이거나, 대운이 官運인데 세운이 傷官運이면 액난이 생기거나 손재나 구설이 따른다.
- 학생이 傷官이 忌神인데 傷官運이 오면 학교를 중도에 포기하거나 가출하는 경우가 있다. 그렇지 않으면 질병으로 학업에 장애가 있

을 수 있다.

- 傷官은 인정과 동정심과 눈물이 많다. 한번 마음먹으면 고집도 강하다. 매사가 자연스럽게 이루어지기보다는 노력과 투쟁으로 이루어지니 食神보다 강하다. 항상 불평불만이 많고 가난해도 마음의 자유를 구상하며 공상이 많다.

- 傷官格 사주가 왕하고 맑으면 충신·열사·열녀·순교자·혁명가가 되기도 한다.

- 여자가 食神이나 傷官이 왕한데 官이 있으면 고난의 눈물을 많이 흘리고, 자식을 낳은 뒤 남편과 이별이나 사별한다. 자식이나 남편 둘 중 하나는 버려야 한다.

- 남자가 食神이나 傷官이 왕한데 官이 있으면 직장과 인연이 없어 자유업을 갖는다.

- 印綬가 喜神인데 傷官이 왕하여 印綬가 깨지면 정신에 문제가 생기거나, 변태 행동을 하거나, 괴질에 걸리거나, 불구가 되거나, 단명한다.

- 傷官은 투쟁하는 별, 노력하는 별이니 불로소득은 바라지 않는 것이 좋다. 傷官은 月支에 있는 것이 가장 특성이 강하다.

- 食神이나 傷官이 忌神인데 印綬로 다스리지 못하면 머리가 잘못 돌아가 말썽만 피우고, 허황된 생각으로 세상을 어지럽히니 수양해야 한다.

- 食傷이 왕하여 官을 극하면 조상궁을 극하는 것이니 조상을 욕되게 하기 쉽다. 여자는 남편과 이혼하거나 말썽이 생기고, 남자는 관재나 송사가 따르거나 자손이 속을 썩인다.

- 食傷運은 자기가 활동할 때 만나면 무방하지만, 말년에 만나면 자식덕이 없으니 늙어서도 활동해야 하는 고달픈 운명이 된다.
- 食傷은 아내의 印綬運이니 아내가 활동하며 내조하는 경우가 많다.
- 食神이나 傷官이 用神인데 官運이 왕하게 들어오면 남편이 죽거나 외도한다.
- 食傷은 생식기와 행동을 의미하고, 官은 영광과 즐거움을 의미하니 傷官이 官 위나 밑에 있으면 성적 쾌락을 즐기는 형이니 궁합 볼 때 참조해야 한다. 여자는 오행이 골고루 있는 게 제일 좋지만 사주의 조립도 잘 보아야 한다.
- 食傷의 왕약과 官의 비중을 보아 부부간 잠자리의 과다나 애정을 알 수 있다. 그러므로 남편을 두고도 애인을 사귀는 체질도 근본적인 것은 오행에 나타나 있지만 이는 수양과 환경에 따라 달라질 수 있다.
- 여자가 食傷이 暗藏되었는데 사주에 충이 있으면 아들을 두기 어렵다.
- 여자가 傷官의 뿌리가 강하면 자기 마음에 드는 남자를 만나야 시집간다. 이런 사주는 남편한테 지배받으면서 살지 못한다. 食傷은 인정과 봉사와 눈물의 별이므로 불평하면서도 자식 때문에 사는 경우가 많다.
- 여자가 傷官이 왕하면 사귀기 어렵지만, 한번 정을 주면 죽도록 사랑하는 기질도 있다. 자신이 좋아하면 어떤 환경과 조건도 감수하려는 집념이 있다. 이런 사주는 남편이 놀아도 자식 때문에 불평불만을 하면서도 산다.

- 여자가 食傷이 태왕한데 官이 없거나 약하면 사주의 氣가 강해진다. 이런 여자와 성관계를 하면 반드시 흉조가 생긴다. 정기가 너무 소진되기 때문이다.
- 여자가 食傷이 官을 극하면 남편이 똑똑하고 착해도 하는 일이 잘 되지 않는다. 본인도 인정이 많고 영리해도 고난이 많다. 이런 사주는 자식을 위해 인내하며 살아야 한다. 傷官이 병이 되면 전생의 빚을 갚기 위해 태어났다고 생각하면서 불평불만이 많더라도 수도하는 마음으로 살아야 한다.
- 여자가 왕성한 傷官이 忌神인데 자식을 두면 자식의 정과 눈물 때문에 재가하지 않고 살아간다. 傷官 자식을 사랑하는 마음이 강해 官 남편을 거역하는 것과 같다.
- 남자가 중년에 왕한 食傷이 들어왔는데 財가 길신이면 아내가 활동하여 재산이 늘어나기도 한다.
- 여자에게 傷官은 나쁘다고 하지만 用神이 되거나 길신 작용을 하는데 官이 나타나지 않으면 남편과 자식이 잘되고, 머리가 영특하며 투지력이 강해 잘 살 수 있다. 그러나 기질이 강해 정은 있으나 이기적이며 극성스러운 면도 있다.
- 사주에 食神과 傷官이 있는데 초년 대운에서 왕한 食傷을 만나면 어머니가 심하게 고생하거나 활동하는 것으로 본다. 食傷은 어머니의 財이기 때문이다.
- 사주에 食神이 약하고 印綬가 왕한데 食神이 官과 합하면 아버지가 첩을 두거나 두 번 결혼하거나 바람을 많이 피운다.
- 말년 대운에서 왕한 食神이나 傷官을 만나면 자식 때문에 속이 썩

거나, 망신을 당하거나, 자식과의 관계가 편하지 않고, 돈이 있더라
도 가정이나 일신이 편하지 않다.

- 食傷이 왕한데 印綬가 왕하면 변덕스럽고 변화가 많다. 이런 사주
  는 격이 좋으면 뛰어난 연기자가 될 수 있지만, 격이 나쁘면 바람
  을 많이 피우고 만사에 변화가 심해 스스로 고통을 만드는 사람
  이다.

- 食傷이 왕한데 印綬가 왕하면 위장병·피부병·식중독을 조심해
  야 한다. 食傷은 먹는 것이나 토하는 것을 의미하고, 印綬는 먹는
  것을 극한다는 의미가 있어서다.

- 食傷이 약한데 印綬가 왕하면 놀기를 좋아하고, 게으르며 편한 것
  을 좋아하고, 식성도 까다로워 편식한다. 특히 여자는 자식을 낳으
  면 골치 아픈 일이 생기거나 집안에 불안한 일이 자주 일어난다.

- 食傷은 투쟁·노력·행동·육체의 기운을 뜻하고, 財는 돈·욕심·청
  결·실속·현실을 뜻하고, 官은 조상·명예·영광·빛·자존심·사치
  를 뜻하고, 印綬는 꾸준함·성실·끈끈한 인내·전달을 뜻하고, 比
  劫은 활동·사교·노력·驛馬, 우유부단함을 뜻한다.

- 食神이 왕한 운에 결혼하면 남자는 자식궁이 아름답지 못하고,
  여자는 인연이 나쁜 남편을 만나 신세를 망칠 수 있다.

- 身旺한데 왕한 食神이 喜神이면 정과 봉사정신이 많다.

- 傷官이나 食神이 약한데 왕한 印綬가 食傷을 강하게 극하면 언젠
  가는 돈 때문에 큰 충격을 받을 수 있으니 조심해야 한다.

- 食神이나 傷官이 忌神이 되면 살이 잘 찌지 않고, 눈만 높아 교만
  하며 현실에 불평불만이 많다. 이런 사람은 말 속에 항상 독이 있

으니 수행하는 것이 좋다.

- 食傷이 길신인데 심한 충이나 극을 받거나, 합되어 작용이 잘되지 못하면, 고난이 많아 세상을 비관하며 살거나 편협된 생각으로 맹종하는 종교인이나 수도자가 되기 쉽다.

- 食傷이 왕한데 財가 허약하면 공상이 많거나 신비한 학문에서 재능을 발휘할 수도 있고, 세상을 놀라게 하는 기인이 될 수도 있다. 대중의 생각을 초월하는 이상을 추구하는 기질이 있어 인생 철학이나 종교 철학 같은 심오한 방면에 인연이 있다.

- 여자가 왕성한 食神이나 傷官이 흉신이면 남편이 무능하며 인덕이 없고 고통이 많다. 그러나 자식을 낳으면 어떤 고난도 감수하며 살려고 한다.

- 여자가 傷官이 왕하면 질투가 많아 남편의 일거일동을 간섭하고, 히스테리나 노이로제에 걸리는 경우가 많다.

- 傷官이 官星과 동주하면 교만하며 자만심이 강하다.

- 傷官이 많은데 喜神이 되면 충신이나 열사가 되기도 하고, 정의감이 강해 목숨까지 버리면서 상사를 모시기도 한다.

- 여자가 食傷이 왕하면 연애로 결혼하기 힘들고, 한번 정을 주면 희생을 감수하더라도 끝까지 사랑하고, 자식을 낳으면 자식을 데리고 혼자 산다.

- 食傷이 격을 이루면 겉으로는 냉정해 보여도 속에는 온정이 있고, 나이가 들어갈수록 재산이 늘어갈수록 몸가짐과 행동이 단정해진다.

- 여자가 食傷이 忌神이면 성격이 까다롭고 이상이 높아 독신으로

살거나, 시집갈 때 여건이 나빠 눈물을 흘리며 억지로 결혼하는 경우가 많다.

- 여자는 아무리 영리해도 중년에 食傷이 왕하게 들어오면 남편을 꺾는 격이 되니 궁합볼 때 신중히 살펴야 한다. 食神이 왕한 여자는 자식을 낳으면 남편에게 쏟던 정이 자식에게로 옮겨간다.

- 여자가 말년에 食傷運을 만나면 가장 고독해진다. 남편을 치고, 자식이 애를 태우고, 자신이 노력해야 하니 젊을 때 말년 준비를 잘 해야 한다.

- 여자가 食傷이 왕한데 官을 만나면 결혼 전에 유산하거나 부부생활을 시작하는 경우가 많고, 결혼생활에 파란과 곡절이 많다.

- 여자가 食神이나 傷官이 忌神이고 印星을 만났는데 食傷官을 다스리면 좋은 명조가 된다. 여기다 중화만 이루면 요조숙녀가 되고, 인정과 참을성이 많고 사려가 깊어 만인한테 존경을 받는다.

- 여자가 食傷이 印綬와 동주하면 결혼 전에 유산하거나 정사를 벌이고, 결혼할 때 부모 가슴에 눈물을 남기는 경우가 많다.

- 여자가 食傷과 印綬가 동주하는데 食傷이 왕하면 자기 주장대로 하지만, 印綬가 왕하면 부모가 극성스러워 부모의 뜻을 따라야 한다. 결혼도 부모 뜻에 맡겨야 하고, 시집가서도 친정부모가 매사에 간섭한다.

- 食神과 傷官에는 자식궁·식복·고난·인정·남편을 극함·자식 애로·결혼 애로·활동·투쟁·눈물·슬픔·변동·풍파·발명·특수 분야·기인·예술의 뜻이 숨어 있고, 남에게 뒷바라지, 남이 싫어하는 일, 봉사, 인술, 질병이라는 뜻도 있다. 오행에 따라 작용과 강약과

특징이 조금씩 다르다.

– 傷官이 태과하면 후실이나 첩실 자녀인 경우가 많고, 자랄 때 印星이 무력하니 부모의 사랑을 받지 못하고, 자라서도 조상을 욕되게 하며 말썽만 피운다.

– 傷官과 印星이 동주하는데 傷官이나 印星이 用神이면 후취나 재취 자손인 경우가 많다.

5. 편재(偏財)

– 偏財는 남자에게는 아버지·처·처의 형제에 해당하고, 여자에게는 아버지·시어머니·시집에 해당한다.

– 偏財는 자선심이 강하고 본성이 담백해 사람이 많이 따르지만, 성격이 급한 면이 있어 실수도 가끔 한다. 특히 남자는 의로운 일에는 돈을 아끼지 않고, 여자가 많이 따른다. 그러나 身弱하면 돈과 여자 때문에 재앙을 당할 수도 있다.

– 남자가 偏財가 있으면 풍류심이 있으나 외첩을 두거나 여난을 당하기 쉽다.

– 여자가 偏財가 있으면 아버지나 시어머니 때문에 고생하는 경우가 있다.

– 偏財는 印綬를 극하므로 남녀 모두 고향과 인연이 박하고, 타향에서 출세하는 경우가 많다. 正財는 자기 재산이지만 偏財는 남의 재산과 같으니 울타리 밖의 돈이다.

- 남자가 偏財가 많으면 다정다감하지만 주색을 좋아하며 본처보다 첩을 더 아낀다. 그러나 身旺財旺하면 돈을 융통하는 능력이 있어 남의 돈으로 사업을 크게 일으킬 수도 있다.
- 미혼자는 偏財運에 발정나고, 중년에 偏財運을 만나면 외정을 찾는다.
- 年柱에 偏財가 있는데 길신이면 조상의 업을 상속받을 수 있고, 偏財가 태왕하면 양자로 가는 경향이 있다.
- 년월의 偏財가 喜神인데 比劫이 왕하면 초년에는 잘살아도 말년이 되면 재물 지키기 어렵다.
- 偏財가 天月二德에 해당하면 아버지가 현명하며 명망이 있는 사람이다.
- 偏財가 墓와 동주하면 아버지와 일찍 사별하고, 沐浴과 동주하면 아버지가 풍류를 즐기는 사람이다.
- 偏財는 개척정신이 강하며 돈 버는 데 수완이 있다. 여기다 身旺財旺하면 현실 감각이 좋다.
- 正財와 偏財가 혼잡하면 게으르며 한 곳에 오래 정착하기 어렵다. 偏財는 驛馬殺과 같은 작용을 하기 때문이다.
- 偏財는 돈을 착실하게 모으려고 하기보다는 요행이나 투기를 바라는 기질이 있고, 돈 버는 일이라면 어떤 위험도 감수한다.
- 偏財가 왕한데 身弱하면 우둔하며 이기적이고, 돈의 노예가 되는 경향이 있다.
- 偏財가 忌神이면 무슨 짓을 해서라도 돈 벌려 하고, 돈 때문에 관재구설과 시비가 많이 따른다.

- 偏財가 喜神이면 사업가로 성공할 수 있는데, 통신· 교통·판매업·증권·금융업으로 대성하는 경우가 많다.
- 身旺한데 왕한 財星이 길신이면 어질며 아름다운 아내를 만나 처덕으로 성공하는 경우가 많다. 그러나 身弱한데 財가 약하면 반대 작용을 한다.
- 여자가 官星이 없어도 財星이 왕하면 財生官하니 남편복이 있고, 남편을 잘 내조해 성공시키는 경우도 있다.
- 여자가 身弱한데 財星이 왕하면 남편 때문에 항상 정신적·물질적으로 고충을 받고, 자식인 食傷은 財를 생하니 자식이 忌神이 되어 속을 썩인다.
- 偏財가 너무 왕하면 比劫이나 印星으로 日柱를 生扶해야 좋은 명이 된다.
- 偏財와 正財가 혼잡하게 있으면 남자는 돈과 여자 때문에 풍파가 따르고, 여자도 남편궁에 고난이 많아 가정이 항상 어수선하다.
- 月柱의 偏財가 왕한데 喜神이면 초년부터 물질 혜택이 많다. 그러나 身弱한데 財星이 왕하면 돈에 팔려 장가가거나 데릴사위로 가는 수가 있다.
- 財星이 충이나 刑되어 흉신 작용을 하면 부정한 방법으로 돈을 벌려고 하니 항상 관재와 구설이 따라다닌다.
- 돈을 많이 모으려면 日柱와 財星이 균형을 이루어 태과와 불급이 없어야 한다.
- 身弱하고 財旺한데 食神運이나 傷官運을 만나 왕한 財星을 생하면 돈 때문에 고충을 겪거나, 질병으로 고생하거나, 사망하는 수도

있다.

- 身旺하고 財弱한데 食傷이 財를 生扶하지 못하거나 운에서도 만나지 못하면 큰소리 치지만 실속이 없다.
- 身旺하고 財弱한데 食傷이 財를 생하지 못하면 가난뱅이 사주가 되어 정상적인 가정을 갖기 어렵고, 재물과 처궁에 풍파가 많다.
- 身旺하고 財弱한데 왕한 比劫運이나 印綬運을 만나면 아내가 죽거나 이혼하고, 하는 일도 뜻대로 되는 게 없다.
- 身旺한데 財星이 墓 위에 있으면 아내가 죽거나 이혼하거나 재혼하는 경우가 많다.
- 偏財와 正財는 身旺하면 내가 관리할 수 있으니 구분하지 않는 경우가 많다. 이럴 때는 財星이라고 한다.
- 財星이 忌神인데 財星運을 만나면 돈을 갖다 버릴 운이니 사업 확장이나 변동으로 손해보기 쉽다. 이럴 때는 돈을 버릴 생각만 하기 마련이다.
- 財는 돈·여자·애인·첩을 뜻한다. 남자에게는 아버지와 아버지의 형제에 해당하고, 여자에게는 시어머니와 시집 어른에 해당한다.
- 정신은 陽에 속하고, 물질은 陰에 속한다. 남자는 陽이고, 여자는 陰과 같다. 여자는 음성이고 음은 물질을 의미하니 여자는 물질 세계에 속한다. 그러므로 여자는 돈의 성분과 같아 돈에 대한 타산과 개념이 빨라 돈을 소심하게 쓰는 경향이 많다. 그래서 남자가 사주에 財가 많으면 여성스런 면이 많다.
- 財가 현실의 향락과 행복과 경제 세계라면, 印綬는 정신세계요 이상을 꿈꾸는 세계요, 자신의 수양과 지식을 쌓는 세계로 비교할

수 있다. 그러므로 財星이 왕하면 印綬를 극하니 학문 연구나 지식이나 수양을 목적으로 하는 印綬와는 반대 개념이다. 그래서 財星이 왕하면 학문이나 연구와는 거리가 멀고, 다만 돈이 목적일 뿐이다.

- 財格 사주는 身旺하고 財星과 官星이 왕하면 좋은 격을 이룰 수 있다.

- 財는 뿌리가 있어야 하는데, 뿌리 없이 天干에 나타나거나 比劫 위에 있으면 불안하다.

- 財는 음성이니 여자의 성분과 같다고 볼 수 있다. 세월이 경제시대로 갈수록 여성의 위치가 높아지고, 여성의 지위가 높아질수록 남자도 여성화 된다고 볼 수 있다. 그 이유는 경제시대에는 돈이 제2의 생명이기 때문이다.

- 약한 財를 食神이 생하는데 食傷이 약하면 큰 재물을 모으기 어렵다.

- 財는 돈이고, 돈은 영원한 주인이 없다. 사주에서 財와 여자를 같이 보는 이유는 돈은 내 손을 떠나면 남의 것이 되고, 여자도 돌아서면 남이 되기 때문이다.

- 남자 사주에 財가 너무 왕하면 여성스런 면이 많고, 재물에 대한 집착이 강해 손해볼 일은 하지 않고, 정신세계가 약하니 큰 일을 하지 못한다.

- 財는 현실 감각과 여자에 비유하기도 한다. 그래서 여자는 현실에 밝고 유행에 민감하다. 자식을 키우는 목적도 있지만 멋을 내고 사치하고 돈을 쓰면서 자랑하는 재미로 사는 사람이 많다.

- 사주에 財星이 없으면 물욕이 없는 편이고, 사고방식이 정상적이다. 아내의 財인 印綬가 喜神이면 처덕을 보는 수가 있고, 말년에 자식덕을 보기도 한다.
- 日支에 財가 있으면 印綬인 부모를 극하니 부모덕이 박하다. 아들 사주가 이와 같으면 성장할수록 부모와 멀어진다.
- 남자가 財星이 用神이면 부모한테 잘 할 수가 없다. 財星과 印綬는 중화되기 어렵기 때문이다. 그래서 처자식한테 빠진 남자는 부모에게 잘 할 수가 없으므로 시어머니의 간섭이 심한 것이다.
- 日支에 財星이나 官星이 있는데 通關하지 못하면 마음이 항상 급하다.
- 日支에 財星이 있으면 경제력이 강하고 계산과 판단이 빠르다. 부모형제에게도 금전 문제는 냉정한 편이다. 그러나 日支에 印綬가 있으면 이와 반대가 된다.
- 財星이 왕한데 印綬가 없으면 편안함, 요행, 횡재를 좋아한다. 財星이 왕하여 印綬를 심하게 극하면 어릴 때부터 공부를 잘하기 어렵고 학업에 고충이 많다. 印綬는 참을성과 꾸준함을 의미하기 때문이다.
- 印綬는 노숙함과 점잖음을 나타내고, 財星은 까다롭고 이론적이며 타산적이라 딱딱하다.
- 財星이 年干에 있으면 성격이 깔끔하며 단정하고, 年支에 있으면 주위 환경이나 가정생활에 까다롭고 첫인상도 까다로워 보인다. 여기다 財星이 用神이면 사람이 정확하고, 흉신이면 남을 곤란하게 만든다.

- 財星이 年柱에 있으면 초년에 여자가 많이 따르고, 옷 입는 것부터 까다로운데 偏財보다 正財가 더하다.
- 財星이 月干에 있으면 月支의 싹 위에 나타난 격이니 본성이 까다롭고 사귈수록 타산적이 된다.
- 財星이 月支에 있으면 욕심이 많아 대인관계도 이권을 목적으로 한다.
- 財星이 日支에 있으면 가정생활이 까다롭다.
- 財星이 時干에 있으면 자식하고도 계산을 확실하게 한다. 그래서 말년 준비를 젊어서부터 해야 한다.
- 財星이 時支에 있으면 죽을 때까지 자식을 믿지 못한다. 내 것이 있어야 자식도 부모를 찾아온다. 印綬는 봉양을 상징하므로 늙어서도 봉양받을 수 있지만 財星은 養命의 별이므로 늙어서도 자기 힘으로 살아야 한다.
- 正財나 偏財가 忌神이면 악처를 만나거나 아내와 생리사별하고, 수단을 가리지 않고 돈을 벌지만 여자나 송사나 건강 문제로 다 없애고 이름만 더럽힌다.
- 초년에 財星이 왕하면 부모덕이 없으니 일찍 부모를 잃고 자기가 돈을 벌면서 공부하는 경우가 많다.
- 財星이 허약하면 食傷이 生助해야 하는데 印綬가 왕하여 食傷이 심하게 극을 당하면 食傷이 財를 生助할 수 없어 머리가 우둔하고 판단력이 어둡다.
- 중년에 比劫이 왕하게 오거나 比劫年에 아내가 활동하면 돈을 없애고, 건강이 나빠지고, 가정이 시끄러워진다.

- 身弱하고 財星이 왕한데 財旺運을 만나면 반드시 우환이나 돈 나갈 일이 생긴다.

- 正財가 喜神이면 본처가 좋고, 偏財가 喜神이면 첩이나 애인이 좋다. 이런 사주는 두 번 결혼하면 좋다.

- 남자가 財星이 喜神일 때는 食傷이 生助해야 결혼하기 쉽다. 만약 食傷이 없으면 여자가 많아도 결혼하기 까다롭거나 늦게 결혼하거나 중매로 가는 경우가 많다. 만약 印綬나 比劫이 왕하면 결혼하는 데 방해물이 많아 늦게 하는 경우가 많다.

- 여자는 財星과 성분이 같으므로 깔끔하며 단정하고 정숙한 게 표본이다. 그런데 여자가 財星이 없으면 여성스럽지 않고, 지나치게 많으면 지저분하며 추한 경우가 있다.

- 여자가 身旺財旺한데 財星이 用神이면 살림을 잘하고, 財生官하니 남편을 잘 받든다.

- 여자는 財星이 있어야 좋은데 혼잡하면 돈을 잘 쓰고, 돌아다니는 것을 좋아한다. 財星은 驛馬殺과 같아 집에 있으면 공상이 많아져 있을 수가 없다.

- 여자가 財星이 없으면 돈에 대한 결단력이 약하고, 살림을 잘 못하고, 몸가짐이 청결하지 못해 남편한테 사랑받기 어렵다. 그러나 현대는 경제시대이니 돈을 잘 버는 여자는 돈 버는 재미에 산다.

- 財星은 오행에 따라 그 특성이 다 다르다.

- 木日干이 財星을 만나면 부부금슬이 가장 좋다.

- 財星이 用神이어도 食神이나 傷官이 없으면 자녀와 인연이 박하므로 자식이 잘되어도 덕을 보지 못한다.

- 年干이나 月干에 財가 나오면 재물 욕심이 많고 까다로우며 쌀쌀 맞다. 이런 사람은 맺고 끊음이 정확하며 사리 판단이 빨라 연애를 해도 확실하게 한다.
- 여자는 月支에 있는 財星이 길신이면 財의 본질을 갖고 태어나 살림이나 돈 쓰는 것에 빈틈이 없다. 財星이 用神이면 어리석어 보여도 실속있게 산다.
- 財星이 忌神이면 인색하고, 수단과 방법을 가리지 않고 돈을 번다. 병이 들어도 돈을 써보지 못하고, 돈 때문에 가족과도 원수처럼 지내는 경우가 많다.
- 財星이 印綬와 합하여 흉신이 되면 항상 문서에 송사나 시비가 따르거나 손재가 따른다.
- 여자가 財星이 왕한데 財旺年이 되면 시집이나 친정 걱정에 속이 탄다.
- 財星은 돈·혁신·새 것을 의미하고, 印綬는 꾸준함·장기성·연구직을 의미하니 財星과 印綬가 같이 오는 운을 만나면 직업에 혁신이나 변화가 생긴다.
- 天干에 財星이 왕하고 地支에 比劫이 왕하면 수단과 방법을 가리지 않고 돈을 벌려고 한다.
- 여자가 財星이 忌神이면 까다로운 시부모를 만나 눈물로 시집살이를 한다. 그렇지 않으면 자신이 시댁에 걱정을 끼칠 수도 있다.
- 身旺한데 財星이 약하면 사는 데 불평불만이 많고, 밤낮 돈 벌 구상을 하지만 돈을 갖다버릴 연구만 한다. 이런 사주는 기술업이나 월급생활이 맞는데 만족할 줄 몰라 돈만 생기면 잘못 투자해 실

패만 한다.

- 남자는 身旺財旺해야 큰 부자가 되지만, 財星이 왕하니 여자가 많이 따른다. 身弱財旺 사주가 여자나 공돈이 생기면 오히려 화근이 되는데, 이는 財를 지배하지 못해 오히려 병이 되는 것이다.
- 傷官이 財星을 생하면 기술이나 아이디어 사업을 하는 것이 가장 좋다. 직업 범위는 財星이 用神일 때가 가장 넓다. 이는 財의 본질을 갖고 태어나고, 돈 버는 데 적응력이 가장 강하기 때문이다.
- 正財는 증식하는 신이고, 偏財는 횡재하는 신인데 강약이 다르다.

6. 정재(正財)

- 正財는 내가 지배할 수 있는 재물이다. 財는 養命의 근원이라고 한다. 나무(木)는 재(土)가 없으면 뿌리를 튼튼하게 내릴 수 없듯이, 사람도 사주에 財星이 없으면 일신이 불안하고 정신이 안정되지 못해 산만해진다.
- 身旺財旺 사주는 나무가 비옥한 흙 위에서 마음껏 성장하는 것과 같고, 財旺身弱 사주는 땅이 비옥해도 조립이 좋지 않은 것과 같으니, 겉으로는 큰소리를 치지만 인색하며 옹졸한 사람이다.
- 身弱한데 正財가 왕하면 재물이 오히려 화근이 되므로 밖에서는 큰소리를 치지만 집에 들어가면 아내의 눈치를 보면서 살아간다. 여자도 身弱한데 財星이 왕하면 시집가기 전에는 집에서 구박을 받거나 재물 고난이 많고, 결혼하면 시집 등살에 시달리거나 괴팍

한 남편의 눈치를 보면서 살아간다.

- 身旺한데 正財가 왕하여 중화하면 정당한 노력으로 얻는 재물이고, 아내와 의견이 잘 맞아 가정이 화목하고, 경제 관념이 뚜렷하며 성실하고 낭비가 없다. 이런 사람은 처복과 자녀복이 있어 말년이 좋다.
- 日支와 正財가 합하여 중화를 이루면 현명한 아내를 만나 좋은 가정을 꾸린다. 그러나 刑沖破害가 있으면 부부가 불화하고, 심하면 질병에 걸리거나 부부간에 생리사별하기도 한다.
- 財星은 比劫의 극을 받고, 正偏印을 극한다. 財星이 喜神이나 用神이면 比劫과 印綬의 조화를 잘 살펴야 한다. 여자가 正財가 用神이면 用神運에 결혼하는 경우가 많은데, 사주에 比劫이 많으면 방해가 많다.
- 財星이 喜神이면 일찍부터 사업과 인연이 있고, 중년에 財星을 만나면 중년부터 사업을 시작해 대성하거나, 아내의 도움으로 큰 재물을 모으기도 한다.
- 正財가 비록 喜神이라 해도 2~3개 나오면 부부연이 바뀌는 수가 많고, 財星이 印綬를 극하면 어머니와 인연이 박하다.
- 초년에 財星이 印綬를 심하게 극하면 어머니가 일찍 돌아가시거나 양모를 봉양하는 수도 있다. 그렇지 않으면 부모가 별거하거나 가정이 화목하지 못한 경우가 많다.
- 正財는 남녀 모두 백부·삼촌·고모에 해당하고, 남자에게는 본처에 해당하고, 여자에게는 시어머니에 해당한다.
- 正財는 번영·성실·자산·명예·신용을 나타내는 길상으로 여긴다.

정의감이 강하며 공론과 현실을 직시하는 안목이 있고, 의협심이 강하며 시비를 분명히 하고, 명랑하여 대인의 존경을 받는다. 그러나 사주에 正財가 많으면 주색과 방탕에 빠질 염려가 있다.

- 身弱한데 財星이 왕하면 돈을 관리할 줄 몰라 손해보기 쉽고, 엄처나 악처를 만나 일생 고난이 많다. 여기다 財旺運을 만나면 풍파가 더 심해져 이혼이나 별거하는 수가 있다.

- 身弱한데 財星이 왕하면 분수에 넘치는 허욕을 부리다 남한테 피해를 주고, 자신도 망신을 당한다. 그러므로 財運이 빈약한 사람은 배움과 지혜가 많아도 가난한 한유로 살아간다.

- 年干의 正財가 有氣하면 조부대에 부귀를 이룬 집안이고, 년월에 正財와 正官이 있으면 부귀한 집안에서 태어난 사람이고, 日時의 正財가 중화되면 처덕이 있고 자수성가한 사람이다.

- 正財는 天干에 있는 것보다 地支에 있는 것이 더 좋은데, 月支에 있는 것이 가장 좋다. 남자는 月支의 正財가 길신이면 좋은 가문의 여자를 아내로 맞이한다.

- 正財와 正官이 중화를 이루면 품행이 단정하고 성격이 고결하다.

- 여자가 正財와 印綬가 너무 많은데 沐浴이나 桃花와 함께 있으면 음란하거나 천한 여자가 된다.

- 여자가 正財와 印綬가 난잡하게 있거나 剋되면 시집 식구와 사이가 나쁘다.

- 偏財는 한탕을 좋아하는 면이 있고, 正財는 정확하며 정상적인 것 외에는 바라지 않는 면이 있다.

- 辰戌丑未에 財星이 있으면 인색한 편이고, 身弱한데 正財가 많으

면 융통성과 사교성이 약하다.

- 天干에 正財가 있는데 地支에 왕한 比肩이나 劫財가 있으면 겉으로는 정직한 말을 하는 것 같지만 속으로는 남을 이용하려 든다.
- 사주에 財星이 있는데 조화를 이루면 거래나 신용이 정확하나, 身弱한데 財星이 많으면 거래나 약속이나 시간 관념이 흐리고 우유부단한 면이 많다.
- 正財는 땀의 대가와 노력을 나타내므로 금융이나 재정 업무, 개인 사업을 하는 사람이 많다. 그러나 日干이 왕한데 財星이 약하면 사업에 실패한다.
- 身弱하고 財星이 많은데 돈을 관리하는 업무를 맡으면 언젠가는 돈 때문에 큰 화를 당한다. 이런 사주는 돈 관리와 관계없는 업무나 기술업이 좋다. 이런 경우 살림도 여자가 자기 주장대로 이끌어간다.
- 身旺財旺하여 時柱에 精神氣가 균형을 이루면 사업가로 성공할 수 있고, 관직에서도 고관이 될 수 있다.
- 身弱한데 正財가 比肩과 합하여 강해지면 자신이 죽은 뒤 아내가 내 형제나 동료와 결혼하거나 정을 통할 수 있다.
- 正財나 正偏가 桃花와 같이 있으면 색정으로 풍파가 많다.
- 正財가 허약한데 比劫이나 羊刃이 왕하면 아내가 질병으로 고생하거나 아내와 사별할 수 있다.
- 身旺하고 官星이 약한데 財星이 도와주면 남자는 어진 아내를 만나고, 여자는 좋은 남편을 만날 수 있다. 특히 여자는 직업을 가지면 더욱 좋다.

- 財星이 暗藏되어 있는데 충하면 처궁에 인연이 있으나, 충하지 않으면 처복이 박하다.
- 正財가 여러 개 있어 왕하면 어머니와 인연이 박하고, 正財가 印星을 극하면 어머니와 일찍 사별할 수 있다. 그러나 官星이 있어 相生이 되면 어머니가 장수한다.
- 여자가 財星이 태과하면 자식인 食傷을 심하게 설기하니 자식덕이 없고, 자식과 돈에 신경을 많이 써야 하는 사주로 자식의 뒷바라지를 못하는 경우가 많다.
- 正財格 사주가 比肩이 왕하면 격이 깨지지만, 救神인 食神·傷官이나 正官을 만나면 구제된다.
- 正財格 사주가 食神이나 食官이 너무 왕해 日柱를 많이 설기하면 도리어 忌神이 된다.
- 正財格 사주가 正財가 흉신이면 空亡이나 刑沖破害되면 좋지만, 正財가 길신인데 空亡되면 재물이 空亡을 맞으니 싫어한다.
- 身弱한데 財星이 왕하면 比劫이나 印綬가 길신이고, 身旺한데 財星이 약하면 食傷이 길신이다. 이때 食傷이 없으면 官星으로 日柱를 다스려야 좋다.
- 從財格 사주는 身弱해야 발복할 수 있다.
- 正財가 있어도 破剋당하면 처덕이 없고, 조상의 재산을 물려받아도 지키지 못하고 타국으로 가서 사는 경우가 많다.
- 財星이 支合이나 三合이 되어 喜神이 되면 여자 덕으로 출세하고, 財星이 絶地를 만나면 부부간에 생리사별하거나 갈등이 그치지 않는다.

- 財星이 왕한데 印綬가 있어 조화를 이루면 어질며 알뜰한 아내를 만나고, 처덕을 보는 경우가 많다.
- 왕성한 財星이 官殺을 생하는 길신이 되면 자수성가하여 부가 넉넉하지만 귀는 부족한 편이다. 土日柱는 官星보다 財星이 더 좋은 경우도 있고, 官星이 나오면 흉해지는 경우도 있다.
- 身弱한 正財格 사주가 官殺이 왕하면 요절·불구·단명이 따르기도 한다.
- 財星이 있어도 뿌리가 약하고 日干도 허약하면 재물이 들어와도 곧 나간다. 그렇지 않으면 돈 때문에 화를 당한다.
- 남자는 財星이 妻星이고, 여자는 官星이 夫星이다. 正官이 財星의 도움을 받지 못하면 명리가 불안하고, 財星이 관성을 생하면 명리가 현달하며 오래 간다. 여자는 남편이 잘되면 본인도 행복해지니 財生官하면 귀명이 되는 경우가 많다.
- 正財가 天干에 나타나 있고 허약한데 대운이나 세운에서 比肩運이나 劫財運을 만나면 돈이나 배우자 때문에 고통을 당한다.
- 財星이 建祿인데 日柱가 身旺하면 반드시 귀나 부 하나는 이룬다.
- 약한 正財가 길신인데 官星이 설기하면 재물 때문에 시비와 송사가 많다.
- 丙丁日柱가 여름생인데 財星이 튼튼하면 재물복이 많고, 戊己日柱가 봄생인데 財星이 왕하면 다집다산한다. 財星이 관성을 생하여 剋이 심해지니 항상 불안하다.
- 正財格 사주가 財星이 왕한데 印綬가 있어 日柱를 왕하게 해주면 반드시 귀명을 이룬다. 여기다 正官이 또 있으면 부까지 이룬다.

- 印綬가 食傷을 심하게 剋할 때 財星으로 印星을 눌러주면 食傷이 財星을 생하니 길명으로 변한다.
- 正財格 사주가 印星運을 만나면 직업이나 문서에 변화가 생긴다.
- 印綬가 用神인데 財星이 印星을 극하면 학업이나 사업이 중단되고, 부도를 맞을 수도 있다. 그렇지 않으면 갑자기 신병이나 신액이 따를 수 있다.
- 사주에 약한 印星을 財星이 와서 심하게 극하면 어머니가 돌아가시거나 신병을 얻거나 어머니 걱정이 생길 수도 있다.
- 正財格은 정의감이 강하며 도량이 유연하고, 정직하며 성실한 노력으로 살아가는 면이 있고, 偏財格은 횡재나 요행을 바라는 면이 있으며 正財보다 융통성이 많다.
- 正財든 偏財든 모두 아내와 재물을 나타내지만, 이 둘을 구분하는 것은 음양의 차이가 있어서다.
- 財格 사주는 身旺財旺해야 재물을 내 뜻대로 다룰 수 있다. 만약 身弱財多하면 그림의 떡처럼 財를 감당하지 못하니 오히려 병이 된다.
- 身强하고 財旺하면 官星이 있어야 하고, 身弱하고 財旺하면 印綬가 있어야 한다.
- 財星은 유근함을 요하고 露財(無根한 干上의 財)를 싫어한다.
- 財格 사주가 殺이 있으면 干合해서 제거한 뒤 財星을 머무르게 해야만 내 재물이 될 수 있다.
- 正財는 내 재물이고, 偏財는 대중의 재물이므로 偏財는 낭비나 소모가 심하다.

- 財星이 약한데 身旺하면 재물에 집착이 너무 강해 남을 어렵게 만드는 경우가 있다.
- 財星이 天干에 나타나면 재물 허욕이 많고, 地支에 나타나면 재물 집착이 강하며 돈 모으는 수완이 있고 낭비를 하지 않는 편이다.
- 正財가 왕하면 알뜰하고, 身旺한데 偏財가 왕하면 자선심이 많다.
- 身弱한데 財星이 왕하면 돈 버는 머리가 우둔하고, 작은 재물에 집착하며 돈에 대한 개념이 어둡다.

7. 편관(偏官)

- 官星은 나를 극하는 오행이다. 正官이 음양이 바른 정통적인 지배자라고 한다면, 偏官은 음양이 같은 지배자로 정통성이 없는 지배자라고 할 수 있다.
- 偏官은 七殺이라고도 한다. 남자에게는 아들·외조부·조상에 해당하고, 여자에게는 본남편 외 남편이나 애인에 해당한다.
- 偏官은 권력·완강·투쟁·성급·흉폭·고독을 내포하고, 협기가 강해 두목이나 협객이 될 운질도 암시한다. 그러므로 대귀나 대부 뜻이 있지만 흉폭해 깡패나 앞잡이 노릇을 할 운도 있다.
- 正官이 순리를 따르는 지배자라면, 偏官은 혁명이나 강압으로 잡은 지배자라고 할 수 있다. 偏官도 相生으로 仁和하면 큰 힘을 발휘해 대귀를 이룰 수 있다.
- 日柱가 健旺하면 偏官을 두려워하지 않으나, 허약하면 偏官이 七

殺로 변해 日柱를 위협한다. 이때 印綬가 있어 相生하면 오히려 좋은 작용을 한다.

- 여자는 身旺해도 正官과 偏官이 혼잡하면 남편궁이 복잡한 것과 같아 부부운에 변화가 있거나 본인이 단명하거나 곡절이 많다.

- 년월에 偏官이 왕하면 부모와 인연이 박하고, 혈통있는 가문이 아니다. 만약 相生이 되어 喜神 작용을 하면 다시 가문을 일으킬 수 있다.

- 月上의 偏官이 왕하면 형제덕이 없고, 일찍 죽은 형제가 있을 수 있다. 偏官이 왕한 장남이 태어나면 집안에 불길한 일이 생긴다.

- 偏官이 왕하면 相生하거나 制殺하는 食神이나 傷官을 만나야 日柱를 지킬 수 있다.

- 日柱보다 偏官이 성하면 무관이나 권력직과 인연이 많고, 印綬가 있어 相生되면 문관직과 인연이 많다.

- 남자가 官殺이 혼잡하면 색을 좋아하며 음란하다. 이런 사주는 去官留殺이나 合殺留官해야 귀격을 이룰 수 있다.

- 여자가 偏官이 많은데 日柱가 허약하면 창부나 불구자가 되거나 단명하기도 한다.

- 여자가 正官이나 偏官이 많은데 財星이 관살을 생하면 부부궁에 이변이 생기거나 정부를 두는 경우가 많다.

- 여자는 偏官이나 正官을 남편으로 보는데, 官殺이 혼잡하거나 三合이 있어 혼잡하면 본남편을 알아보지 못할 정도로 음란하다고 한다.

- 여자가 正官이나 偏官이 比肩이나 劫財와 동주하면 자매가 한 남

자를 두고 다툰다고 한다.

- 戊午·丙午·壬子·辛酉 일생이 사주에 偏官이 있으면 남편과 이별 수가 있다. 그러나 첩이 되거나 간호원이나 조산원 같은 직업을 가지면 넘어갈 수 있다.

- 여자가 官이 합하여 忌神이 되면 하격이 되고, 三合局이 되어 심하게 剋해도 고독하거나 단명한다.

- 여자가 偏官이 沐浴과 동주하면 풍류를 좋아하는 남편과 인연이 많고, 長生과 동주하면 귀한 남편과 인연이 많고, 死墓絶과 동주하면 사별하는 경우가 많다.

- 偏官은 우직하며 순수한 면도 있지만 고집과 성격이 강하고 우유부단한 면이 있다. 이럴 때는 食神이나 傷官으로 잘 다듬으면 좋은 격을 이룰 수 있다.

- 偏官은 조급하며 민첩하고, 지는 것을 싫어하며 투쟁심이 강하고, 권모술수에 능하다.

- 偏官은 食傷으로 다듬거나 印綬로 설기해 다스리면 좋은 격을 이룰 수 있다. 그러나 財星이 偏官을 생하여 日柱를 심하게 극하면 아주 난폭해지고, 잘못되면 요절할 수도 있다.

- 身旺한데 偏官이 허약할 때는 財星으로 官을 생해야 한다. 그러면 偏官이 왕해져 무법자인 日柱를 제도할 수 있기 때문이다.

- 身旺하면 官으로 다스리거나 日柱를 설기해야 중화가 된다. 만약 왕한 日柱를 印綬가 생하거나 比劫이 와서 더욱 왕하게 하면 무법자가 된다.

- 偏官格 사주에 羊刃이 있어 殺刃格이 되면 위엄과 권위가 있다.

그러나 殺旺한데 制化하지 못하면 사기꾼이 되거나 사회에서 말썽을 일으키는 사람이 된다.

- 偏官을 制化하면 권력직인 검찰·경찰·수사기관·군인·교도관 같은 직업을 갖는 경우가 많고, 制化하지 못하면 깡패·사기꾼·강도·흉악범이 되는 경우가 많다.

- 偏官이 격이 좋으면 고관·국회의원·군인·법관 같은 명망이 있는 지위에 오르는 사람이 많다.

- 偏官格 사주가 印星으로 중화하면 문인이 되는 경우가 많고, 食傷으로 殺을 다스리면 권력을 갖는 경우가 많다.

- 殺이 너무 약해 財星으로 生扶하지 못하고 印星으로 日柱를 생하면 배고픈 선비에 불과하다.

- 偏官格 사주가 制化되어 사주가 중화를 이루고 財星이 뿌리가 있으면 기술 분야나 기업체 고급 간부가 많고, 다방면에서 능력을 발휘하는 경우가 많다.

- 偏官은 남자 사주에서는 자식, 여자 사주에서는 기둥서방이나 애인으로 본다. 다만 사주에 正官이 없을 때는 남편으로도 본다. 偏官이 충되면 남자는 자식궁이 불길하고, 여자는 남편궁이 불길하다.

- 偏官은 형제인 比劫을 극하니 偏官이 왕하면 형제가 죽거나 형제가 적을 수 있다. 특히 月令에 偏官이 있으면 그 작용이 더 강하다. 사주에 偏官이 왕하면 형제간에 덕이 없어 고독하다.

- 偏官이 喜神인데 印綬가 日柱를 생하면 무관 벼슬을 한 집안이거나, 망했다가 조부나 아버지대에 다시 일어난 집안이다.

- 身旺하고 偏官이 喜神인데 허약해 財星이 偏官을 생하면 처덕으로

출세하는 수가 있고, 자식 중에 큰 인물이 나오기도 한다. 여자는 자신이 돈을 벌거나 친정 도움으로 남편을 출세시킬 수도 있다.

- 여자가 正官이 없어 偏官을 남편으로 삼을 때는 偏官이 왕해야 남편덕이 있다. 만약 偏官이 허약하거나 食傷이 심하게 극하면 남편을 잃거나 남편이 무능해지는 경우가 많다.

- 時上에 있는 偏官 하나가 사주와 중화하면 귀격을 이루는 경우가 많다.

- 偏官格 사주가 印星이 日柱를 생하면 殺印化格이라 하고, 食神이나 상관으로 殺을 다스리면 食神制殺格이라 하고, 財星이 官을 생하면 財生官格이라 하고, 사주에 官과 殺이 혼잡하면 官殺이 혼잡되었다고 한다.

- 殺이 왕한데 身弱할 때는 印星으로 殺印相生하면 좋고, 身旺할 때는 食傷으로 制殺해야 좋다.

- 偏官格이 日柱가 왕하여 食神으로 官을 制化하면 食神은 두뇌와 지혜를 의미하니 깡패처럼 흉폭한 偏官을 지혜로 다스리는 것과 같다.

- 偏官이 흉신이면 干合해서 작용하지 못하게 해야 좋다. 길신이면 합되는 것이 나쁘다.

- 偏官이 태과하여 흉신인데 制化하지 못하면 빈천하거나 단명한다.

- 偏官이 약한데 다스리는 食傷이 많으면 弱殺制强이라 하고, 偏官이 강한데 食傷이 약하면 强殺制弱이라 한다. 이 둘은 모두 중화를 잃었으니 평생 빈천하거나 불안하게 산다. 특히 日干이 허약한데 偏官을 만나면 일생 고난을 면하기 어렵다.

- 偏官이 왕하면 조급하며 주색을 좋아한다. 財星을 설기해서 왕해졌기 때문이다.
- 偏官은 중화되어도 正官만큼 예의나 언행이 바르지 않다.
- 년월의 偏官이 중화되어 격이 좋아졌으면 조부나 아버지대에 일어난 집안이고, 時上의 偏官이 중화되어 귀격을 이루면 자신이 귀격을 이룬다.
- 殺은 힘을 나타내고, 印은 덕을 나타낸다. 殺印이 相生하면 힘과 덕을 갖춘 명장에 비유할 수 있다. 지혜와 덕이 만인을 제압하는 힘을 가졌으니 사주가 중화되면 일등 귀인이 된다.
- 여자가 身弱하고 偏官이 왕한데 財星이 偏官을 생하면 남편이 돈만 들어오면 나한데 고통을 준다.
- 偏官이 흉신이면 剋除하는 食傷이 길신이 되지만, 偏官이 길신이면 官을 극하는 食傷이 흉신이 된다.
- 사주에 官殺이 혼잡하고 殺을 제거했는데 殺運이 오면 殺 작용이 살아나 흉하고, 官을 제거한 사주는 官運이 오면 격이 깨지니 흉하다.
- 生時의 偏官이 흉신이면 평생 사회에서 말썽만 피우며살아간다.
- 년월의 偏官이 미약하면 미약한 가문 출신이고, 고향을 떠나 객지에서 자수성가해야 할 팔자다.
- 從殺格 사주는 殺旺運에 발복하고, 從殺眞格 사주는 귀한 국이 많이 나온다.
- 偏官이 用神인데 偏官運을 만나면 남자는 직장에서 승진이나 영전하고, 자녀의 기쁨이 있을 수 있다. 미혼녀는 좋은 인연을 만날

수 있다. 대개 用神이 들어오는 해에는 해결하지 못한 일들이 잘 풀린다. 그러나 타고난 格局에 맞는 일만 풀리지, 지나친 욕망은 풀리지 않는다.

- 偏官이 흉신인데 偏官年을 만나면 사업가는 어려움이 따르고, 직장인은 고통과 변화가 생긴다. 때에 따라 형제궁에 근심이 생기거나 질병이나 손재가 따를 수 있다. 심하면 형사 처벌을 받거나 유혹에 빠져 고생할 수도 있다.

- 身旺하고 偏官이 왕한데 印綬가 殺印相生을 하면 총명한 문사로 명망이 높아지기도 하지만, 나쁜 偏官格은 세력만 믿고 큰소리 치는 사람이 많다.

- 日柱가 약한데 七殺 偏官이 나쁜 작용을 하면 화가 생기고, 七殺이 약한데 심하게 다스리면 예측할 수 없는 위험이 따른다.

- 身弱하고 殺旺한데 財星이 殺을 생하면 요절하거나 불구자가 된다.

- 七殺이 三合하는데 印綬가 없으면 항상 불안하다.

- 偏官格은 다스릴 수 있으면 偏官이 되지만, 다스릴 수 없으면 七殺이 된다.

- 偏官格은 권모술책이 교묘해 자신의 평가를 높이는 경향이 있다.

- 身旺殺弱하면 자존심이 약하며 경솔하고, 태만하며 남에게 중상을 많이 받는다.

- 七殺이 강건하면 모사에 능하고, 남을 이기려고 한다.

- 七殺을 다스리지 못하면 인격이 용렬하지만, 다스리면 영특하다.

- 殺이 가벼운데 중하게 다스리면 성격이 흉폭하고, 殺을 충하면 흉액이 따른다.

- 七殺은 武·예술성·문장·관리를 나타내므로 制剋이 태과하면 가난한 선비가 된다.
- 年上에 偏官이 있으면 조상의 업을 이어받기 어렵고, 뿌리가 깊은데 길신이면 벼슬한 집안의 자손이다.
- 時上偏官格이 月氣에 통하면 무관으로 명성을 얻는 경우가 많다.
- 從殺眞格 사주는 관직·권력직·정계 등 사회 각 방면에 명망이 있는 사람이 많다.
- 月支에 正官이나 偏官이 있으면 偏官의 특성을 가진 운이므로 명예욕·우월감·과욕이 있다.
- 陰日柱 여자는 財星이 用神이면 좋고, 陽日柱 남자는 陽官이 좋다. 陽日柱는 陽官이 나와야 좋고, 陰日柱는 正官이 나와야 좋다. 다만 庚日柱만 陰官이 좋다.
- 年支의 官이 뿌리가 있고 用神이면 가장 좋다. 官은 조상이니 年支에 있으면 조상이나 천혜의 혜택을 받고, 月支는 싹과 같으니 그 다음으로 길하다. 노력한 것보다 재물이 많이 따르니 말년복과 자식덕이 있다. 만약 官이 忌神이면 부모덕도 없고 돌봐줄 상사도 없는 것과 같다.
- 남자는 처덕이 있으면 자식덕도 좋은 편이지만, 여자는 육친을 보는 방법이 남자와 달라 자식과 남편이 같이 가지 않는다. 남자와 같은 점도 많으나 陰陽에 따라 달라진다.
- 초년 대운에서 官運을 만나면 조부모궁의 글자가 나타나는 격이니 타향에서 자라거나 외가나 조부 밑에서 자라거나 양자로 간다.
- 여자가 財官이 왕한데 印綬가 없으면 남편의 허욕과 강압 때문에

고통스럽게 산다.

- 여자가 身弱한데 財官이 강하면 노력해도 욕만 먹고, 항상 돈 때문에 고충을 겪는다.
- 羊刃 위에 官이 하나 있으면 남편궁이 위태롭다.
- 官이 나타나면 傷官은 官의 적이니 주의 깊게 보아야 한다.
- 여자가 사주에 官이 없어도 남편의 사랑을 받으며 잘사는 경우가 많은데, 이는 格局이 달라서다. 官이 약하면 없는 것만 못한 때가 많다.
- 여자가 傷官이 官을 상하게 하면 남편을 상하게 하거나 조상을 욕되게 하는 일이 생길 수도 있다.
- 官이 상하면 官運이 없고, 官이 약한데 財星으로 생하지 못하면 官運이 있어도 미미하다.

8. 정관(正官)

- 正官은 음양이 바르고 올바른 지배자다. 바른 언행으로 만인의 존경을 받고, 천혜의 음덕을 받는 귀성으로 최고의 영광과 벼슬을 뜻한다.
- 正官은 남자에게는 자식과 조카에 해당하고, 여자에게는 남편과 조모에 해당한다.
- 正官은 가계의 정통성을 의미하고, 신용과 자비심이 많고, 사리 판단이 공명정대하고, 용모가 단정하며 청순하다.

- 여자가 正官이 用神이면 남편이 用神인 것이니 日柱와 조화하면 존경받는 아내가 된다.
- 남자가 正官이 用神이면 반듯한 집안 자손이고, 財가 官을 생하여 조화를 이루면 현명한 아내를 만나고 자손에게도 영화가 따른다.
- 여자는 正官을 남편으로 보고, 偏官은 정부로 보니 官殺이 혼잡하면 품행이 방정하지 못해 천해지는 경우가 많다.
- 正官이 喜神인데 財星이 官을 생하여 사주가 조화를 이루면 조상의 상속이나 가통을 이을 사람이다.
- 正官도 많으면 日柱가 허약해져 좋지 않다. 正官이 하나만 있는데 偏官이나 傷官이 없으면 독후강직한 군자가 된다.
- 남자가 官이 用神인데 財가 財生官하여 길조가 되면 처가덕으로 출세하거나 현명한 아내를 만난다.
- 身旺한데 官이 있으면 벼슬도 하고 출세도 하지만, 官이 너무 왕하면 日柱가 官을 감당하지 못하니 오히려 氣가 위축되어 발전할 수 없다.
- 年柱에 正官이 있으면 장남으로 태어난다. 혹 차남으로 태어나도 집안의 후계자가 되기 쉽고, 청년기에 명성을 얻는 경우가 많다.
- 日支에 正官과 印星이 있어 日柱와 相生하면 품행이 방정하며 매사에 공명정대한 사람이다.
- 년월에 正官이 유근하여 相生하면 좋은 가문의 후손이다.
- 時柱에 正官이 있으면 말년에 발달하며 현량한 자녀를 두는 경우가 많고, 正官이 用神이면 용모가 아름답다.
- 여자는 官이 刑沖破害되는 것을 가장 꺼리고, 傷官이 官을 극하는

것도 꺼린다. 官星이 天乙德이나 귀인이 되면 인연이 좋은 남편을 만난다.

- 正官이 長生과 동주하면 귀한 남편과 인연이 많고, 沐浴과 동주하면 남편이 호색하고, 死墓絶이나 空亡과 동주하면 남편덕이 없다.
- 여자가 正官이 너무 왕하면 부부간에 불화하고, 독신이나 기생이 된다. 심하면 여급이나 창녀가 되는 경우도 많다.
- 여자가 正官이 合되면 애교가 많고, 印綬가 너무 왕하면 규방이 쓸쓸하다.
- 正官格이 격이 좋으면 고관이나 뛰어난 경영자가 될 수 있고, 사회에서 모범적이며 명망 있는 사람이 되는 경우가 많다.
- 正官格 사주가 辰戌丑未日生이면 인색하고, 財官格 사주가 격이 좋으면 재무 계통에서 고위직에 오르거나 기업을 경영하는 사람이 많다.
- 正官格 사주가 印星으로 相生하여 格局이 좋으면 큰 학자나 연구가, 정치가나 참모로 이름을 날리는 사람이 많다.
- 여자가 官旺하면 수녀나 승려가 되거나, 직장에 다니면서 평생 혼자 사는 경우도 있다.
- 남자가 正官이나 偏官이 있어도 쇠약하면 자식덕이 박하다.
- 正官이 약한데 傷官이 왕하면 자식이 일찍 죽거나 무능해 손자가 가통을 이을 수도 있다.
- 여자가 왕한 傷官이 官을 심하게 극하는데 구해주는 印星이 없으면 남편과 일찍 사별하거나 자식을 낳고 남편과 별거하는 사람이 많다.

- 태왕한 印綬가 官을 심하게 설기하면 남편이 무능하거나 여자가 남편의 권리를 빼앗아 가정을 좌지우지한다.
- 여자가 正官이 왕해도 印星이나 傷官이 있어 사주가 조화를 이루면 가정이 화목하다.
- 正官이 약하고 傷官이 왕해도 財星으로 通關시켜 官을 生助하면 남편이 영귀할 수 있다.
- 官殺이 혼잡해도 傷官으로 다스리면 좋다. 그러나 印星이 食傷을 극하면 傷官이 무용지물이 된다.
- 여자가 官星이 없는데 比劫이 왕하게 들어오면 남편을 극한다. 여자는 대개 너무 身旺하면 불길함이 많다.
- 여자가 正官格인데 財를 만나면 財生官하여 남편이 더욱 영달해진다. 그러나 財官이 너무 왕해지면 도리어 흉할 수도 있다.
- 官이 아무리 좋아도 日柱와 잘 조화되어야 좋다. 正官이 用神이면 正官이 왕해야 부귀가 더욱 좋다.
- 正官格 사주가 日柱보다 官이 약하면 財星이 좋고, 日柱보다 官이 왕하면 印星이 좋고, 印星이 없으면 食傷으로 用神을 삼는다. 食傷이 用神인데 財星이 있으면 財生官하여 官旺해지니 食傷을 用神으로 삼을 때는 財星이 없는 게 더 좋다.
- 正官格 사주가 刑沖破害가 있으면 귀가 없어지고, 食傷이 심하게 극하면 천한 명으로 바뀔 수 있다.
- 正偏官이 왕한 食傷을 보면 강아지가 호랑이를 만난 격이 되니 쓸모가 없다.
- 官格도 體와 用의 균형과 조화에 따라 사주의 청탁과 고저가 달

라진다.

- 官星이 충하면 고향과 인연이 박하고, 사주에 官殺이 혼잡하면 성미가 급하며 손버릇이 나쁘다.
- 正官格 사주가 偏官을 보면 탁해진다. 그러나 身弱한데 印星이 있으면 官殺이 있어도 相生되어 日柱를 생하므로 흉하지 않다.
- 正官은 선정의 신이며 충신의 신인데 偏官이 또 있어 正官과 偏官이 섞여 있으면 악정이 되므로 正官은 偏官을 싫어한다.
- 木正官은 인격이 청고하다.
- 火正官은 성급하며 불안하나 악에는 엄한 기질이 있다.
- 土正官은 성품이 강직하다.
- 金正官은 영민한 결단력과 투철한 경제 관념이 있다.
- 水正官은 지혜로우며 만사에 사려가 깊다.
- 月支나 日支에 正官이 있으면 영리하며 재능이 있고, 어질며 계획성이 있다.
- 正偏官이 태왕하면 겁이 많고 자유를 억압당한다. 比劫의 성분인 자유를 누르기 때문이다.
- 官이 喜神이면 조심성이 많고, 예의 바르고, 준법 정신이 강하다.
- 사주에 官이 없으면 부모나 윗사람이 없는 것과 같으니 예의가 없고, 자유분방하며 겸손함이 부족하다.
- 사주에 比劫이 많으면 나보다 젊은 사람과 많이 어울리고, 正官이나 偏官이 많으면 나보다 나이 많은 사람과 많이 어울린다. 사주에 官이 없으면 무해무덕하다.
- 天干은 순리, 하늘의 뜻, 외부에서 일어나는 일을 의미한다.

- 地支는 인위적인 행동, 노력, 요행, 내부에서 일어나는 일을 뜻한다.
- 日支에 正官이 있으면 자기만 위해주기 바라는 마음이 강하고, 官이 用神이면 점잖으며 오락이나 잡기를 좋아하지 않고, 실수하지 않으려고 몸조심을 많이 한다.
- 여자가 官이 忌神이면 좋은 팔자가 될 수 없어 천부나 천상이 많다. 이런 사람은 돈을 많이 벌어도 품격이 탁하다.
- 여자가 正官이 用神이면 첫 남편이 좋고, 偏官이 用神이면 재가나 후취가 좋다.
- 여자가 官格인데 傷官이 왕하면 자식을 낳은 뒤 남편을 잃거나 남편과 별거한다.
- 여자가 財旺官旺하면 財가 시어머니고 官이 남편이므로 시어머니가 자식의 일에 극성스러워 고생이 많고, 자연히 고부간에 갈등이 많다.
- 身弱하고 印綬가 없는데 財官만 왕하면 초년에 횡액이나 질병으로 고생한다. 이런 사주는 부부운에 파란곡절이 많다.
- 여자는 正官이 뿌리가 있어 相生해야 최고 길명으로 본다.
- 여자가 官旺하면 官의 극을 받아 약해지나, 남편에게 복종하는 마음이 강해 사랑받는 경우도 있으니 오히려 길한 경우가 많다.
- 여자가 傷官이 왕하면 평생 병이 되는 경우가 많다. 우선 官인 남편을 극하니 좋지 않다. 木火通明格처럼 좋은 傷官格도 있지만 여자는 남편이 잘되어야 좋다. 여자의 청탁과 고저는 남자와 다르게 본다.
- 여자는 支藏干에 官이 있어도 財生官이 되면 좋은 명조를 이룰

수 있다. 요즘 같은 경제시대에서는 돈만 있으면 명예도 가질 수
있는 이치와 같다.

- 여자가 官이 약한데 食傷이 왕하면 남편의 일이 안되고 자식이 속
을 썩이므로 가정이 어수선하다.

- 여자가 財만 왕하여 喜神이 되면 자연히 財生官하니 본인이 돈 벌
어 남편을 출세시키는 사람도 많다. 따라서 財가 用神이면 남편복
이 있는 경우도 많다.

9. 편인(偏印)

- 正印이 陰陽 배합이 올바로 된 친어머니라면, 偏印은 陰陽 배합이
편중된 서모나 계모라고 할 수 있다.

- 正印에는 유정하다는 뜻이 있고, 偏印에는 무정하다는 뜻이 있다.

- 偏印은 수복을 해치는 신이며 食傷을 破剋한다. 좋은 작용을 하
면 偏印이라 하지만, 나쁜 작용을 하면 倒食이라 하고, 수명을 해
치므로 梟神殺이라고도 한다.

- 偏印은 파재·실권·병재·이별·고독·박명·색난을 의미하고, 사주
에 많으면 불행하다.

- 偏印의 성격은 처음에는 부지런하나 곧 싫증을 느끼는 면이 있어
매사 용두사미로 끝나기 쉽다. 도량이 넓으나 변덕이 많고, 냉혹
한 면이 있다. 편업에는 적합한 점이 있어 유명한 학자·예술가·의
사·작가·승려·배우 중에 偏印이 있는 사람이 많다. 偏印이 食傷

官을 만나면 이러한 특성이 뚜렷하게 나타나지만 財를 만나면 억제된다.

- 偏印은 눈치가 빠르며 재치가 있고, 다재다능하며 임기응변이 좋아 예능 방면에서 특출한 능력을 발휘하기도 한다.

- 印綬가 왕하면 食傷을 극하니 사주의 조립이 나쁘면 직업이나 의식주가 항상 불안하며 변화가 많다.

- 여자가 偏印이 있으면 눈치가 빠르고 재치가 있어 인기를 얻을 수 있고, 예능인이나 마담이나 술장사로 번창할 수 있다. 다만 食傷을 심하게 극하니 자녀를 기르기 어렵고, 키워도 불량해지기 쉽다.

- 남자가 偏印이 많으면 부모와 일찍 이별하고, 처자와 인연도 박하여 재앙이 따르고, 명예를 해치기도 한다. 여자는 더 심하다.

- 사주에 偏官과 偏印이 있는데 食神이 있으면 신체가 왜소하고 재물복이 박하다.

- 月支에 있는 偏印이 왕하면 의사·배우·운명가·의약업·종교인·예능인·이발사 같은 편업에 종사하는 경우가 많다. 여기다 衰病死絶이 있으면 인기가 없고, 財星이 왕하면 상사나 윗사람이 방해한다.

- 月支에 偏印이 있는데 사주에 財星과 官殺이 있으면 부귀를 이룬다. 특히 偏財가 있으면 흉조가 사라진다.

- 日支에 偏印이 있으면 결혼운이 나쁘고, 時柱에 食神과 傷官이 있으면 어릴 때 젖이 부족할 수 있다.

- 偏印이 比肩과 동주하면 결혼하는 데 애로가 많고, 正印이나 偏印이 있으면 두 가지 직업을 갖기도 한다.

- 偏印이 長生과 동주하면 생모와 인연이 박하고, 沐浴과 동주하면 계모나 양모의 손에 자랄 수 있다.
- 偏印이 建祿과 동주하면 의사나 기술업 같은 특수 분야와 인연이 많고, 부귀한 집안에서 태어났어도 크면서 집안이 기운다.
- 偏印이 帝旺과 동주하면 계모나 서모 밑에서 자랄 수 있다. 특히 여자는 자식덕이 박하고, 자손한테 해롭고, 유산이나 산액이 따른다.
- 여자가 偏印이 많으면 남편과 인연이 박하고, 傷官과 동주하면 남편이나 자손과 인연이 박하다.
- 偏印이 중첩되면 용모가 추하지만, 偏財로 잘 다스리면 印綬를 능가하는 차분한 성격이 된다.
- 偏印이 흉신이면 성격이 각박하고, 合化制剋으로 중화하면 겉으로는 성인군자처럼 보이나 속은 예측할 수 없는 사람이다.
- 偏印이 劫財나 羊刃과 동주하면 말은 번지르하게 잘하나, 속은 간교하며 자비심이 없다.
- 戊日生이 偏印이 있으면 눈을 잘 속이고, 金日生이 偏印이 있으면 진실을 잘 숨긴다.
- 偏印格 사주가 왕하면 계획과 모의에는 교묘하지만 처음과 끝이 같지 않다.
- 偏印이 있어 사주가 허약해졌으면 말이 진실하지 못하다.
- 偏印이 왕하면 자식덕이 없으니 노후가 처량하다. 그러나 偏印이 喜神이면 무방하다.
- 身弱한데 偏印이 왕성하면 배우자궁과 자식궁이 불길하다.
- 여자가 日柱 옆에 왕한 偏印이 있고 食傷이 偏印 옆에 있으면 食

傷을 극하니 산액이 따르고, 성병으로 고생할 수도 있다.

- 사주는 네 기둥의 조화에 따라 喜神과 忌神이 달라지므로 나쁜 육신도 구조에 따라 길신이 된다는 것을 명심해야 한다. 偏印이나 傷官처럼 나쁜 육신이라도 日柱를 도와주면 길신이 되고, 아무리 좋은 육신이라도 日柱한테 해만 준다면 흉신으로 본다.

- 偏印은 正印과는 달리 편업에서 성공하는 경우가 많아 스포츠·예술·기술·의학·종교·문학·역술·무속인 등 정업이 아닌 편업에 종사하는 사람이 많다. 여기다 偏財가 있어 印綬를 다스리면 正印과 같은 직업을 가질 수도 있다.

- 偏印格이 正官을 만나면 官印化格이 되고, 偏官을 만나면 殺印化格이 된다. 이런 사주는 구성이 좋으면 정치가나 행정가로 명성을 얻기도 한다.

- 偏印이 흉신인데 正官이나 偏官이 있어 相生되면 더욱더 야비하며 흉폭해진다.

- 偏印이 干合하여 작용을 하지 않으면 좋다. 그러나 干合을 극하는 오행이 합을 깨면 도리어 더 흉폭해진다.

- 偏印이 흉신일 때는 財神으로 다스리면 약이 되고, 傷官이 흉신일 때는 印星으로 다스리면 약이 되고, 官星이 흉신일 때는 食傷으로 다스리면 약이 되고, 財星이 흉신일 때는 比劫으로 다스리면 약이 되고, 比劫이 흉신일 때는 官星으로 다스리면 약이 된다. 이처럼 악신도 다스리면 흉신 작용을 하지 않아 좋지만, 길신을 극하면 나빠진다.

- 月支나 日支에 있는 偏印을 다스리지 못하면 재난이 많다. 그러나

天德이나 月德 같은 귀인이 있으면 그렇지 않다.

- 偏印이 印綬와 혼잡하게 있거나 刑沖破害되면 남의 눈치만 보고 사는 건달과 같다.
- 偏印格이 財星으로 偏印을 다스리면 자수성가하며 복이 많다.
- 사주에 官이 왕하고 印綬가 없으면 偏印이라도 官印相生하여 길명이 된다.
- 년월에 偏印이 있는데 일시에 食傷이 왕하면 조상의 업을 받아도 지키지 못한다.
- 남자가 년월에 있는 偏印이 일時支에 있는 食傷을 상하게 하면 아내가 시집살이하는 데 애로가 많다.
- 사주에 偏印이 왕성한데 대운이나 세운에서 食傷運을 만나면 각종 재액이 따르고, 심하면 횡사할 수도 있다.
- 여자가 偏印이 食傷을 심하게 극하여 병이 되면 財星運에 자식을 두거나 자녀 경사가 있거나 재물이 들어온다.
- 偏印은 日柱가 身弱할 때 도와주면 좋고, 官旺하여 日柱의 制剋이 심할 때 官印이 相生하면 좋고, 食傷이 왕하여 병이 될 때 食傷을 다스리면 길신이 된다.
- 身旺한데 偏印과 財星을 만나면 조상의 업을 버리고 자신의 힘으로 일어난 사람이다.
- 倒食과 梟神은 空亡이나 충되면 좋고, 偏印은 충이나 空亡되면 싫어한다. 즉 偏印이 흉신으로 작용하면 空亡이나 沖으로 억제해야 좋고, 길신으로 작용하면 空亡이나 충을 싫어한다는 말이다.
- 도식격(倒食格)이 財星이 없으면 단명하거나 매사 용두사미가 되

고, 항상 건강이 좋지 않다.

- 偏印格이 財官을 만나면 귀격을 이룬다.
- 偏印이 길신이면 부모형제나 상사의 도움을 받고, 문서로 좋은 일이 생긴다.
- 대운에서 偏印運을 만나고, 세운에서 食神運이나 傷官運을 만나면 재난이 따르거나 건강에 이상이 생긴다. 특히 여자는 자손 걱정이 생길 수 있다.
- 偏印이 忌神인데 偏印運을 만나면 문서로 사기를 당하거나 시비가 생기고, 건강이 나빠져 고생하기도 한다.
- 身弱한데 印綬가 없으면 참을성이 없고, 身弱한데 財旺하면 돈 약속을 지키지 못하고, 본성이 게으르고 돈도 질서없이 쓴다.
- 偏印은 생명의 전달자, 자라나는 기운, 도움받는 기운, 사물을 보는 단면적인 편입감, 종교·역사·조상과의 인연 등 그 작용이 사주의 조립에 따라 달라지므로 잘 보아야 한다.
- 偏印은 正印보다 문학·종교·철학·예능에 재지가 있고, 명예욕도 더 강하다.
- 偏印格이 官이 用神이면 정치가·군인·법관·기자 같은 권력 계통에 종사하는 사람이 많다.
- 偏印은 임기응변에 능하며 꾀가 많아 모사꾼 같다. 그러나 예술로 승화하면 대성할 수 있다.
- 偏印은 처음에는 잘하나 끝이 좋지 않고, 학문을 좋아하나 써먹을 데가 없다.
- 偏印은 倒食과 같아 심술이 많고, 남이 잘되는 꼴을 못 보고, 잘

비웃는다.

- 正偏印이 혼잡하면 중심이 없고 귀가 얇아 믿기 어려운 사람이다.

- 地支에 偏印이 무리지어 있는데 天干에 食神이 있으면 욕심이 태산 같아 무슨 일이든 만족할 줄 모른다. 여기에 財星이 있으면 부자라고 자랑은 하지만 일시적일 뿐이다. 언제 偏印이 食神을 극하여 재물을 깨트릴지 몰라서다.

- 사주에 偏印과 劫財와 羊刃이 진을 치고 있으면 겉으로는 온화하고 겸손한 것 같지만 속은 독하며 반항하는 기질을 감추고 있다.

- 偏印이 국을 이루면 단명하거나 요절하고, 평생 빈곤을 벗 삼으며 풍류 낭인으로 살아간다.

- 偏印이 중첩되면 하는 일마다 근심이 따르고, 편법으로만 살려는 기질이 있어 평생 염문이 그치지 않는다.

- 사주에 偏印이 많으면 안색과 마음에 변화가 많아 종잡을 수 없다. 이런 사람은 반항하는 기질이 강해 속마음을 털어놓을 친구가 못 된다.

- 사주에 偏印이 많으면 이해심과 사려심이 없다. 이런 사람은 달면 간교를 부리며 덤벼들고, 쓰면 냉정하게 돌아선다.

10. 인수(印綬)

- 정인성(正印星)은 印綬라 하고, 偏印이 흉신이 되면 倒食 혹은 梟神이라 한다. 印綬는 나를 생하고 기르며 가르치는 것이다. 어릴

때는 젖을 뜻하고, 자라서는 지식과 경험을 뜻한다.

- 印綬는 어머니의 본질을 뜻하므로 사주에 印綬가 있으면 자비와 슬기가 있고, 어질며 따뜻하고 인정이 많다.

- 印綬는 남자에게는 어머니와 할아버지에 해당하고, 여자에게는 어머니와 사위에 해당한다.

- 印綬가 왕성한데 官으로 官印相生하여 日柱가 健旺해지면 부모덕이 있다. 좋은 집안 자손으로 교육도 제대로 받아 언행이 바른 사람이 된다. 그러나 印綬가 허약한데 刑沖破害되면 부모덕이 약하고, 공부도 중도에 좌절되고, 상사나 스승과의 인연도 약하다.

- 印綬는 지혜·학문·총명함을 뜻한다. 따라서 印綬가 있으면 인의를 알고, 종교를 공경하고, 군자나 대인의 기풍이 있고, 온후하며 단정하고, 만인의 신망을 얻는다.

- 사주에 印綬가 있으면 연구심이 강하고, 기술에 능하고, 기획력이 좋고, 사회에 헌신하며 정도를 걸어가는 사람이다.

- 印綬가 日柱와 刑이나 충되면 모자간에 정이 없다. 특히 남자는 어머니와 아내가 심하게 갈등한다.

- 년월에 印綬가 있는데 길신이면 부모의 유산을 받아 좋은 집을 가질 수 있고, 時에 印綬가 있는데 喜神이면 자식이 번창하며 노후가 안락하다. 그러나 印綬가 극을 받거나 忌神이면 평생 좋은 집에서 살기 어렵다.

- 사주에 印綬가 너무 많으면 남자는 자식덕이 없으며 아내와 이별수가 따르고, 여자는 어머니와 인연이 박하며 남편덕이 없으니 일생 풍파가 많다.

- 月柱에 印星이 있는데 길신이면 초년에 문장으로 이름을 날린다. 여기에 官까지 있어 印星을 생하면 부귀를 이룬다.
- 印綬는 官이 있어야 명망이 높아진다. 그렇지 않으면 단지 총명하며 재예가 있을 뿐이다.
- 身旺한데 印星이 많으면 처자궁이 불길하고, 일에 막힘이 많다.
- 印綬가 傷官과 동주하면 어머니와 의견 충돌이 많고, 財星과 동주하면 어머니와 아내 사이가 좋지 않다 .
- 여자가 印綬가 傷官이나 羊刃과 동주하면 남편과 자식연이 박하여 독신으로 살거나 수도자가 되는 경우가 많다.
- 여자가 官星이 약한데 印星이 태왕하면 남편궁이 산란해 본인이 가장 노릇을 한다.
- 印綬가 正官과 동주하면 성격이 치밀하며 자존심이 강하고, 가정교육을 잘 받은 사람이다.
- 印星이 偏官과 동주하면 과단성은 있으나 조급하다.
- 印綬가 길신이면 음식 솜씨가 좋고, 사치하거나 낭비하지 않고, 판단이 정확하다.
- 印綬格인데 正官의 뿌리가 있으면 대학자, 문교 계통, 수뇌, 학구적인 정치인, 학문을 바탕으로 하는 고등기술 직업을 갖는 경우가 많다.
- 印綬格인데 偏官의 뿌리가 있으면 군인·법관·경찰·기자·기술 분야 고위직이나 경영자가 많다.
- 印綬格인데 印綬가 왕성하면 성격이 인자해 교육자나 종교인이 되는 경우가 많고, 노년까지 학문을 연구하는 사람이 많다.

- 印綬가 偏印과 동주하면 두 가지 일을 가진 사람이 많고, 華蓋와 동주하면 종교인이나 예술가로 명망을 얻는 사람이 많다.
- 財星이 印綬를 심하게 剋除하면 어릴 때 어머니를 떠나 자라는 사람이 많다.
- 印星이 깨지면 조상의 업을 받기 어렵고, 長生이 되면 어머니가 인자하며 현명하다.
- 年에 있는 印星이 힘이 있으면 명망가 집안 자손이다.
- 月支나 日支에 印星의 庫가 있으면 망한 집안의 자손이다.
- 남자가 印綬格인데 日支에 財星이 있으면 결혼한 뒤 일이 잘 되지 않고, 처 때문에 일이 많이 막힌다.
- 印綬가 왕하면 자식덕이 박하고, 노후가 고독하다.
- 印綬格은 官星이나 官이 있어야 財星이 들어와도 印星이 탁해지지 않아 성품이 고결하다.
- 身旺한데 印星이 왕하면 食傷官과 財星이 같이 나와야 현달한다. 만약 食傷만 나오면 印星의 극을 받으므로 도리어 흉해진다.
- 印綬格은 日柱를 생하는 신인데 갑자기 심한 극을 받으면 불귀객이 되거나 흉재를 면하기 어렵다.
- 官이 흉신인데 印星이 나타나면 官을 교화하여 길신으로 만드니 길조가 따른다.
- 印綬格이 격이 깨지면 조상의 업을 지키기 어려우니 고향을 떠나 자수성가해야 한다.
- 印綬格이라도 印綬가 갑자기 태왕해져 사주의 균형이 깨지면 도리어 각종 재난이 일어난다.

- 印綬格이 印綬가 상하지 않으면 일생 복덕이 많은데, 특히 상사나 스승의 덕이 많다.
- 印星이 약하고 身弱한데 食傷이나 財星이 태왕하면 매사에 막힘과 변화가 많아 가난에서 벗어나기 어렵다.
- 사주의 격을 불문하고 身强한데 印星運이 들어오면 財와 用의 균형이 깨지니 흉하고, 융통성 없는 독선으로 흐르기 쉽다.
- 印綬에는 인내·성실·양보·종교·기획·두뇌·장기성·기술·근면·희생·문서·조직·경험·노련함·가정·안식처·조상·생명·생기·정직·역사·상사·밤중·잠·느림·순응이라는 뜻이 내포되어 있다.
- 남자가 日支에 印綬가 있으면 결혼한 뒤 부모와 정이 멀어지고, 아들이나 딸을 두면 아내인 財를 따라가니 印綬인 부모를 친다. 이것은 자연의 이치다.
- 印綬가 用神이면 보수적인 기질이 강하고, 희생심·동정심·선함이 있다. 그러나 예리한 면은 적다.
- 印綬가 用神이면 사람을 가려서 사귀는데 무질서한 생활을 즐기는 사람과는 어울리지 않는다. 외골수 기질이 있으니 장기적인 직업에서 성공하는 사람이 많다. 食傷은 이와 반대 성분인데, 사주에 財가 나타나면 印綬의 특성이 변한다.
- 여자가 印綬가 왕하면 희생하며 참고 살아야 하고, 印綬가 태왕하면 官이 허약하니 남편운이 늦게 들어오고, 후취로 가는 사람이 많고, 돈 버는 재주가 없다.
- 印綬가 태왕하면 官인 조상의 기운을 설기해 본인을 낳은 후 잘살던 집안도 망하고, 결혼할 때 부모 속을 썩인다.

- 正印格 사주가 印綬가 刑이나 空亡되면 새로운 변화가 생기거나 실직 같은 불길한 일이 생긴다.
- 여자가 印綬가 왕하여 傷官을 심하게 극하면 남편과의 잠자리가 아주 나빠 불평불만이 많거나 독수공방하거나 생리사별하는 수도 있다.
- 남자가 사주에서 正印을 만나면 처덕이 있다. 正印은 아내의 재물인데, 사주에 있으면 살림 잘하는 아내를 만나거나 처가덕을 본다.
- 印星이 用神이면 내가 부모한테 의지하거나 부모가 나한테 의지한다.
- 印綬는 성실하며 기만하지 않지만 융통성이 없는 편이다.
- 사주에 印綬가 없거나, 있어도 허약하면 근면함과 끈기가 약하다.
- 印綬가 왕하면 늙어서도 돈이 있어야 한다. 印綬가 食傷을 극하니 자식의 도움을 받지 못하고, 돈이 없으면 자식이 찾아오지도 않는다.
- 印星이 年柱에 있으면 성실하고, 月令에 있으면 착하며 노력형이 많고, 日支에 있으면 성실하게 노력하고, 時柱에 있으면서 喜神이면 착실한 자녀 덕분에 노년이 편안하다.
- 여자가 印綬가 태왕하면 食傷인 자식을 극하니 자식이 공부를 못하고 자라면서 애를 먹인다. 印星이 태왕하면 食傷이 위축되니 자기보다 못한 자식을 두고, 印綬가 忌神이며 태왕한 아내를 만나면 그 집안의 자손은 볼 것이 없다.
- 印綬가 태왕하면 食傷을 극하니 입이 짧고 편식하는 사람이 많고, 사주에 財가 없으면 위가 작고 위장병이 생긴다.
- 印綬가 너무 왕해 食傷을 심하게 극하면 食傷은 자기 몸에서 나

가는 것을 의미하니 머리 회전이 늦거나 사고방식이 잘못되어 말썽을 일으킨다.

- 印綬가 用神인데 財星이 심하게 극하면 어릴 때 청개구리 심사가 있다. 어머니 말이라면 무조건 듣지 않고, 공부가 머리에 들어오지 않아 놀기만 한다.

- 印綬가 食傷을 극하면 잘 체하고, 식중독이나 피부병에 걸리고, 음식 때문에 병이 생긴다.

- 여자가 印綬가 왕하여 食傷을 심하게 극하면 印綬가 倒食으로 변해 식복이 없고, 자녀 농사를 실패한다. 그러나 財가 있어 印綬를 다스리면 구제할 수 있다.

- 여자가 印綬가 왕하면 결혼하는 데 곡절이 많다. 후취나 재취로 가거나 부모가 돈 때문에 강제로 결혼시킬 수도 있다. 이런 사주는 결혼해도 남편이 건달이 되거나 속을 썩이고, 자식도 말썽만 피운다.

- 여자가 官이 없으면 財로 生官해도 좋다. 그러나 印綬가 忌神이면 財를 쓸 수 없으니 돈만 생기면 말썽이 생겨 더욱 나쁘다.

- 여자가 官旺하면 印星으로 通關시켜야 길하다. 만약 印星을 만나지 못하면 시집가는 날부터 남편한테 구박을 받는다.

- 印綬가 喜神인데 印綬運을 만나면 집이나 문서로 기쁜 일이 생기고, 시험이나 승진에 즐거움이 따른다.

- 印綬가 用神이면 젊어서도 늙은이처럼 속이 깊고, 나이가 들어 보이고, 도량과 아량이 있다.

- 印綬가 用神이면 연상과 의견이 잘 맞고, 比劫이 用神이면 연하와

의견이 잘 맞는다. 印綬를 쓰느냐 못쓰느냐에 따라 인덕을 알 수 있다.

- 여자가 印綬가 用神인데 官星과 같이 있어 官印相生이 되면 인물이 좋은 남편을 만나고, 다른 여자가 남편을 좋아할 수도 있다.

- 여자는 印綬가 用神이어야 가장 좋은데, 이런 사주는 노숙하고 인내심이 있고 성실하다. 그러나 印綬가 태왕하여 흉신이 되면 자식과 남편궁에 애로가 많다.

- 왕한 印綬가 傷官을 심하게 剋除하면 꿈자리가 흉하고, 항상 건강이 좋지 않다. 傷官이 印星과 동주하면 하루에도 몇 번씩 생각이 바뀌니 변덕스러운 면이 있다.

- 왕한 財星이 印綬를 심하게 剋除하면 내가 태어난 뒤 부모가 하는 일이 잘 되지 않는다. 여기다 財旺運을 만나면 돈 때문에 부모와 원수가 되기도 하고, 문서로 관재송사가 따를 수도 있다.

- 印綬는 순리를 따르는 기질이 있어 印綬가 用神이면 멋을 잘 부리지 않고 수더분한 편이다.

- 중년운에 왕한 印星이 들어오면 부모와의 인연을 암시하고, 자녀에게 신경쓸 일이 생기고, 본인도 건강에 문제가 생기거나 걱정거리가 생긴다.

- 궁합볼 때 여자가 印綬가 왕하여 忌神이 된 것을 꺼리는 이유는 남편과 자식궁에 고난이 많이 따라서다.

- 印綬가 왕하면 자식을 많이 낳아도 신경쓸 일뿐이고, 기를 때도 잔병이 많거나 속을 썩인다.

- 印星을 어머니로 삼는 것은 음양의 원리로 보면 맞다. 자식관계는

아내와의 관계가 이치상은 맞다고 볼 수 있다. 그러나 육신이 나타나지 않으면 用神을 기준으로 하고, 사주의 년월일시 위치에 따라 육친을 간명해야 할 경우도 있으니 육친은 종합해서 판단해야 한다.

- 印綬는 학문이며 군자를 나타내니 마음이 어질어 독한 짓을 하지 못한다.
- 印綬格 사주는 평생 잔병이 없고, 길신이 印綬運에 들면 병마를 물리친다.
- 印綬가 正財를 만나면 인자하며 인정이 많아 큰 일을 도모하기 어렵다.
- 印綬가 傷官을 만나면 인색하며 마음의 동요가 심하다.
- 印綬가 왕한 財星을 만나면 남자는 아내 때문에 불행한 일이 생기고, 여자는 고부간에 불화가 심하다.
- 印綬가 財星보다 약하면 학마재(學魔財)가 되어 학업운이 없고, 평생 엉뚱한 직업에 종사하는 경우가 있다.

제3장. 격국과 통변

1. 격국론(格局論)

1. 팔격(八格)

사주에서 格局이란 그 사람의 인격과 품위를 나타낸다. 산천에도 미악이 있고, 건물에도 미악이 있듯이 사람에게도 등급이 있다. 흔히 사람은 모두 평등하다고 하면서도 빈부귀천을 논하는 망령된 짓을 한다. 물론 壽夭貧賤을 논하기 전 말이라면 사람은 누구나 평등하지만, 개개인의 삶을 보면 평등할 수가 없다. 사람마다 태어난 년월일시와 환경이 달라 귀천과 빈부가 있게 마련이다.

그러므로 사주를 감명하려면 반드시 格局을 봐야 한다. 이것은 앞에서도 말했듯이 인명의 등급을 알기 위해서도 그렇고, 운명이 요구하는 부귀의 장단과 壽夭貧賤을 알기 위해서도 필요하다. 먼저 格局을 찾기 전에 알아야 할 상식 몇 가지를 부연하고자 한다.

사주에는 體用이 있다. 내가 태어난 날이 體라면 상대적인 것은 用이다. 격은 月支에서 나오지만 月支에 比劫이 있으면 이를 격으로 삼을 수 없다. 財官印食 중에서 격을 삼아야 한다. 이때 月支 藏干에 있는 것으로는 삼을 수 없고, 月支 藏干이 透干한 것을 격으로 삼는 게 첫 번째 원칙이다. 일단 격이 성립되면 그것이 본인의 格局이 된다.

1) 정관격(正官格)

財星으로 官을 生助하는 것이 좋지만, 生助받지 못하는 正官格은 고독한 官이라 귀하다 해도 귀한 게 아니다.

2) 편관격(偏官格)

나를 극하는 흉신이니 食傷으로 구제해야 귀명을 이룬다. 그러나 구제받지 못하면 곤고한 명이 된다.

3) 식신격(食神格)

우선 日干이 강해야 하는데, 만약 그렇지 않으면 比劫이 도와줘야 食神格 구실을 한다.

4) 상관격(傷官格)

日干을 심히 설기하는 성정이 있으며, 正官을 극하는 악신이다. 日干이 약하면 印綬로 傷官을 막아야 구제된다.

5) 정재격(正財格)

日干이 강하고 食傷으로 正財를 생하면 부명이나 食傷이 없는 財는 孤財다.

6) 편재격(偏財格)

역시 食神이나 傷官으로 財星을 생하고 日干이 강하면 부격을 이룬다. 食傷 없는 財星은 孤財가 되어 가난하다.

7) 인수격(印綬格)

印綬는 正官의 生助를 받으면 健旺해져 나를 生助하는 데 큰 공을 세운다. 이렇게 되면 부모가 선비요, 귀한 자식을 둔다.

8) 편인격(偏印格)

陰陽不配偶의 생이라 하여 무정한 生助라 한다. 忌神이면 財星으로 다스려야 귀명이 된다.

2. 외격(外格)

사주의 격은 그 종류가 다양한데 8격과 5격, 從格도 있다. 여기서는 흔히 쓰는 格局만을 언급하니 참고하기 바란다.

1) 인수곡직격(印綬曲直格)

印綬曲直格이란 甲乙木日에 태어나고 地支가 亥卯未 三合이나 寅卯辰 木局으로 되는 것을 말한다. 그러나 金을 만나면 격이 깨진다. 이런 사주는 時上 偏財를 제일 좋아하고, 격이 완전하면 자애심이 많으나 행운에서 金運을 만나면 종명한다.

2) 염상격(炎上格)

炎上格이란 丙丁火日에 태어나고 地支가 寅午戌 三合이나 巳午未 火局으로 되는 것을 말한다. 그러나 水를 만나면 격이 깨진다. 이런 사주는 예의와 본분을 알고, 정신이 명랑하며 사리분별이 명확하니 신사에 속한다. 그러나 행운에서 刑沖破를 만나면 불행해진다.

3) 종혁격(從革格)

從革格이란 庚辛金日에 태어나고 地支가 巳酉丑 三合이나 申酉戌 金局으로 되는 것을 말한다. 그러나 火를 만나면 격이 깨진다. 이런 사주는 의를 목숨보다 소중히 여기고, 책임감이 투철하다. 의인 중에 의인이다. 격이 완전하면 평생 부귀하나 火를 만나면 허명이 되고, 극을 받으면 종명한다.

4) 윤하격(潤下格)

潤下格이란 壬癸日에 태어나고 地支가 申子辰 三合 이나 亥子丑 水局으로 되는 것을 말한다. 그러나 土를 만나면 격이 깨진다. 이런 사주는 이지적이며 도량이 넓고, 수복을 겸비한 선비가 되지만, 행 운에서 土를 만나면 종명한다.

5) 가색격(稼穡格)

稼穡格이란 戊己日에 태어나고 地支에 辰戌丑未가 있는 것을 말한 다. 그러나 木을 만나면 격이 깨진다. 이런 사주는 사람이 중후하며 부 귀는 걱정하지 않아도 되지만, 행운에서 水木運을 만나면 종명한다.

3. 종격(從格)

日干을 生助하는 신이 없거나 比劫이 없어 주위 세력을 따라가는 것을 從格이라 한다. 그러나 印綬나 比劫이 있으면 격이 깨진다. 從 格도 眞從과 假從으로 나누는데, 陰干이 從하면 眞從이라 하고, 陽 干이 從하면 假從이라 한다. 眞從에는 4가지가 있다.

① 從財格 : 사주 전국이 財로만 구성된 경우.
② 從官格 : 사주 전국이 正官으로만 구성된 경우.

③ 從殺格 : 사주 전국이 偏官으로만 구성된 경우.

④ 從兒格 : 사주 전국이 食傷으로만 구성된 경우.

4. 합화기격(合化氣格)

1) 갑기합토격(甲己合土格)

甲己日 辰戌丑未月에 태어난 것을 말한다. 火가 喜神이고, 金을 가장 싫어한다.

2) 을경합금격(乙庚合金格)

乙庚日 申酉戌月에 태어난 것을 말한다. 土가 喜神이고, 水를 가장 싫어한다.

3) 병신합수격(丙辛合水格)

丙辛日 亥子丑月에 태어나면 해당한다. 金이 喜神이고, 木을 가장 싫어한다.

4) 정임합목격(丁壬合木格)

丁壬日 寅卯辰月에 태어나면 해당한다. 水가 喜神이고, 火를 가장 싫어한다.

5) 무계합화격(戊癸合火格)

戊癸日 巳午未月에 태어나면 해당한다. 木이 喜神이고, 土를 가장 싫어한다.

5. 진화격(眞化格)

化格 사주가 辰時에 태어나 合化한 時干을 만나면 眞化格이라 한다. 長生이나 帝旺이나 建祿을 만나면 공명이 높고 큰 부를 이룬다. 그러나 이 격은 身旺해야 하므로 生助하는 운을 만나면 발복하나, 헨이 심하면 빈천한 명이 된다. 다음과 같은 경우에 眞化格이 된다.

① 甲己合土格이 戊辰時에 태어난 경우.
② 乙庚合金格이 庚辰時에 태어난 경우.
③ 丙辛合水格이 壬辰時에 태어난 경우.
④ 丁壬合木格이 甲辰時에 태어난 경우.
⑤ 戊癸合火格이 丙辰時에 태어난 경우.

6. 가화격(假化格)

① 생일이 干合했는데 干合을 헨하면 假化格이 된다.
② 생일이 干合했는데 干合된 五行을 돕는 게 없으면 假化格이 된다.

7. 건록격(建祿格)

月 建祿格은 반드시 財官이 있고 地支가 生助해줘 身旺하면 발복한다. 그러나 아무리 建祿이라 하더라도 比肩의 성정이 있으므로 財를 빼앗으려는 기세를 감추고 있다. 그러므로 建祿格이 比劫運을

만나면 극처극부하고, 자식을 손상시키며, 파재를 당한다. 建祿格이 身旺한데 財運에 들면 대부를 이루고, 財官이 생년을 도우면 유업 이 좋다.

■ 建祿日의 길흉

- 甲日 寅月에 태어나면 建祿이다. 사주에 乙卯나 未가 있으면 아내 를 극하고 빈천하며 평생 공이 없는 명이 된다.
- 乙日 卯月에 태어나면 建祿이다. 명식에 庚申이나 巳酉丑이나 戊 己가 있으면 財官이 좋아 명리가 있고, 財官印을 만나지 못하면 빈천한 명이 된다.
- 丙日 巳月에 태어나면 建祿이 된다. 명식에 金水가 있으면 부귀를 모두 이룬다.
- 丁日 午月에 태어나면 建祿이 된다. 사주에 巳酉丑이 있으면 발복 하나, 庚金 正財가 午를 만나면 浴地가 되어 처운이 불미하다.
- 戊日 巳月에 태어나면 建祿이 된다. 사주에 壬이 없으면 가난하고 자식이 불효하나, 申子辰이나 亥卯未를 만나면 좋은 명이 된다.
- 己日 午月에 태어나면 建祿이 된다. 水를 보지 못하면 빈천하고 자 식 두기가 어려우나, 身旺하고 亥卯未나 偏財를 만나면 부귀한 명 이 된다.
- 庚日 申月에 태어나면 建祿이 된다. 木을 만나면 분복된 운명이나, 寅午戌이나 亥子丑을 만났는데 身旺하면 길명이 된다.
- 辛日 酉月에 태어나면 建祿이 된다. 명식에 比劫과 梟神이 많으면 빈천하며 악연인 아내를 만나고, 身旺한데 木火運을 만나면 부귀

를 모두 이룬다. 특히 辛卯나 辛未 일생은 평생 의식이 풍족하고, 辛巳日은 귀명이지만, 辛丑日은 빈고하다.

- 壬日 亥月에 태어나면 建祿이 된다. 명식에 火土가 있으면 발복하나, 水가 많으면 빈천하다.
- 癸日 子月에 태어나면 建祿이 된다. 火土가 강왕하면 부명을 이루나, 比劫이 태왕하면 가난한 명이 된다.

※ 壬癸日生 建祿格은 조상의 업이 없다.

8. 양인격(羊刃格)

建祿格과 羊刃格은 대개 身强하므로 財官印食이 用神이면 좋다. 羊刃의 대칭이 飛刃인데 같이 있으면 흉한 명으로 본다. 특히 羊刃은 합을 좋아하고 충을 싫어하므로 羊刃格이 官의 生助를 받으면 명리가 높아진다. 羊刃은 성질이 조급하며 사납고, 눈초리가 매섭고, 광대뼈가 툭 튀어나오고, 수염이 뻣뻣한 게 특징이다.

羊刃殺은 5가지가 있다고 하나 진짜는 丙午, 戊午, 壬子다.

	甲	丙	戊	庚	壬
羊刃	卯	午	午	酉	子

祿 앞에 있는 것이 羊刃인데, 劫財로만 구성되어 그 강도가 대단하다. 수염은 억새처럼 뻣뻣하고, 우악스럽게 생긴 얼굴과 뼈대는 강철처럼 거세 좀처럼 휘어지지 않는 기풍이 있다.

이것만도 아니다. 羊刃은 힘이 센 역사다. 모습은 眼大髮强하고 早達男兒하여 무조건 장남이나 장녀로 태어나는 경우가 많고, 月에서 羊刃을 만나면 자녀가 부모를 극하여 소년소녀 가장 노릇을 하는 경우가 많으니 이를 어찌 좋은 팔자라 할 수 있겠는가.

싸움판에 나가면 임전무퇴요, 戰而不降하여 결코 항복하는 법이 없으니 잘되면 충신이요 못되면 역적이다. 또한 명중에 羊刃이 있는 사람은 사망할 때 空亡이 아니라면 횡사하는 경우가 많은 것으로 보아 죽을 때까지 불행하다.

그러나 羊刃이 있는 사람이 군인·경찰·법관·의사·교도관·기자·역술인·정육점 같은 생사를 주관하는 업을 갖으면 오히려 크게 발하는 경우가 많다는 것도 알아두자. 만약 그렇지 않으면 뜻밖의 재난과 사고가 많고, 악질이 있어 절단이나 절개하는 수술을 면하지 못한다.

가정적으로는 불운이 일찍 찾아오면 소년소녀 가장 노릇을 하는 것은 물론 결혼한 뒤에도 문제다. 남자는 부모와 자식 사이에도 쟁투·질시·불목이 거듭되어 조용할 날이 없고, 여자는 반드시 시댁과 불화한다. 羊刃은 남편을 극하므로 재혼이나 삼혼, 사혼까지 하는 경우가 있으니 한 많은 인생살이 누구를 탓하랴.

羊刃은 祿 바로 앞에 놓이는데, 建祿運에 들면 태양이 뜨겁지도 약하지도 않은 온난한 때이므로 만물을 배양하기에 최적이므로 사람도 최고 운을 맞는다. 부귀 정점에 도달했으니 인간 승리요, 인간 완성의 결정품이 이때다.

그러나 자연은 순환 법칙을 어기지 않는다. 춘하추동과 사시가 순환하듯이 태어나면 죽을 때가 있고, 흥하면 망할 때가 있고, 만나면 헤어질 때가 있다. 이를 불가에서는 생멸 혹은 空이라 하지 않는가.

이렇게 우주와 인간은 建祿期를 맞아 최고 행운과 영화를 누리고는 帝旺期로 들어간다. 帝旺은 우주에서는 태양이 꼭지점에 도달한 정오격이고, 지상에서는 산의 정점에 올라선 격이라 더 오를 데가 없다. 막다른 골목길의 끝과 같아 더 나아갈 수도 물러설 수도 없다. 어떻게 보면 절망이요 공허다. 이때 나타나는 현상이 회한이며 악이다. 악에 악을 더하면 불굴·불패·불복·불종·불합·불의·불신·불만·불목·부지·불각·불진·불량·不淨·不正·不定으로 나타나는데, 이를 행동으로 옮기는 것이 羊刃이다.

羊刃이란 이처럼 무서운 살이므로 고약한 사람, 고약한 팔자라는 이름이 붙어다닌다. 하지만 身弱한 사주에서는 羊刃이라 하지 않고 比劫이라 하여 좋게 볼 때도 있다. 특히 財多身弱 사주에서는 羊刃보다 좋은 用神이 없다는 것도 기억하기 바란다.

또한 羊刃은 무기가 되어 사주에 羊刃이 있는 사람은 말할 때 칼을 들먹이며 잔인한 소리를 하고, 싸울 때도 돌이나 몽둥이나 칼을 갖고 달려들기도 하며 부지불식간에 확 집어던지기도 한다.

偏官은 장수다. 羊刃格 사주에 偏官이 있으면 틀림없이 명장이 되어 큰 공을 세우고, 겸손하며 과묵하여 만인의 사표가 되기도 하니 어찌 羊刃을 광폭하다고만 할 수 있겠는가.

9. 음인(陰刃)

羊刃은 子午卯酉 四敗地로 구성하지만, 陰刃은 辰戌丑未 四庫로

구성한다. 陰刃은 羊刃보다는 그 세가 순하므로 강폭하며 잔인한 기질은 있어도 羊刃처럼 겉으로 드러내지는 않는다. 그러나 刃은 刃이라 외성과 내성의 차이는 있어도 항상 불만이 많고, 긍정적인 면보다는 부정적인 면이 많고, 강자한테는 약하고 약자한테는 강한 이중성이 있다.

또 독기를 한번 부리면 羊刃과 같아 아무도 꺾을 수 없다. 심하면 음독이나 자해도 마다하지 않고, 상하를 분별하지 못할 만큼 안하무인이 되어 정신이상자 같은 행동을 서슴지 않으므로 무섭다. 물론 이는 강기가 발동하면 자제하지 못해 나타나는 현상일 수도 있으나, 辰戌丑未라는 土彈이 땅속에 깊이 묻혀 있다가 순식간에 터지는 폭발성 때문에 그렇다. 이처럼 羊刃보다 더 무서운 것이 陰刃이다.

乙辰	丁未	己未	辛戌	癸丑

그러므로 羊刃은 칼 같은 무기가 되어 약하게 작용하면 손가락 절단 등으로 면할 수도 있지만, 陰刃은 내독성이 있어 비애나 비관, 소외감이나 고독감을 느낄 때 자해와 음독으로 세상을 등지는 경우가 많다.

陰刃을 구성하는 辰戌丑未 四墓는 만유의 것들이 패장되어 묻힌 墓와 같다. 그 중에서도 특히 戌과 丑은 북방에 있어 死權을 관장하는 神將이 되어 辰과 未와는 그 성질이 다르다.

死權이란 죽음을 관장하는 神將을 말한다. 陰刃의 辛戌과 癸丑을 胞胎法으로 보면 모두 冠帶에 앉아 있고, 방위로는 天門地에 들어 있다. 물론 乙辰·丁未·己未도 冠帶요 天門地에 앉아 있지만, 이

들은 生權을 관장하는 神將이라 辛戌과 癸丑보다는 경미하다.

※ 立格과 破格

	立格	破格
正財格	·日干이 강한데 財官도 강하면 ·日干이 약한데 印綬, 比劫이 도우면	·日干이 약한데 財官도 약하면
偏財格	·日干이 강한데 財官도 강하면 ·日干이 약한데 印綬, 比劫이 도우면	·日干이 약한데 印綬, 比劫의 도움 이 없으면
印綬格	·日干이 강한데 殺이 하나 있으면 ·印綬가 用神인데 財를 못 보면	·日干이 약한데 印綬가 무력하면 ·日干이 약한데 殺이 강하면 ·刑, 沖, 破, 害, 空亡되면
偏印格	·日干이 강한데 食傷이 用神이면 ·偏印이 用神인데 財가 없으면	·日干이 약한데 財가 있으면 ·日干이 약한데 食傷이 太過하면
食神格	·日干이 강한데 財星이 있으면 ·食神이 制殺하면 ·日干이 약한데 印綬가 있으면	·日干이 강한데 食神이 약하고 偏 印을 만나면 ·刑, 沖, 破, 害, 空亡되면
傷官格	·日干과 傷官이 강한데 財가 있으면 ·日干이 약한데 印綬가 있으면	·正官은 있는데 財가 없으면 ·日干이 약한데 財가 많으면 ·印綬가 많아 日干이 강한데 傷官 이 무력하면
正官格	·日干이 강한데 財가 官을 生하면 ·日干이 약한데 正官이 강하면 ·印綬, 比劫이 日干을 도우면 偏官 이 없어야 한다.	·傷官이 있으면 ·正偏官이 혼잡하면 ·刑, 沖, 破, 害, 空亡되면
偏官格	·日干과 殺이 강한데 食神이 있으면 ·日干이 약한데 印綬, 比劫이 도우면 ·正官을 傷官이 제거하면 ·偏官과 殺이 강하면	·日干이 약하면 ·刑, 沖, 破, 害, 空亡되면

2. 용신(用神) 종류

1. 격국용신(格局用神)

① 定格

② 定用神

　　　壬 丁 辛 戊

　　　寅 亥 酉 辰

- 偏財格 : 辰酉合으로 진수성찬.
- 印綬格.
- 日柱가 약하다.
- 주는 밥도 못 먹는다. 年月은 뒤→뒷집 아가씨 예뻐 보이나 火剋
　金하려면 寅木의 生助를 더 받고 와라.
- 공부해야 사는 사주.
- 月支에 있는 偏財 아버지와 年支에 있는 傷官 할머니가 재산을 많
　이 도와준다.
- 偏財用印格 : 부모와 사회에서 인정받고 싶으면 水生木, 木生火.
- 日柱가 약하니 처음에는 사업하려 했으나 다시 공부해야 하는 팔
　자다.
- 돈 벌고 싶으면 돈을 멀리하고, 연애하고 싶으면 여자를 멀리해라.
- 8월에 기온이 연평균보다 낮으니 온도를 올려야 한다.

- 病은 金旺이고, 藥은 火인데 주중에 없으니 木으로 대리 用神.
- 金이 많아 막혔으니 木으로 분산시켜라. 서로 絕地다. 아내의 힘을 분산시켜라.
- 약한 日柱를 도와주는 木이 抑扶用神이다.
- 꽃이 피다 말았다. 아버지한테 주눅 들고, 부인한테 주눅 들고.
- 유산은 엄청나게 많으나 관리할 능력이 없다.
- 꽃이 피기도 전에 결실을 원하고, 못된 송아지 엉덩이에 뿔난다. 月에 桃花, 학마 작용, 공부는 싫고 연애만 하겠다고.
- 破格 : 꿈자리 사납겠다.
- 調候 : 장마권, 약발도 안 받는다.
- 病藥 : 중병, 甲戌年에 약발받는다.
- 通關 : 꼭꼭 막힘, 공부가 생명이다.
- 火運은 좋으나 巳火는 나쁘다→寅巳刑, 巳亥沖→印綬刑이라 집이 절반으로 준다→巳火 친구 때문에 巳酉金으로 돈보따리 갖고 가버린다.
- 午運 : 자립정신→財祿→어머니와 형제의 힘을 입어 독립(寅午 : 어머니가 형제들에게 부탁).
- 未年까지 살겠으나 申年 가면 또 들어올 것이다(寅申沖).
- 日柱가 약하니 관리직에 종사해라→日柱가 강하면 사업가→운이 잘 들어오면 회계사 정도 따면 되겠다.
- 用神이 時柱에 있으면 말년이 좋고, 年柱에 있으면 과거 돌아보며 산다.
- 丁亥日柱의 亥水가 官이나 寅亥合으로 木局으로 가니 亥水가 있

는 게 없는 것보다 낫다.

- 財多身弱이지만 그다지 탁격은 아니다.
- 丁壬合化 안 된다. 合化하려면 년월일시가 전부 木局이어야 한다.
- 合而不化格의 특징은 매사가 용두사미라는 것이다.
- 처세는 합이므로 만나는 데까지만 연결. 깊이 간섭하면 깨진다.
- 金이 財이나 뛰어넘을 수 없어 직장으로 갔다.
- 印綬를 볼 때 교수라면 상업학교 교수다.

庚 庚 己 乙
辰 申 卯 未

- 正財格 : 卯未로 木局 得局, 투출.
- 身旺財旺.
- 정당하게 벌어야 하는데 身旺하니 사업이 좋다.
- 선약후강 : 초년에 고생하고, 자수성가해야 한다.
- 財가 투출했으니 소문난 부자다.
- 地支에 국을 깔았으니 알부자다.
- 己土가 壞印으로 죽어 있다→印綬→몰라야 돈 번다. 무식해야.
- 거부.
- 金日柱가 金旺하니 광산권을 갖는다.
- 卯申 鬼聞이 있으니 까다롭고, 비위 맞추기 어렵고, 변덕스럽다. 그
  러나 돈 버는 데는 귀신.
- 金日柱는 장기전을 해야 한다. 심어서 금방 金克木하기 어렵다.

- 正財用財格 : 격이자 用神이다.
- 돈 때문에 울고, 돈 때문에 웃는다.
- 성격이 일방통행이다.
- 초년시절 꿈이 끝까지 간다.
- 財用神 주머니에 돈 떨어지면 기가 죽는다.
- 북방운으로 가면 官은 힘들다. 官이 죽으므로.
- 역운이라 亥運에서 돈 벌었다.
- 調候 : 2월 중 날씨 쌀쌀. 본래는 火가 필요하나 없어서 木이 用神.
- 病藥 : 金이 病, 藥은 火나 없으므로 木用神.
- 通關 : 金多하니 木으로 분산시켜야 한다.
- 抑扶 : 身旺을 억제하라. 火가 없으니 내가 때리는 것으로 힘을 빼라.
- 酉만 만나면 한 번씩 혼난다. 12년에 한 번씩 음력 8월만 되면 일
  이 안되겠다. 움직이지 마라. 움직이는 만큼 손해다.
- 日支沖 : 앉으려는데 누가 의자를 빼가는 격으로 깨지고 없다. 좋
  게 작용하면 결과는 좋다. 有情之沖 無情之沖.

　　壬 戊 丁 戊
　　子 辰 巳 午

- 正印格에 身旺하다.
- 土日柱 : 부처님 가운데 토막.
- 偏財格에 身旺財旺하다.
- 時上에 偏財가 있는데 財用神이면 時上偏財格. 대표격 명.

- 장관 사주.
- 用神 중에는 財가 최고다. 내가 다스리고 내가 극하므로.
- 재무부 장관, 경제기획원 원장→偏財.
- 국영기업체 장. 남에게 예속받지 않으려 한다.
- 戊土日柱가 印綬가 火이니 집 단장 잘하겠다. 火가 화려함을 나타
  내므로.
- 巳·午火로 집이 두 채. 두 채를 헐어 하나로 만들어 산다. 2·7火이
  므로 27평 2채 54평.
- 病은 火고 藥은 水다.
- 더우니 調候, 4월 旱天에 목마른 사람이 물 만났다.
- 通關 火가 막혀 있으니 水剋火.
- 抑扶 : 身旺하니 내가 극하는 억제. 官殺, 財, 食傷으로.
- 돈 들어오면 안 나온다. 써도 또 들어오는데 혼자 살려고. 그러나
  戊申日柱라면 다르다. 申金이 있으면 나온다. 土生金, 金生水로 돌
  고 돌리므로→돈이란 돌고 돌아야 된다고 생각→통솔력, 불쌍한
  사람 알아주고 다 같이 살고자 하는 사람→돈을 푸는 자와 쓰지
  않는 사람과의 차이.
- 金으로 通關하는 것 같지만 水로 한다.

    乙 戊 丁 癸

    卯 辰 巳 未

- 正印格.

- 正官格.
- 正祿格.
- 印綬建祿格.
- 身旺官旺.
- 淸格.
- 사주가 두툼하게 살쪄 있다.
- 산은 산이로되 양지 산에 수목이 울창한 국립공원이다.
- 배움이 좋다.
- 正官用財 : 틀림없고, 책임감 있고, 1초도 안 어긴다. 필수 요원. 언
  행이 일치한다.
- 土日柱 : 신용이 생명, 친구들 사이에 보증수표→변두리로 나가도
  시장이 형성되어 중심지가 된다→가만히 앉아서 돈 번다.
- 巳中戊土, 辰中戊土 : 肩劫이 많으니 의처증 있다.
- 어머니가 며느리를 내쫓는다. 癸水가 年上에 있으니 연상의 여인.
  辰中癸水가 좋다고 함. 우리 아들 따라올 며느리 없다고 생각한다.
- 時上官星格 : 끊임없이 노력해야 장관됨. 30년 근무(3·8木)하다 비
  로소 장관이 됨. 時上偏官格은 하루 아침에 장관이 된다.
- 調候 : 간접으로밖에 못함. 木剋土하면 土剋水 못 한다. 水는 보이
  지 않게 살게 된다.
- 病藥 : 火土가 病, 木으로 木剋土.
- 通關 : 土를 분산.
- 抑扶 : 身旺.
- 身旺官旺 時上一位格.

- 辰土 형제 때문에 빛났다(濕土가 되고 卯辰木局). 친구를 불렀는
  데 친구가 나를 불러 대신 장관이 됨.

　　己 辛 丙 己
　　丑 酉 寅 卯

- 正財格이 得局했으니 격이 견실. 부모덕, 부자, 튼튼한 격.
- 財生官格, 木生火하니 아버지가 후원해줘 벼슬길로.
- 正財가 변해 正官格이니 재정직이다.
- 偏印格이 변해 肩劫 : 보증만 서면 물어줘야 된다. 그러나 격이 좋
  아 인덕이 있다.
- 酉丑으로 身旺해졌다.
- 淸格.
- 明官誇馬格 : 과거급제.
- 二德.
- 年月에 財官이 있으니 명문가.
- 正官合食 : 가만히 있어도 벼슬이 따라온다.
- 상격이나 운이 빨리 간 것이 흠.
- 壬申年부터 골병든다(辛酉大運). 丙辛合 사주인데 辛酉 대운에 用
  神合去→대운에서 나와 똑같은 놈 왔으니 인수인계해야 한다. 안
  그러면 알게 모르게 골병 들고 만권 정지.

　　　　甲 辛 己 乙
　　　　午 巳 丑 酉

- 巳火가 없는 것보다 있는 게 훨씬 낫다.
- 偏印格(己丑).
- 身旺格.
- 身旺官旺格이나 官이 약간 부족하다.
- 官(火)用神.
- 時柱에 官用神을 놓아 時上一位格이다.
- 調候 : 신냉하니 火로 따뜻하게.
- 病藥 : 金이 病이니 火가 藥.
- 通關 : 金이 많아 막혔으니 火로 분산.
- 抑扶 : 身旺하니 나를 억제하는 것은 火.
- 火 많은 팔자 조명발 잘 받는다. 또는 火 用神들.
- 법정계로 가야 함.
- 서울대.
- 甲乙木이 죽어 큰 부자는 아니지만 청귀하다.
- 처궁은 나쁘다. 두 번 장가가야 함.

　　　　丙 甲 癸 癸
　　　　寅 子 亥 亥

- 正印格.

- 身旺.

- 歸祿格.

- 子〈丑〉寅→供貴格→귀공자→왕손 아들.

- 印綬用食神.

- 食神有氣 勝財官.

- 교육이나 연구 계통.

- 청귀.

- 10월 꽃나무에 꽃이 만발.

- 調候 : 겨울 나무라 추우니 丙火로 따뜻하게.

- 病藥 : 水가 病→土가 약하지만 火로 대용→水는 火의 絶地→병
  水는 火 絶地에 와서 죽는다.

- 通關 : 水가 많으니 火로 분산.

- 抑扶 : 旺者宜泄→왕한 것은 설기시켜라.

- 癸水 正印이 언젠가는 흉신으로 돌변한다→壬申·壬子·壬辰年에
  →倒食運→偏印→食神이 用神인데 偏印을 만나면 무조건 倒食
  이 된다(倒食 : 수표, 건강, 직장, 가정 모두 부도다).

　　戊 辛 壬 壬

　　戌 亥 子 申

- 傷官格 : 傷官이 권력을 잡는다.

- 金水冷寒格.

- 金水雙淸格.

- 水多金沈이니 身弱.

- 傷官用印格.

- 調候 : 꽁꽁 얼어 추우니 土剋水로 냉기 제거.

- 病藥 : 水가 病, 土가 藥.

- 通關 : 金水로 막혔으니 剋水로 분산.

- 抑扶 : 日柱가 약하니 土生金(戊戌土)으로 도와줘야.

- 土金은 나쁘고 火土가 좋다.

- 戊亥天門 : 말년에 역학·종교·철학 공부. 戌이 印綬庫, 말문이 저
  절로 열린다.

- 도처에 함정에 있으니 한 발 잘못 디디면 바닷물로 풍당.

- 金水가 많으면 불이 꺼지고 水는 밤. 등불 들고 밤길 가다 꺼져버
  린다(야행실등).

- 이런 사람 말은 못 키워도 개는 키운다.

- 戊亥天門이 돈 된다. 부처님께 빌어라.

- 用神이 말년에 들어오니 기대해 볼만하다.

2. 조후용신(調候用神)

계절 감각(金이 많으면 가을이 깊다. 그 다음은 겨울이 오므로)→
火로 調候, 木도 좋다. 겨울생은 火가 좋으나 土도 좋다. 냉기를 없
애 주므로.

丙 庚 壬 壬
子 寅 子 申

- 食去先殺去後.
- 制殺太過. 水剋火를 너무 많이 했다.
- 調候 : 金水가 냉한하니 火가 있어야 한다. 동짓달 한밤중 丙火라 너무 약하니 戌時나 午時면 좋을 텐데.
- 通關 : 응결된 金水를 火로 분산.
- 抑扶 : 身旺하므로 나를 剋해야 한다. 官殺이 있을 때 食傷은 내 편이다. 남편이 있을 때 자식은 내 편.
- 金이 水까지는 따라오나 木으로 변하지 않는다→子水는 水生木을 못 한다.
- 時上 丙火는 寅木 없으면 시체다. 한 다리 건너 根하니 그만큼 丙火가 약하다. 戌時라면 官食鬪戰이 아니라 장관 사주로 봐라.
- 寅木이 없으면 金水를 따라가야 한다. 이런 사주 자식이 불구(아들)→火가 아들인데 水剋火가 심해서.
- 燥土인 未戌土는 좋아도 濕土인 丑辰土는 나쁘다.

己 庚 己 壬
卯 寅 酉 申

- 調候 : 寅卯木局이 用神이다. 뜨겁지는 않지만 간접으로 調候해서 따뜻하다. 물론 직접 調候할 수 있는 火가 필요하다.

- 財 속에 官이 있으니 벼슬은 한다. 남편보다 財가 우선이다.
- 官 속에 財가 있으니 돈보다 벼슬이 우선이다.
- 地支로 연결되어 알부자지만 方合이라 거부는 못된다. 三合이라 면 거부가 된다.
- 羊刃用財格.
- 通關 : 金多木으로 絶地.
- 抑扶 : 火가 미진하니 대신 木을 쓴다.
- 己酉月의 己土 印綬는 죽어있고, 羊刃은 살아있다. 이런 사주는 부 모덕·배움·지식이 없지만 日柱가 왕하니 일반 상식은 있다.
- 성격이 지나치게 완벽하다.
- 午火대운이 가장 좋은 대운이다.
- 이미 格局으로 돈은 있으니 최후 목적은 官이다.
- 자식이라면 깜빡 죽는다.
- 財官同臨 총각득자라 아들 못 낳는 여자가 와도 낳겠다.
- 寅酉元嗔이 있으니 자기는 잘한다고 하는데 모두 원망하며 간다.

  丁 丙 甲 丙
  酉 辰 午 寅

- 丙火는 寅木을 제일 좋아한다.
- 羊刃格이라 성격이 고약한데 장남이다.
- 年上에 丙火가 있으니 양자로 갔거나 형님 구실을 못 한다.
- 통솔력과 관리력이 있다.

- 자기 발등에 불은 끌 줄 알고, 형제 중에서 제일 잘났다.

- 남에게는 잘하지만 내 가족한테는 인색하다.

- 비밀이 없고, 자기를 잘 드러낸다.

- 得令得地.

- 첫째가 官, 둘째가 財와 財局과 財格이다.

- 食神生財格→辰으로 土生金해서 金을 끌어들인다.

- 羊刃用財格→원래는 羊刃格이지만 食神用財格으로 불러줘라.

- 5월 중에 꽃이 만발해서 결실까지 잘 맺는다.

- 財局이 있으니 부자 팔자다.

- 辰官庫 : 官庫가 돈을 벌어준다→官에서 돈벌어 줌→경매로 넘어
  가는 것을 싸게 사서 되판다. 관청에 있는 사람이 꼼짝 못 한다.

- 申子辰에 酉桃花가 있으니 소실 시켜 돈 번다. 이런 사주는 본처
  가 봐준다.

- 말년이 좋다.

- 너무 더워 水를 갈망하니 官이 있어야 하는데 金으로 대용해야 한
  다. 5월 火는 충만한 비를 원하니 대신 에어컨 설치해라→다행히
  酉時이므로 열기가 식어가고 있다→酉金 소실이 처녀가 아닌 유
  부녀(丁火 밑에 있어서)→예쁘겠다(桃花).

- 病藥 : 水가 없으니 金으로 대신해야 한다.

- 通關 : 金으로 해 넘어가게 분산.

- 抑扶 : 내가 강하므로 내 힘을 빼라. 내가 극한다.

- 子水가 오면 日柱의 病도 제거하고 用神의 病도 제거하니 旺者冲
  發하지 않는다.

壬 丙 甲 丙
辰 子 午 申

- 5월 늦장마.
- 先强後弱格.
- 羊刃用劫格.
- 偏官用劫格.
- 子辰水局과 壬水가 있으면 길이 끊긴다고도 보고, 앞길이 막힌다고도 본다. 항상 물이 방해하고 강이 방해하니 먼 길 떠나려면 늘 비가 온다.
- 5월 장마 구름이 걷혀야 하는데 火가 있어야….
- 水로 막혔으니 火로 터줘야 한다.
- 偏官은 장수, 羊刃은 무기인데 장군 옆에 총칼이 있다.
  · 羊刃合殺.
  · 妹氏合殺.
  · 權刃相停.
  · 殺刃相停 : 偏官七殺과 羊刃이 대치하고 있다. 日柱가 약한데 印綬가 用神이거나, 殺이 印綬를 생하면 殺刃相停이 된다. 그러나 이 사주는 殺刃相停이 못 된다. 壬水한테 달래면서 午(丁)火 주겠다고 꾀지만, 午火가 子水에 충받아 상해가 있으므로 기형아를 낳으려고 하느냐고 또 때린다.

3. 병약용신(病藥用神)

① 사주에 많은 것이 병, 적은 것이 약.
② 많은 것의 힘을 빼는 것도 병.

```
戊 庚 戊 己
寅 辰 辰 丑
```

- 偏印格.
- 魁罡格.
- 身旺.
- 魁罡이라도 印綬가 작용해 사람이 순진하다.
- 食傷이 庫藏에 들면 아랫사람이 안 되는데, 자기 앞에서 죽어나가는 사람이 많다.
- 印綬用財格이니 돈 벌려고 공부한다. 만약 학교 계통이라면 상대 교수가 적격이다.
- 寅卯年이 되면 木局이 된다.
- 辰土는 원래 구릉지나 진흙 같은 습한 땅이니 미나리꽝이라도 사 두어라. 현찰이 될 수 있다.
- 土가 病인데 木이 약하니 부모를 떠나야 좋고, 결혼해야 철이 드는데, 아내 말만 잘 듣는다.
- 通關 : 土로 막힌 것을 木으로 분산해야 한다.
- 보석인 金이 땅에 묻혀 있는데 木剋土로 개발하니 빛이 난다.

- 戊寅時 戊土는 土가 강왕하므로 죽은 게 아니다.
- 木運이 좋다. 火運도 괜찮고 金運도 좋다.
- 子運은 子辰水局으로 동짓달이 들어오니 나쁘다. 戊辰 印綬가 子辰 水局으로 변해 어머니가 속을 썩인다. 봄에 태어난 사람이 子水를 만나면 春生我者→金生水로 아랫사람이 요청하나 도와주면 배반 당한다→日支에 三合이 있어 이사수가 있는데 움직이면 나쁘다.
- 申辰合水하니 申이 제일 나쁘다→친구로 日支合이 되니 金生水→ 투자(동업수)→寅木 用神 죽이니 酉年에 친구 잃고 돈 잃는다→ 戌年에 天羅地網 송사→못 이긴다→戌은 火한테 인기는 좋으나 재물은 안 생긴다. 木이 들어와야 한다.

　　　庚 甲 癸 戊
　　　午 午 亥 午

- 先强後弱格.
- 正印格.
- 身弱.
- 印綬와 食傷으로만 구성.
- 印綬用印格.
　・지나치게 착하고 순진하고 박력이 없는 게 병이다.
　・뿌리가 없고, 부모에게만 의지한다.
　・사주에 印綬가 없거나 너무 많으면 게으르다.
- 調候 : 10월 날씨가 가뭄에 찌들고 지나치게 높아 개나리가 피었다.

- 病藥 : 火가 病이고 水가 藥이다. 癸亥 水用神 중에서도 亥水가 用
  神인데 癸水가 戊癸合되었다.
- 진로는 예체능 계열 교육자인데 甲木이지만 火가 많아 잘 휜다.
- 印綬가 用神이니 財星이 오면 貪財壞印이 되어 사업이 안 된다.
- 木이 좋은데 寅보다 卯가 더 좋다. 칼 발 밑에 차고. 卯木→羊刃에
  다 劫財→어깨가 벌어지고 힘이 생긴다.
- 충되면 나와 인연이 없다고 생각해라.
- 身弱하니 사업해도 돈을 받지 못한다. 사업하려거든 마누라 시켜
  서 받아라. 그러나 印綬格이라 체면 지킨다고 마누라 안 시킨다.
- 水(亥)運이 좋다. 水生木하지 못하니 子運은 직접은 안 좋으나 간
  접 子午沖으로 좋다.
- 이 사주가 天上三奇가 못 되는 이유는 순서가 뒤바뀌고, 庚金이
  죽고 戊癸合이 되어서다. 天上三奇 중에서 己土만 빠졌다. 己土는
  혼자서 모든 기를 다 갖고 있다.

        丙 丙 丁 丁
        申 子 未 巳

- 傷官格.
- 身旺.
- 火가 病→가뭄에 찌들어 있다. 낮은 길고 밤은 짧고
- 水剋火로 억제해야 한다.
- 申金 財官이 구전→부귀겸전.

- 관직으로 가야 申驛馬. 驛馬 중 가장 높은 사람(교통부 장관).
- 민간직이라면 申驛馬. 시내버스 사업 운송조합장(驛馬殺은 장이므로).

```
丁 甲 戊 己
卯 辰 辰 丑
```

- 土가 病이다.
- 財多身弱하니 악처를 만난다. 그러나 寅卯運만 되면 충분히 木剋土하니 우리 신랑 최고라 한다.
- 똑같은 財多身弱이라도 卯辰木局(속성속패)이라 성공할 수 있다.
- 半官半民.
- 偏財用劫格이니 卯木에 기대야 한다. 아내만 잘 다루면 성공할 수 있다.
- 酉 만나면 간다. 辰酉合과 酉丑合으로 財殺局을 이루어 처자를 배신한다.
- 辰土가 辰酉合으로 華蓋가 되니 부처님도 돌아앉는다.
- 辰→印綬庫藏→생활하는데 病→수집병(성냥, 수석, 골동품 등)
- 완전한 財多身弱은 아니다.

```
壬 乙 辛 戊
午 未 酉 辰
```

- 偏官格.
- 殺去先食去後.
- 食神制殺格이니 食神이 用神이다.
- 金이 病이다.
- 壬水가 있는데 水生木 받아야 한다고 보지 않는다(증발)→金克木
  을 막는 게 우선이다. 壬水에 水生木 받아서 金과 대치하려면 한
  수가 늦다. 이 운명에서는 壬水가 흉신(火를 방해하므로).
- 木火運이 좋다.
- 火가 무서워 완전한 金克木이 못 들어온다→午未火局 用神→木
  生火 내가 생하는 지혜로(상대방 힘을 이용해서 내 꾀로).
- 진로는 벼슬(傷官, 윗사람 이용 官金을 녹이는 것).
- 日支가 왕하면 泄氣는 比肩이나 劫이 나쁘다.
- 日支가 약하면 食神制殺格은 比劫이 좋다.
- 亥水는 좋은데, 子水는 직접 죽이므로 丑보다 나쁘고, 丑未沖은
  한 바퀴 설기시켜 죽인다.
※ 乙未와 己土를 官으로 用神을 못 쓰는 이유
  ·己土는 전답인데 그 주위에 나무가 있으면 농사를 짓지 못한다.
  ·燥土는 메마른 땅이니 나무를 심으면 土가 죽는다.
  ·얼어붙은 땅에도 나무를 심으면 木이 죽는다.

　　己 己 戊 己
　　丑 卯 辰 巳

濕土인 辰土가 있으니 木을 쓸 수 있다. 辰土를 빼고 巳나 午를 넣으면 아무리 身旺해도 木으로 用神을 삼을 수 없다. 메마른 땅이라 나무가 살 수 없어서 그렇다.

$$己\ 己\ 辛\ 庚$$
$$巳\ 卯\ 巳\ 午$$

이 사주는 얼핏보면 金으로 설기해야 할 것 같으나, 메마른 땅이라 金을 생할 수 없으니 火土를 따라가야 한다. 乙木은 活木이자 生木인데 金인 가을이 되면 서리를 만나 잎이 떨어진다. 易은 운기를 따르는 학문이므로 절기를 잊으면 안 된다.

4. 통관용신(通關用神)

① 막힌 것을 터주는 것(金木→水, 水火→木).
② 많은 것을 제거해 주는 것(분산).

$$戊\ 戊\ 甲\ 癸$$
$$午\ 寅\ 寅\ 亥$$

– 偏官格.
– 일복 타고난 사람.
– 月에 偏 자가 들어가면 무조건 성질이 급하다.

- 偏官이 得旺하거나 得局하면 偏官인 木한테 끌려다닌다.
- 財生殺格은 1원이라도 먹으면 걸리니 뇌물은 비상이나 마찬가지고, 죽도록 일하고 공은 남에게 돌아간다.
- 身弱하니 印綬가 있어야 한다.
- 偏官用印格은 알아야 면장이라도 한다는 말이 있듯이 취직하고 싶거든 공부해라.
- 정월에 보이지 않는 냉한이 지배하니 午火가 用神이다.
- 木이 病이고 火가 藥이다. 木을 설기시켜야 木生火한다.
- 抑扶 : 日柱 약하므로 火生土.
- 通關은 木과 土가 서로 싸우니 火로 시켜라.
- 어머니가 보호해 주고, 공부해야 한다. 用神運에서는 누구나 크게 발전하는데, 이 사주는 火生土 해봤자 燥土이므로 조금 나아질 뿐이다. 土의 생명은 뭉치는 데 있으니 뭉치지 못하면 소용이 없다.
- 木과 燥土가 합세하여 木剋土하면 바람과 함께 사라진다.
- 火가 用神이므로 火土를 만나야 水木하고 균형이 맞는다. 그러나 寅木은 寅午하므로 좋으나 濕木인 卯는 나쁘다. 卯는 자기 桃花→卯年에 여자 잘못 건드리면→亥卯하면→뒷통수(년과 월은 뒤) 맞는다고 한다.
- 명예를 제일 좋아한다.
- 직책을 주면 열심히 한다.

　　甲 丙 辛 癸

　　午 申 酉 丑

- 이 사주는 日支의 亡身만 봐도 알 수 있다.
- 正財格이 변해서 偏財格과 財多身弱이 되었으니 처음에는 착해
  도 상대할수록 욕심이 많아진다. 제 밥도 못 찾아먹으면서.
- 正財用劫이라 인내력, 관리력, 지구력이 없다.
- 身弱하니 申金이 丙辛合하라고 해도 겁나서 못한다.
- 財多身弱이 깨졌으니 처가와 아내 컴플렉스가 있다.
- 8월에 냉한이 너무 심하니 午火로 調候해야 한다.
- 공부는 도중하차한다.
- 金이 많은 게 病이고 午火가 藥인데 부족하다.
- 身弱하므로 抑扶로 도와줘야 한다.
- 金이 많아 막혔으니 午火로 通關시켜야 한다. 같은 午火라도 8월,
  동짓달, 섣달 午火가 다 다르다.
- 본인 用神은 악만 남았다는 소리 곧잘한다→또 日支 亡身에.
- 여자라면 시어머니가 둘인 곳으로 시집갈 팔자이므로 시어머니가
  하나인 집이면 또 시집간다.
- 財多身弱하니 무조건 財生殺格이다.
- 아내 눈치 보기 바쁜데 丙火라 잘 본다.
- 火用神에 木火運이 좋다. 그런데 巳運은?→본래가 正祿인데 正祿
  은 배신을 하므로 믿는 도끼에 발등 찍힌다.
  · 巳申刑이니 처음에는 길하나 나중에는 흉하다. 驛馬殺이라 巳 친
  구집에 가다가 사고가 생긴다. 官災는 巳火 때문에 일어나니 巳
  火를 믿으면 안 된다.

己 丁 丙 丁

酉 丑 午 未

- 배다른 형제가 있다.
- 印綬가 없으니 자수성가해야 한다.
- 月에 祿을 놓으면 丙火가 투출하니 建祿格이나 比劫格이 된다.
- 身旺財旺格.
- 水가 없으니 귀격은 아니지만 富格은 이룬다.
- 金으로 국을 이루었으니 알부자며 현금이 많다.
- 財星이 用神인 사람은 결혼만 하면 좋아하니 장가부터 보내라.
- 학생 같으면 돈 주면 공부를 잘하는데 財星이 用神이니 남녀 공학
  으로 보내라. 이런 사람은 丙火가 내 돈을 자꾸 노리므로 밑으로
  만 숨지만, 丙火가 羊刃과 湯火이니 안 주면 죽인다고 난리다.
- 5월 가뭄에 더운데 에어컨 가동.
- 꽃피고 결실 맺고.
- 火가 病이고, 金이 藥이다.
- 火金이 서로 싸우는데 金으로 通關시켜 준다.
- 火는 金이 病死地이므로 通關이 된다. 그러나 己土나 丑土를 通關
  시키면 안 된다.
- 食神生財格이니 인심 쓰면서 돈 버는데, 아랫사람이 벌어주고 쓰
  면 쓸수록 잘 벌린다.
- 생산이나 제조업이 좋다.
- 丙丁火日 金이 투출하면 대부가 된다. 이 운명은 투출하지 않았어

도 투출한 것과 같다.

- 丙丁은 地支에 火局이 있어도 丙丁이다.
- 財庫가 있으니 더욱더 부자가 되는데, 헌 돈도 좋아한다.
- 巳酉로 財局을 놓으면 長生이 되어 새 돈만 좋아한다.
- 金과 水가 길하다.
- 丑戌庫逢→開庫(財庫 열리고). 戌未 財庫刑沖되어 도둑 들어온다
  (午未合, 午戌合이 도둑놈).
- 27세 癸酉年에는 財官이 들어오니 결혼수 있다. 癸水가 좋은 沖.
- 身旺하고 官이 길한데 官이 충하면 원수가 은인이 된다.
- 金水 작용이 좋아 교통사고가 나도 헌 차를 새 차로 바꾼다.
- 比肩이나 劫이 閑神을 제거해서 독식.
- 젊고 운이 나쁠 때 군대 보내라.

　　戊 丙 壬 壬
　　戌 子 子 申

- 偏官格 偏官이 당권.
- 食神格, 食神制殺格, 殺去先食去後.
- 여자라면 개가할 팔자다. 壬水가 시집오라는데 戊土 때문에 못 간
  다고 한다.
- 시집가서 남편만 가라고 한다. 일단 자식 낳았으니(官食鬪戰).
- 전생(壬)에 지은 죄 이생(戊)에서 음덕 쌓고 빚 갚아라(土剋水).
- 官殺인 고조할아버지 산소에 물 들었다.

- 뿌리 없는 팔자라 성도 바꿔 살고, 부모와 자식 사이에 소송한다.
- 土가 부족하니 찬바람만 쏙쏙 들어오고, 수압이 높으니 곧 제방이 무너지겠다. 세상살이가 항상 초조하며 불안해 전깃줄에 앉아 있는 참새 같다.
- 제방이 무너지면 그 아래도 무사할 수 없으니 형제까지 피해본다.
- 丙戌日柱라면 官食鬪戰 아니다.
- 偏官七殺 다루는 법
  ①木으로 水生木하고
  ②比劫, 羊刃(미인계)→壬水가 어려서 싫다고(庫藏에 들어있고, 꺼진 불).
  ③土剋水로(마지막 카드).
- 꽁꽁 얼었으니 土剋水로 調候해야 한다.
- 食神制殺格, 制殺太過格은 病藥으로 보는 게 제일 쉽다.
- 자율신경 계통이 마비된다.
- 寅木은 좋고, 卯木은 나쁘다.
- 여자라면 자식이 用神이다.
- 官殺 기피증 있어 시집은 한 번밖에 안 간다.

　　　戊 庚 癸 丁
　　　寅 戌 丑 酉

- 金水冷寒.
- 寅戌火局이 있다.

- 12월 난방 잘된 집에서 셔츠 바람에 왔다갔다한다.
- 부귀를 겸전한다.
- 傷官이 있어 先濁後淸格이 되었다.
- 丑戌刑은 오히려 좋다.
- 大器.
- 庚과 丙(법정, 음성 테너).
- 木火運이 좋다.
- 羊刃年에 사고난다.

　　乙 甲 丙 丁
　　亥 午 午 未

- 주머니에 구멍이 났다.
- 인정이 많아 퍼주다가 아무것도 못한다.
- 泄氣태식(저 죽는 줄 모르고, 불 속에 뛰어들다)
- 뼈 없이 좋기는 하나 실속이 없다.
- 傷官 할머니가 둘인 것은 할아버지한테 물어봐라.
- 食神用印.
- 沖破가 없는데 사주의 격이 깨졌다.
- 寅木日柱면 일반적으로 寅亥로 六合하는 게 우선이지만 5월이므로 寅午가 먼저다. 설사 寅亥合하더라도 다시 木生火로 가니 亥水까지 끌고갈 필요가 없다.
- 木焚 직전→7년 大旱에 밤이슬 받아먹고 산다.

- 수입1, 지출5.
- 내가 가르친 제자들이 내 위에서 대장 노릇을 한다.
- 인물값이나 좀 하지.
- 日柱가 약하니 나를 생해줘야 한다.
- 열매가 없다.
- 무조건 공부하고, 어머니가 노력을 많이 해야 한다.

$$乙\ 甲\ 辛\ 癸$$
$$亥\ 寅\ 酉\ 巳$$

- 음지 나무라 調候가 안 된 것 같지만 寅中丙火가 있어 調候되었다.
- 자기 주관이 뚜렷하다.
- 甲寅木을 辛酉金으로 잘 다듬었다.
- 寅巳刑 안 봐준다.
- 시집가면 남편이 외조를 잘 한다.
- 正官用官格.
- 8월 온도 약간 상승 金으로 조정.
- 木이 病, 金이 藥.
- 木이 많으니 金克木.

※ 참고
- 地支로 用神이 강해졌으면 藏干의 本氣로 부른다.

- 藏干 중에서 寅中丙火, 申中壬水, 巳中戊土, 巳中庚金, 亥中甲木, 未中丁火, 丑中癸水, 丑中辛金은 用神이 될 수 있다.
- 사주가 균형을 이루기 쉬울수록 좋은 명조가 되고, 어려울수록 삶이 힘들어진다.
- 食傷이 用神일 때는 食傷運이나 財運에 발하나 食神制殺格에서는 肩劫이 用神을 생할 때도 좋다.
- 印綬가 用神인데 太弱하면 官運에 用神을 생하여 좋을 것 같으나, 日干을 극하는 것이 우선이므로 발전할 수 없다.
- 用神이 沖・刑・傷・制되거나 入墓・病死・絶地에 임하면 불리하다.
- 대운과 세운이 함께 와서 用神을 상하게 하면 생명까지 위험하다.
- 대운과 세운이 用神을 도와주면 최상의 명이 된다.
- 대운과 세운을 대비해서 합과 沖도 모두 살펴 추명해야 한다.
- 印綬格 구성 요건과 응용
  · 印綬格은 원래 正印格과 偏印格으로 나누지만 印綬格이라 통칭한다. 그러나 正印格과 偏印格의 차이가 있다면 正은 정도, 모국어, 원만한 마음, 느긋함, 정직을 나타내고, 偏은 외국어, 급한 마음, 어깨 너머를 나타낸다.
  · 印綬格이 되려면 月에서 印綬를 만나는 게 원칙이다. 木日柱가 亥子月에 태어났거나 火日柱가 寅卯月에 태어났으면 해당한다.
  · 月支를 떠나 있어도 사주에 印綬가 有氣하고 用神이면 해당한다.
  · 또 健旺하고 충이나 刑을 받지 않아야 한다. 그렇지 않으면 일단 격이 깨져 반드시 한번은 실패한다.

※ 상관상진격(傷官傷盡格)

丁 甲 癸 癸
卯 子 亥 亥

丁火 傷官이 필요한데 양쪽 癸水가 水剋火하고 丁癸冲한다. 본래 傷官이 나쁘니 손 좀 보라 했더니 아주 죽이려 한다. 다시 癸亥年 만나면 破了傷官이 되어 아주 죽인다. 내 用神 죽였으니 損壽元이 되어 母子滅子가 되니 印綬가 너무 많아 나를 죽인다.

5. 억부용신(抑扶用神)

강한 것을 억제시키는 것, 강한 것을 설기시키는 것, 내가 때리는 것, 내가 맞는 것도 억제다.

丙 庚 辛 癸
戌 午 酉 丑

－格局：羊刃格
　·偏官이 用神이다.
　·羊刃用官格→時上一位格→장관 사주
－調候：金水冷寒→火用神, 得局 투출. 춥고 배고픈데 火가 적으면
　　나쁘다. 丙이나 午戌로 調候

- 病藥 : 病은 金水고 藥은 火局이다. 약을 조금만 먹어도 잘 낫는다.
- 通關 : 比劫이 많은 사람은 결혼시키면 나아진다.
  · 金多寒冷→火剋金으로 분산→辛金과 丙火가 丙辛合으로 잡아 간다.
- 抑扶 : 身旺하면 억제(金), 身弱하면 도와준다(火).
※ 印綬格과 印綬 用神 : 사업하면 망한다.
- 用印格 : 책 속에 길이 있다.
- 用劫格 : 자기가 알아서 해야 한다.
- 用食傷 : 배워서 가르쳐야 함. 印綬의 목적은 가르치는 것이므로.
- 用財 : 배우는 목적이 돈 버는 데 있다.
- 用官 : 배우는 목적이 벼슬하는 데 있다. 사장, 대장 소리만 하면 좋다고 한다.

乙 乙 乙 癸

酉 巳 卯 亥

- 抑扶 : 身强하니 金克木 日柱가 乙丑이면 火用神. 金用神이면 巳 火가 일단 調候되니 양지 나무로 바뀐다.
- 크게 좋은 사주는 아니다.
- 天干에 比肩이나 劫이 있으면 방해하는 사람이 많아 힘들다.
- 亥卯가 아무리 木局으로 가도 음지 나무로 가면 대들보는 못 된다.
- 꼼꼼하고 확실하게는 한다.

```
壬 丙 庚 丙
辰 寅 子 申
```

- 年 丙火가 申金에 죽고(病宮, 財殺地), 申子水局에 죽어 있다.
- 年 申金이 日支 寅과 寅申 형제 하나가 죽는다.
- 身弱하다.
- 壬水가 투출했으니 偏官格이다.
- 偏官用印格.
- 殺印相生 : 설중매화, 본인 위주, 丙火로 핵이 집결한다. 寅木은 생명선.
- 調候 : 木火로.
- 病藥 : 病은 水 藥은 木.
- 水火相戰은 木으로 通關. 水가 나를 때리려 하는데 丙火가 어찌나 꾀가 많은지 寅木을 내세워 水를 내 편으로 만든다. 적을 내 편으로 만드는 격.
- 甲戌年 作事易成.
- 아무리 正官이라 하더라도 用神을 죽이면 승진하지 못한다.
- 어머니 돌아가시면 하늘이 무너지고 땅이 꺼진다.

```
辛 戊 甲 丙
酉 申 午 申
```

- 月에 正印을 놓았으니 正印格이다.

- 羊刃格.

- 食傷格.

- 日柱가 약하다.

- 正印用印格.

- 傷官用印格.

- 月에 印綬 用神이 있는 사람이 부모 슬하를 떠나면 고생한다.

- 身弱하니 도와줘야 한다.

- 이만큼 공부했으니 됐다고 생각했으나 세상에 나가보니 똑똑한
  辛酉金이 土生金하란다. 印綬 떠나면 어렵다.

- 金多土弱하여 음지 나무가 되었다.

- 필요없는 의리(辛酉金) 지키다 죽는다.

- 戊土는 산이요 己土는 전답인데, 戊土가 약하니 己土로 봐라. 지
  층이 엷고 철분(자갈)이 많은 薄土다.

- 5월 金이 작용하니 5월에 우박이 떨어진다. 계란만한(酉) 우박.

- 金이 病, 火가 藥.

- 12支地 중 가장 나쁜 게 子水다. 貪財壞印 子水財.

- 子水, 5월 장마, 만물 부패.

- 子中癸水가 여자인데 戊癸合하면 집 날아가고, 부모 중에서도 특
  히 어머니를 망신시킨다. 잘못하면 어머니가 충격받아 돌아가신다.

- 日支 三合은 바쁘다. 오라는 곳은 없어도 갈 곳은 많다. 길거리에
  서 돈 잃어버린다.

- 봉급생활자. 교육계밖에 없다.

- 사주에 土金이 많으면 간혹 그림에 재능이 있는 경우가 있다. 그

러나 5월이라 색채감은 좋으나 구도가 좋지 않다. 金 그림은 살아 있는 결실이니 다른 사람 6개월 걸릴 것 3개월이면 다 배운다.

甲 癸 辛 癸
寅 亥 丑 酉

- 旺者宜泄.
- 偏印用傷官格.
- 調候 : 金水冷寒하니 木火가 필요하다.
- 病藥 : 金이 病이고, 木火가 藥이다.
- 通關 : 金으로 막힌 것을 木으로 분산해야 하는데 火까지 좋다.
- 교육.
- 박사 淸格.
- 서울대
- 甲寅時가 이 사주를 빛나게 한다.
- 時平生이 좋다.
- 癸日 寅時이니 刑合格이다. 寅亥合으로 木局을 이루면 刑合格이 안 되어 꽁꽁 묶인다. 그러니 癸日 寅時라고 해서 무조건 刑合格 이라 하지 마라.
- 庚申運 오면 破了傷官은 죽는다. 倒食과 똑같은 작용. 사는 방법은 재산과 명예 전부 버려라. 申運 申年 申日 申時만 피해라.
- 남자라면 운이 나쁘고, 여자라면 일신은 좋으나 남편복이 없으니 자기가 벌어서 먹고 살아야 한다.

- 比肩이 印綬를 달고 왔다. 比肩만 있어도 동업수인데 사업할 사주 아니니 연구도 공동으로 유전공학 쪽을 하는 것이 좋다.

```
丁 甲 戊 己
卯 戌 辰 未
```

- 財多身弱이니 日柱를 도우려면 比劫을 써야 한다. 財가 많으므로.
- 印綬가 없으니 배운 것이 없는 게 흠이다.
- 調候 : 土濕過多를 木尅土한다고도 하고, 土濕이 金을 생해주므로 생을 못하게 木尅土.
- 病藥 : 土가 病이고, 木이 用神이다.
- 通關 : 土가 많아 막혔으니 木尅土해야 한다.
- 旺者宜泄 : 어설프게 아내(여자)를 건드리면 내가 당한다.
- 악산(沖이나 刑이 없으면 고원)의 잡목(甲乙木이 섞임).
※ 財多身弱 : 서출, 사고무친, 거짓말쟁이, 사기꾼, 돈 냄새 맡는 데 는 일등.

```
丁 甲 戊 己
卯 辰 辰 巳
```

- 甲木尅土 선전포고→土多에 木折→木이 土에 포위→辰中乙木, 癸水(부하 졸병도 들어가고 水生木 들어가니 보급). 그러나 卯木에 뿌리를 두어 대치 상태, 木은 水生木이 들어와야 살 수 있으므로

본부에 구조 요청→壬癸水 이용, 天干이므로 비행기 보급로로 낙하. 그러나 天干의 水가 水生木을 하지 못한다(丁壬合, 戊癸合, 己土로 土剋水)→그래서 地支 亥水 시켜 巳亥沖. 巳火는 적의 후방 보급로(火生土)→차단(巳亥沖).

- 戊土가 巳火한테 신경쓰는 사이 亥卯木局→세력이 왕성해지니 卯辰合으로 돌았다.

3. 격국(格局)과 통변(通辯)

壬 丙 丙 甲
辰 寅 子 申

- 正官格이 변해 偏官格이 되었으니 행정직이 변해 사법직이 되었다.
- 日支 印綬格.
- 偏官用印格이니 알아야 면장이라도 한다.
- 殺印相生格이니 협상에는 명수다.
- 身弱.
- 설중매화격이니 무조건 공부해야 산다.
  · 탁격은 아니고 中上格.
  · 운만 잘 들어오면 행정·사법 다 합격한다.
  · 寅木의 헌신 : 어머니의 공이다.
  · 핵이 丙火로만 몰아가니 자기 위주로만 사는 사람이다.

·사업은 절대 안 되고, 직장이 최고 사법이다.

·病은 水이고 藥은 木인데 土가 있으면 土가 藥이다.

　　戊 戊 辛 辛

　　午 申 卯 卯

- 正官格.

- 傷官格이 작용하면 직장에 권태를 느낀다.

- 傷官生財하는 운에 장사를 시작한다.

- 身弱하므로 관리 능력이 없다.

- 印綬가 用神이니 역학 공부를 하는데 상식이 많으니 꾀로만 한다.

　·日柱가 약한데 官이 金克木되어 사주가 가벼워졌다.

　　甲 丙 辛 戊

　　午 寅 酉 辰

- 月에 桃花 뿌리가 있으니 서출이다.

- 正財格.

- 食神用財.

- 身旺財旺하니 거부가 된다.

- 印綬格이니 착하고 부모덕 있다.

　·丙辛합으로 부모 유산 다 받는데, 日柱가 왕하면 지킬 수 있고,
　약하면 받자마자 까먹는다.

· 연애결혼한다.
· 日柱가 왕하므로 土生金하여 傷食이 財를 생하면 돈은 저절로
  들어오니 쉽게 벌어 인심 쓴다.
· 8월 꽃이니 국화가 만발하여 전시회에 출품하면 대상받는다.
· 火는 꽃이고 金은 열매니 끝까지 책임지는 사람이다.
· 평생 卯酉가 상충하지 않으면 좋다.
· 丙火 내가 잡아먹으니 辛金이 用神이다.

        甲 癸 辛 戊
        寅 亥 酉 辰

– 官印相生格.
– 印綬格이니 청귀하며 학자 집안, 학자 팔자, 선비형이다.
– 戊辰土로 正官格이 되었다.
  · 도처에 귀인.
  · 甲寅 傷官이 身旺하니 食神格과 동일하다.
  · 水日柱가 원류가 깊고 막힘 없으니 청귀한 명이다.
  · 順局(五行 다 갖추고 있다→寅中丙火).
  · 서울대 이과 가겠다.
  · 用神은 木인데 사주가 깨끗하니 재물 욕심 부리지 마라.

        庚 庚 己 乙
        辰 申 卯 亥

- 亥卯가 財局을 이루어 正財格이 되었다.
- 富格.
- 專祿格.
- 처음에는 약하나 나중에는 강해지는 身旺格이니 무조건 자수성
  가한다.
- 身旺財旺하다. 正財는 큰 부자는 없으나 財局을 형성했으니 관계
  없다.
  · 申子水局으로 가면 日柱가 약해지나 辰土는 金을 키워준다. 또
   이 사주에는 子水가 없고 壬癸水가 투출하지 않았다.
  · 2월 차가운 金이니 서리가 눈처럼 많이 내려 木火가 있어야 한다.
  · 金日柱가 金이 많으니 광권을 소유한다.
  · 印綬가 있으면 교원 자격증을 갖고, 구성이 좋으면 빌딩도 갖는다.
  · 時上에 比劫을 놓으면 말년에 실패한다.
  · 己土 印綬가 壞印되어 학업은 중도에 그친다.


```
丙 乙 甲 辛
戌 卯 午 未
```

- 專祿格.
- 身弱
  · 앉은 자리가 財庫다.
  · 未가 急刻殺이다.
  · 기분파며 木日柱이니 음악을 좋아한다.

· 調候를 잃었다.

· 月에 食神이 있어 食神格인데 傷官格으로 변했다.

· 印綬가 없으니 일에 순서가 없고, 부모덕 없다.

· 5월에 꽃이 만개했는데 열매가 없으니 용두사미격이다. 중간에
   프리미엄 붙여 팔아라. 끝까지 가면 안 된다.


```
丙 甲 癸 癸
寅 寅 亥 亥
```

− 正印格.

− 專祿格, 歸祿格, 身旺格, 淸格, 順局格, 三象格.

− 木火通明格이다. 身弱은 木火通明이 안 된다.

− 食神有氣.

　· 20대 박사

　· 10월 나무에 꽃이 만발하니 명진사해한다.

　· 寅中丙火는 꽃봉오리다. 丙火가 지면 寅中丙火가 또 올라온다.

　· 天干 丙火는 만개한 꽃으로 사철 내내 꽃이 핀 형상이다.

　· 水는 通關시키나 金은 극하니 水보다 金이 더 나쁘다.


```
己 辛 甲 癸
丑 酉 寅 亥
```

− 正財格.

- 身旺格, 專祿格.
- 寅中丙火 때문에 身旺財旺하니 財生官한다.
- 淸格으로 부귀를 겸한다.
  - 서울대 경제학 박사로 일국의 예산을 좌지우지한다.
  - 튼튼하고 깨끗하며 견실하다.

        乙 庚 甲 癸
        酉 申 寅 亥

- 偏財格이나 충이 있어 격이 깨졌다가 身旺財旺하여 다시 격을 이룬다.
  - 일단 격이 깨지면 그 자체만으로도 한번 실패한다. 고생을 아는 사주다. 앞 사주는 고생을 모르고 운명을 믿지 않는 사람이다.
  - 貪合忘沖. 日柱가 강할 때, 약할 때는 소용없다.
  - 부부 가정 못 지킨다. 月上 甲木이 본처→먼저 있는 것이 본처. 乙木 애인→桃花 위에.
  - 甲寅木이 원체 강하고 똑똑하며 처가가 튼튼하다.
  - 자수성가하다보니 아내 콤플렉스가 있을 수 있다.
  - 정월 木이라 해가 저물 때이니 木이 약하고 金이 강하다
  - 甲寅木이 없으면 傷官으로 가니 傷官이 財星을 생하여 쉽게 돈 벌고 기분 낸다.
  - 土가 없으니 자제력이 없다.
  - 욕도 잘 한다. 편으로 다스리고.

己 乙 辛 癸
　　卯 丑 酉 丑

- 偏官格.
- 身太弱하다. 偏官이 七殺로 변해 七殺格이 되었다.
- 財殺太旺格이니 항상 초조하고 불안하다.
- 격이 깨졌으니 밑바닥을 기어라. 여자라면 죽도록 일해주고 누명
　쓰고 쫓겨난다. 또 陰八通이니 예뻐 항상 남자에게 쫓겨다닌다.

　　丁 乙 辛 壬
　　亥 亥 亥 辰

- 正印格, 身旺, 破格.
- 母子滅子格이라 부모가 자식을 버린 격이니 공부를 못 한다.
- 浮木이라 떠돌이며, 음지에 있는 나무다.
- 梟神殺이 있으니 아버지가 辰亥 원수다.
　·술독에 빠진 놈이 내 남편이다.
　·丁火 꽃이 별이 되어 희미하게 꺼져 가는데….
　·丁火가 숨통. 그러나 水剋火 당해 답답. 하는 짓거리가.
　·乙木은 바닷속 해초처럼 부드러우니 춤은 잘 춘다.

　　戊 戊 庚 己
　　午 戌 午 未

- 印綬가 국을 이루어 正印格이 되었다.
- 身太旺.
- 稼穡格인 것 같으나 燥土로 火土重濁格이 되어 土生金을 못 한다.
  · 종교계로 귀의해라. 印綬가 크니 큰 절로. 신부나 스님 팔자(목사
    는 안됨. 처자가 있으므로).
  · 혹은 예체능계.

戊 丙 戊 戊
戌 午 午 戌

- 炎上格, 羊刃格, 火土食神格.
- 火土重濁格이니 종교에 귀의하는 것이 우선이다.
  · 꽃만 무성하지 되는 일이 없다.
  · 앞 사주가 훨씬 좋다.
  · 子丑運을 만나면 정신에 이상이 온다.

壬 丁 癸 己
寅 巳 酉 丑

- 偏財格(酉丑 金旺 金局) 偏財가 당권(마누라, 아버지).
- 財多身弱格이며 財生官하여 살까지 된다.
- 丁壬이 불화하니 용두사미가 된다.
  · 꽃은 작고 열매는 크다.

· 寅木 用神(印綬 用神일 때 財는 원수)→貪財壞印

· 잘 해야 3수로 후기 전문대에 들어간다.

· 소화 능력 부족.

· 아버지가 자식을 버려놨다.

· 8월에 기온이 갑자기 내려간다.

· 못된 송아지 엉덩이에 뿔난 격으로 공부는 못하면서 여자 꽁무
 니만 따라다닌다.

· 天干에 壬癸水 떴으니 하늘이 금방 시꺼매진다.

· 음지 사주라 근심걱정 떠날 날이 없다.

· 火는 원래 金을 이기는데 金한테 갔다가 혼만 나고 오니 성질만
 나빠진다.


```
庚 丙 辛 辛
寅 申 卯 酉
```

- 辛酉 노끈이 튼튼하다. 60甲子 중 가장 깨끗하다고 과시.

- 辛卯의 卯木→印綬가 牛山之木→刑沖받아 다쳤다.

- 月에 印綬를 놓아 正印格인데 착한 것이 病이다.

- 財印鬪戰.

- 財多身弱, 火金相戰, 각개 행동한다. 충을 받는데 합이 없다.

- 偏財用印格이다. 돈 벌고 출세하고 예쁜 여자 만나고 싶으면 공부
 해라.

· 丙火가 볼 때 아버지와 비교하면 어머니가 못나 보인다.

- 寅木은 충당했는데(길러준 어머니) 계모를 모시는 형상이다.
- 부모의 싸움 속에서 자라 정서 불안하다.
- 성장 후 공부하지만 잘해야 재수해서 전문대 간다. 印綬가 충을 받아 선생도 많이 바꾸고 전학도 많이 다니면서 고문관이나 깡패가 된다.
- 아버지가 산만하게 있고 충을 받았으니 아버지도 못났다. 게다가 天干에 떠서 잘난 척 하고, 또 金白虎가 있다.
- 처궁이 습하는데 鬼聞의 충을 맞으니 4번 결혼한다.
- 身弱하고 寅木 印綬가 用神인데, 寅木도 충을 받으니 상처 있는 用神이다.
- 水와 土가 안 보인다. 만약 水가 오면 丙火를 죽이므로 土가 와야 한다. 사주가 조화를 이루려면 土가 있어야 한다.

　乙 庚 戊 庚
　酉 午 寅 午

- 得令은 못 하고 得勢만 했으니 1/4만 得勢한 셈이다.
- 偏財格이 변해서 偏官格이 되었다.
- 財生殺格이라 내 것 주고 뺨맞는다→日柱가 약할 때만 통용(從殺하면 아니다). 酉金 때문에 從殺 안 한다.
  - 다된 밥에 코 빠트리는 격이다.
  - 官으로 열매 맺다가 열기로 쓰러진다.
  - 백혈병, 자율신경 마비, 빈혈, 폐, 일사병, 뇌일혈이 따른다.

- 金이 전깃줄이라면 火는 전기인데 火가 너무 강해 퓨즈가 나가
  는 격이라 뇌일혈이 따른다.
- 火가 많으면 간염이 잘 생긴다.
- 정월 기온이 이상하게 올라가 개나리꽃이 핀다(눈에 보이지 않게
  계절을 역행, 逆局).

　　丙甲壬己
　　子子申亥

- 水局으로 변해 偏官格이 안 된다.
- 7월 장마에 浮木이 되어 전국이 비좁다고 돌아다닌다.
- 亥卯未生이 子 만나 桃花가 중중하다.
  - 여자라면 물 따라 신랑을 따라다니고, 丙火가 꺼졌으니 자식 농
    사 안 된다. 낳아봤자 딸이고 어쩌다 아들 낳아도 몹쓸 자식이
    다. 여기다 印綬가 너무 많으면 무자 팔자다.
  - 丙火가 꺼졌으니 자궁폐쇄증에 걸린다.
  - 己土 고모가 죽었다. 亥中甲木이 고모부다.

　　己辛辛壬
　　丑酉亥寅

- 傷官生財格.
- 淸格이라 재벌은 못되지만 金에서 水로 逆局하니 알부자는 된다.

· 壬寅 : 水木이 공존하니 壬水가 죽는다. 水木이 공존하면 寅中戊 土가 土剋水한다.
· 寅亥破는 보지 말고 합만 봐라.
· 酉中申金은 金水 쌍청을 이룬다(성격 : 깨끗, 진로 : 종교, 건강 : 金水冷寒).
· 똑똑하고 잘났다.
· 月의 亥中壬水 傷官인데, 身旺하고 水生木을 잘하니 食神格으로 바꿔봐라.
· 得令은 못 했으나 得地와 得勢하고 天門星이 있으니 영리하다.
· 나를 생하는 食神이 있으니 추리력·상상력·예지력·투시력이 있다.
· 金生水 水生木으로 가니 무에서 유를 창조한다.
· 핵은 木局이며, 자세히 보면 丙火까지 본다. 조상을 꿈에서만 봐 도 재수있으니 선조봉사 잘해라.
· 財官同臨은 총가득자(金日柱라서 더더욱)→官이 用神이니 빨리 낳아야 좋다.
· 亥水가 없으면 못 나간다.
· 巳火가 숨통을 막고 길을 막는다.

　　庚 庚 庚 庚
　　辰 辰 辰 辰

- 天乙日貴格이 甲乙年을 만나면 爭財하니 나쁘다. 장가 못 간 군인 들 속에 여자를 들여보낸 꼴이니 난리가 날 것이다.

- 地支에 一貴, 一德, 4魁罡.

　　庚　庚　丁　癸

　　辰　申　巳　亥

- 丁火가 개두해 偏官格이 아니라 正官格이나 巳亥沖으로 격이 깨졌다.
- 專祿格이며 身旺하다.
- 金實無聲이라 평생 큰소리 한번 못치고 산다.
- 官食鬪戰이니 여자는 매맞고 살고, 남자는 형제간에 소송이 벌어진다.
  - 주중에 丁巳가 있는데 丁癸沖이나 巳亥沖으로 깨지면 앞을 못 본다. 丁巳火는 심장과 눈을 관장하기 때문이다. 그러나 주중에 丙午가 있고 壬子를 만나면 그렇지 않다.
  - 丁火가 用神이고, 金이 病이다.
  - 丁巳火가 病을 고쳐야 하는데 그나마 약한 丁巳가 癸亥한테 쫓기고 있다.
  - 빛을 비추다 마니 얼굴이 새까맣다.

　　戊　庚　辛　丁

　　寅　申　亥　巳

- 食神格.

– 내가 부모 자리를 생해야 하니 자수성가해야 한다.
– 교직이 좋다.
– 日支專祿格.
– 四位純全格.
 ·국제적으로 놀아라.
 ·傷官과 食神은 官을 충하고, 丁巳를 부모형제 자리에서 충하니
  반란하는 형제가 있다.
 ·寅湯火 부인, 驛馬, 객살(甲寅年), 干沖支沖.
 ·庚申 하나만으로 도로신(도로 길).
 ·뿌리가 하나이니 고독한 사주다.

     壬 丙 丙 甲
     辰 子 子 申

– 壬水가 투출했으니 從殺格인데 棄印從殺格이라 나를 버린다. 이
  는 印綬가 病이라는 뜻이니 어머니와 같이 살면 안 된다.
– 같은 從殺이라도 三合이라 장관급은 된다.
– 身旺官旺과 똑같이 취급한다.
 ·從으로 따라감. 변신→아무것도 없는 사람이 水에 들어가 가슴
  에 火를 품고 있다.
 ·金水運.
 ·법계, 외교관, 1급 從殺, 아프리카로 가면 죽는다.
 ·從했으나 천성은 버리지 못하므로 예의는 있다.

·浮木은 子水가 시키고, 亥水는 고인 물이다.

　　　壬 壬 壬 壬
　　　寅 寅 寅 寅

- 天乙 一貴.
- 壬日壬時 壬趨艮, 干支同体, 兩神成象.
- 從兒格.
　·과학기술고등학교로 연결.
　·寅中丙火가 좋으니 木火運이 좋다.
　·각기 짝을 하고 있다→舒配
　·의사나 박사보다 연구기관이 좋다.

　　　乙 乙 丙 丁
　　　酉 巳 午 未

- 傷官格.
- 巳酉金局으로 偏官格도 된다.
- 최약격 : 火따라 가려니 金이 방해하고, 金 따라 가려니 火가 방해
　한다.
- 食傷이 病이니 시집가야 된다.
- 無根之木(성씨도 바꿔 산다).
- 官食鬪戰이니 젊어서 매맞으며 사는 팔자다→金克木을 왜 하느냐

하면 火尅金하니까 金克木.

· 너무 더운데 巳酉金局 에어컨이 있어 좋다.

· 예쁘게 생겼지만 食傷이 많아 얼굴이 흘렀겠다. 그러나 말년에
  酉로 잘 다듬어져 자식이 시집보내 주겠다.

· 食傷이 많으면 첫 자식 낳고 이별한다.

辛 丁 甲 戊
丑 酉 寅 辰

- 印綬格이며 日柱가 약하다.

- 偏財가 많으니 印綬가 다시 用神이다. 財多身弱으로 다시 집으로
  온다.

- 丁火가 酉丑金局 만나면 춥다.

- 身旺財旺하나 日柱가 조금 약하다.

- 꽃을 피워 결실을 맺을 만하다.

- 格用이 같으니 소년시절 꿈이 끝까지 간다.

- 酉丑金局에 辛金이 투출했으니 십중팔구는 부자다.

- 음성이 높은 것이 흠이나 명랑하며 순진하고 착하다.

- 처음에는 印綬이지만 크면서 욕심 부린다.

- 지구력과 인내력이 약한 것이 흠이다.

- 日支에 桃花가 있으니 멋쟁이다. 火日柱는 멋쟁이다.

- 욕심 부리면 안 되고 순진하게 살아야 좋다.

- 月에서 印綬를 만났으니 공부벌레고 부모덕이 있다.

- 月에 財를 놓고 時支에 印綬가 있으면 공부하는 요령도 모르고, 공부하다가도 가끔 재물 욕심이 생긴다.
- 진학은 무난하고 문과로 가야 좋다. 이과라면 의대로 가라.
- 日支가 三合하는 해에 군대 간다. 장가는 癸巳年에 가는데 친구의 덕으로 애인이 생기고, 巳火驛馬와 酉丑金이 있으니 해외에서도 가능하다.
- 처가가 잘사는데 아내 콤플렉스도 있고, 워낙 순진해서 여자 콤플렉스도 있다.
- 日柱가 약간 약하므로 딸 낳은 다음에 아들 낳는다. 만일 卯月이면 내리 딸만 낳고, 丙火日柱면 아들 먼저 낳는다.
- 巳酉丑이 三合하는 해에 日支에 변화가 생긴다.
- 寅午戌年에 변화가 생긴다.
- 寅이 귀인인데 동쪽과 남쪽에 있다. 나쁜 방위는 서쪽이며, 신띠가 제일 나쁘다.
- 4·9金이 나쁘다.
- 申年·申月·申日에는 驛馬와 地殺이 들어오니 운전 조심해라. 과음하지 말고 항상 몸을 따스하게 해라.
- 언제든지 三災가 福三災(寅)인데, 申子辰에 寅卯辰이 三災다.
- 반대로 辛酉年에 三災 역할이 된다.
- 庚申年이 위험하다.
- 甲木이 寅木에 뿌리를 내렸으니 寅木을 죽여야 甲木도 죽는다.
- 因妻敗財.
- 丑財庫를 놓고 酉丑金局을 이루어 아내가 항상 아프다고 한다.

- 이 사주의 기운은 金에 집중되어 있다.
- 天干 甲木이 用神이다.
- 木火運은 좋으나 巳火는 나쁘다.
- 戊午대운에 자립해서 나가지만, 己未대운에 甲己合으로 用神合去
  하니 다시 들어온다.
  ※ 孤蘭殺
  甲 乙 戊 辛 丁
  寅 巳 申 亥 巳
- 丁巳 : 말 잘하고 달변.

　　辛 丁 辛 戊
　　丑 丑 卯 申

- 卯木이 用神인데 너무 약하니 년운이 나쁘면 아주 가고, 년운이
  좋아도 크게 발전하기 어렵다.
- 대운과 세운이 싸우면 고래싸움에 새우등 터지는 격이 된다.
- 죽는 운에 미치거나 신이 들리면 죽지 않는다.
  ※ 庫에서는 辰이 가장 나쁘다.
  · 火→戌 : 여름이 가을로 간다.
  · 金→丑 : 가을 金은 겨울에도 쓴다.
  · 木→未 : 나무는 寅木의 未庫는 겨울생이 여름이므로 나쁘다 할
  　　　　　수 없다.
  · 水→辰 : 겨울생이 초봄이 되면 쌀쌀한 물이 된다.

丁 丁 辛 辛

未 酉 卯 酉

- 偏印用劫格이니 성질을 곱게 써야 좋다.
- 日柱가 약하다.
- 偏財用劫格이니 허욕을 부리면 망한다.
- 財印鬪戰인데 丁火日柱 酉金이 卯를 극한다. 여자는 시댁과 친정
  이 노상 싸우는데, 財星이 많고 印綬가 적으면 시댁이 친정을 무
  시하고, 印綬 많고 財星이 적으면 친정이 시댁을 무시한다.
- 똑똑하지도 않은 아버지가 어머니를 못살게 군다.
- 月은 후원(뒤뜰) 年·月은 뒤(좌), 日·時는 앞(우).
- 격이 깨져 하는 일이 실패하기 쉽다.
- 卯木 印綬가 집인데 3·8木으로 3번은 집을 팔아먹고, 셋방살이한
  다. 未대운에서 卯未가 木局을 이루어 내 집이 되지만, 木의 庫藏
  이니 찌그러진 한옥이다.
  ·陰八同이 있으니 부부궁이 나쁘고, 官이 안 보이니 남편 없는 팔
  자인데 있어도 없다고 생각하니 외롭고 고독한 사람이다.
- 시작은 있으나 끝이 없어 펼쳐만 놓고 수습하지 못하는 팔자다.
- 2월 냉한이니 춥고 배고픈 팔자다→2월에는 바람이 많으니→당신
  은 바람을 잘 타요.
- 財多身弱이니 육친덕 없고, 시어머니가 둘이고, 서출이고, 일찍 부
  모를 잃는다. 남의 집 밥을 먹고 자라면서 공부는 도중에 하차하
  고, 일찍 돈 벌려고 뛰어들지만 내 돈이 아니다.

- 木이 죽어 간이 나쁜데, 金官殺이 많으니 간염을 조심해야 한다.
- 日柱가 약하니 기본 체력이 딸려 소화도 안되고, 하루 일하고 이틀 쉬어야 한다. 자연유산도 심하여 자식을 두기 어렵다.
- 合이 하나도 없으니 가족이 흩어져 살고, 일하는 것도 모듬이 없이 한다.
- 乙未大運까지는 좋으나 丙火가 申金을 달고 들어오니 丙申大運부터 나쁘다.
- 초년 官運이 壬辰대운이라 이성을 일찍 안다.
- 여자는 官運에 생리를 시작하는데 너무 일찍 들어왔다.
- 癸巳대운에는 남자 따라 도망간다→巳酉丑에 午桃花라 火대운에 잘 작용한다.
- 天干이 金이고 地支가 木이라 木이 자라지 못하는 현상이 생겨 어머니의 키가 너무 작다.
- 弱馬駄重 : 약한 말한테 무거운 짐을 지운 형상.

　庚 癸 壬 丁
　申 亥 寅 亥

- 傷官格.
- 無官格.
- 身旺格.
- 木旺.
- 身旺하며 너무 똑똑하다.

- 간을 상징하는 木이 왕하니 배짱이 좋고, 傷官格이니 배짱이 좋다.
- 무거운 것은 官인데 傷官이 官을 치니 무서울 게 없다.
- 寅亥合木局으로 간덩이가 부었다.
- 내가 생하는 것이 배짱이면서 身旺하다.
- 寅中丙火가 있으니 자식(木) 하나 좋다.
- 木이 用神이니 아들과 연애하는 팔자다.
- 여자 사주는 핵심이 남편이다.
- 食神이 왕하여 傷官이나 食神 역할을 한다.

　　丙 甲 癸 戊
　　寅 寅 亥 子

- 癸水 투출했으니 正印格이다.
- 正印用食神格.
- 배우는 목적이 후배를 양성하는 것이다.
- 적성은 교수다.
- 진로는 공직·학교·연구직이 좋다.
- 상·중·하 중에서 상격(학장 이상 총장 이하)
- 건강은 100점이지만 위장과 치아를 조심해야 한다.
- 병으로 죽는다→주중 王者의 病→간암→무엇이든지 많으면 암,
  太旺한 사람은 경화된다. 그러나 水와 火는 예외→아무리 단단해
  도 물에 넣으면 녹는다(水)→아무리 단단한 물체도 불에 넣으면
  녹는다(火)→水火는 용해 작용→火日柱가 火氣가 태왕하면 화병

에 걸린다. 외양내음(오르락 내리락)→적.

– 만병의 근원은 추운 데 있다.

– 약 먹지 말고 운동해라. 운동하면 체온 오르고 보약 먹은 듯하다.

– 성격이 대쪽 같다.

– 淸格이라 뇌물을 먹지 않고 꼿꼿하다.

– 신 중에는 학자신이 대장이다.

– 명예가 우선이다.

– 財祿은 좋으나 재물복과 돈 욕심이 없다.

– 木火通明格이라 자신의 몸을 태워 온천지를 밝히는 마음이 있다.

– 박사→의학(湯火) 寅, 심리학(내가 생, 傷官, 食神) 天門星. 문학(食神, 印綬 겸하고 있다).

– 마지막 꿈은 제자가 이뤄준다.

– 아이디어(기획실, 연구, 광고).

– 火用神이면 결실을 맺기 어렵다.

– 처궁과 자손궁이 나쁘고, 아비 없는 자식 키우기 쉽다.

– 土剋水로 土가 떠내려 갔으니 아버지는 할아버지에게 인정받지 못한다.

– 할아버지 유산이 나한테 오고, 자신도 손자를 끼고 돈다. 한 대씩 건너뛰어 잘되는 사주다.

– 戊土 아버지는 戊癸合이 되어 다른 여자와 논다.

– 戊辰年에는 子辰으로 돈 나가고, 문서가 있으나 휴지에 불과하다.

– 未運에는 亥未木局을 이루어 아내가 없어진다.

辛 戊 己 己
酉 辰 巳 巳

- 木이 남편인데 없고 身旺하다.
- 戊土가 산인데 풀 한 포기 없다.
- 辛酉는 보석이나 광산이다.
- 日柱 旺하고 金이 用神인데 木이 남편이니 소실팔자다. 서로 絕地
  가 되므로 소실로 살아야 행복하다.
- 여자가 比劫이 많으면 빼앗기느냐 빼앗느냐가 문제다.
- 戊土 여자 남편은 甲乙木인데 甲木은 아름드리 나무고, 乙木은 작
  은 나무다. 본인은 甲木을 원하는데 甲己合으로 가버리니 남편을
  빼앗긴다.
- 日柱가 왕한데 내가 생하는 食傷에 桃花가 있으니 뒷문이 열렸다.
  食傷은 여자의 생식기에 해당한다.
- 만약 壬戌時라면 桃花가 없어졌으니 혼자 산다.
- 辛酉時라면(음 자식 딸) 미스코리아 딸→녹방桃花(辛金의 녹→用
  神)→8월은 가장 깨끗한 계절.
- 日時 辰戌 兩相沖託取偏房獨守空→辰戌은 魁罡이므로→일시에
  만 해당.
- 魁罡은 기생이니 魁罡殺이 있으면 기생 오야봉이 된다.
- 日支에 財庫를 놓았으니 재물복은 있다.
- 辰酉合金, 巳酉合金하니 아무 데나 파도 보석이 나온다. 그러나 庚
  申時면 다르다. 庚申은 철강이고 辛酉가 보석이다→申辰合水되면

보석 캐려다 물 만나는 격.

- 이때는 食神보다 傷官이 더 좋다.

- 癸水日柱가 寅이 傷官이면 머리 회전이 빠르고, 卯가 食神이면 水
  木이 응결되니 寒木이다.

■ 거관유살격(去官留殺格)

```
甲 甲 己 壬
子 申 酉 午
```

- 官殺이 당권.

- 午火 酉金으로 制官한다.

- 申子가 合水하니 殺印相生格이다.

- 壬子와 癸丑대운에 발복한다.

■ 합관유살격(合官留殺格)

```
甲 甲 己 壬
子 申 酉 辰
```

- 辰土 財가 酉金官을 합하여 財官을 생조한다.

- 청한 가운데 탁격이 되었다.

- 辰土가 病이다.

– 가난한 선비격이다.

丙 乙 癸 戊
戌 未 亥 子

– 일자 흉사→戌中辛金(白虎, 火庫 속에 들어있다).
– 乙日 丙戌時 남자는 다 큰 자식이 연애자금 달라는데 안 주면 죽는다. 戌中辛金이 다 크면 위로 올라오는데 火가 죽여버린다.
– 乙未 白虎大殺이 있으니 아버지가 횡사하고 처첩이 음독한다. 甲辰도 앉은 자리에 財를 놓아 여자가 잘 생겨 아내가 자살한다. 그러나 月에서 亡身을 만나면 거꾸로 아내가 바람을 피우고, 여자는 늙은 남편을 만난다.
– 남자는 桃花까지 있어 나를 극하니 4번 장가간다.
– 戌未가 있으니 수술을 받아보며 자식 안 되고, 財星이 刑하니 내 돈 쓰고 구설에 오른다. 이런 사주는 바람만 피면 들통나고, 旺者 刑發이 된다.
　·燥土와 燥土刑이니 土가 많은 것으로 봐라.
　·만약 丑辰이 들어오면 적어지는 것으로 봐라→子辰 辰戌刑과 子丑 丑戌刑이 있어 나쁘다.
– 印綬用財格이니 火土가 좋고, 水木과 金은 나쁘다.
– 財生官하니 官까지 욕심내는 팔자가 아니다→燥土生金 불능
– 여자라면 재복만 있고, 관복은 없다.
– 金을 필요로 하지 않기에 官運이 더 나쁘다.

- 沖과 刑은 적은 것은 더 적어지게 만들고, 많은 것은 더 많아지게 만든다.
- 空亡에서도 旺者勿空, 衰者眞空. 旺者沖刑→發, 衰者沖刑→拔宿虎沖發.
- 月에 印綬 놓아 인품이 좋은 선비며 연구기관이 좋다. 財星이 用神이지만 燥土라 장사는 안 된다.
- 亥(印綬), 未(財)→木局→뿌리, 자립(財가 변해서 肩·劫)→원래 浮木인데 결혼하고 자립해서 똑똑해졌다.
- 乙木이 水를 만나면 수경재배가 적합하다.
- 印綬가 桃花면 옷걸이가 좋고, 기생오라비다→亥卯未 子桃花(장모 봉양).
- 子辰이 水局을 이루어 돈 나가고 문서 들어오나 用神을 죽이니 휴지 조각에 불과하다.
- 辰戌沖하여 戌土가 돈인데 내가 당하게 되어 있다→물물교환(正財이므로)→사업하려고 함정인 줄 모르고→子辰水局(함정)→물 건너갔다.
※ 急刻殺
    춘 : 亥子, 하 : 卯未, 추 : 寅戌, 동 : 丑辰.
※ 合으로 변하는 것은 내가 하고 싶어 하는 변화고, 沖으로 변하는 것은 내가 하기 싫어도 해야 하는 변화라 억지 부리면 쫓겨난다.
- 정이 나쁘게 작용하면 正道不通(正財, 正官, 正印, 比肩이나 劫 등).
- 戊辰이 子辰水局을 이루니 내 마누라 내 마음대로 못 한다.
- 己巳대운에는 火生土해서 좋으나, 癸亥가 印綬이니 무슨 일이 있

어도 사업한다고 한다→財가 와서 印綬를 극하니(깨끗한 마음은 없어지고).

- 庚午대운에는 天干이 忌神이라도 地支가 좋으면 좋다→午未合은 庚金 자식이 살아난 것만큼 좋으나 丙戌 白虎 때문에 일찍 죽었다. 자식을 위해 재단이라도 차린다.

- 辛未大運은 10월이니 그런대로 괜찮다.

- 壬申大運은 壬丙沖하여 죽는 운이라 교통사고나 물귀신이 잡아갔다.

- 젊을 때는 악운이라도 그런대로 버틸 수 있으나 늙어서는 어렵다.

- 乙未는 자체가 庫이니 마누라 때문에 못살겠다. 아내가 아들 보기 창피하니 차라리 죽으란다. 庫藏으로 죽는 것은 병들어 죽는 것이다. 약물을 조금씩 투여할 수 있다.

- 乙丑은 官庫이니 남편 때문에 죽겠다고 한다.

- 火土日柱에 子未 元嗔 있으면 산고가 따르는데 하혈이 심하다.

- 늙어서는 財星이 絕地에 앉아도 죽을 수 있고, 아주 늙어서는 日支가 三合해도 간다.

　　甲 甲 丙 己
　　戌 子 子 亥

- 이는 중앙대 초대 총장을 지낸 임영신의 사주다. 亥卯未 桃花가 2개나 있으니 통속적으로 보면 기생팔자다.

- 印綬格도 되나 時偏財格이다.

- 자식이 없고, 독신, 장관격(이 박사와 구설).
- 土가 필요해서 중앙대라 했다(5·10土).
- 水는 검은 것, 戊土가 돌(흑석동).
- 丁卯年에 比劫에 빼앗긴다. 또 羊刃에다. 기생팔자와 장관 사모님
  팔자 거기서 거기다.

    庚 丙 丙 戊
    寅 戌 辰 寅

- 土가 많으니 땅을 좋아한다.
- 食神格이 변해서 寅辰木局 이루었으니 印綬格이다.
- 食神은 내가 먼저 사주고, 印綬는 꼭 받아먹으려 한다.
- 身强하고 3월 태양이니 晦火가 아니다.
- 火土食神 心廣体相→혈압.
- 키는 몽땅하고, 얼굴은 둥글넓적하다.
- 華蓋가 있으니 개종하고, 형제간에 불화한다.
- 戌中丁火 형제 하나가 이미 죽었다.
- 사업가→官(辰中癸水) 땅속의 癸水가 시시하다→자식 농사 안 되
  고, 辰中癸水가 땅속에 있는데 辰戌沖해서 나오니 戊土가 土剋水
  로 잡아먹는다.
- 暗藏된 것이 드러나면 비밀이 들킨다.
- 辰土가 水의 庫藏(官庫 : 시시하게 생각).
- 동업하면 실속 있다.

甲 辛 癸 壬
午 未 丑 申

- 印綬格이나 겨울이므로 金水雙淸格, 金水冷寒格이다.
- 身旺하니 官殺이 있으면 食神은 내 편이다.
- 金水 傷官을 만나 火剋金으로 들어오는 것을 水剋火로 막아주니 水多金沈으로 보지 마라. 약하지 않다.
- 官殺이 강하고 午未가 用神이니 時上一位格인데 午未가 국을 이루어 장관 사주가 되었다.
- 陽男 순행→木火 필요하면서. 12월생 木火 用神(火用神)은 타인(寅卯月生)보다 대운이 10년 이득.
- 食傷이 같이 있는데 正偏이 혼잡하니 先濁後淸格이다. 申金 比劫이 같이 있어 탁격이나 개천에서 용난다→先濁後淸格은 모두 개천에서 용난다.
- 辰戌丑未는 開庫→길. 辰戌丑未는 四庫之局 沖, 雜氣財官格, 飛天祿馬格.
- 辛金을 보석으로 보면 午未火局은 조명이나 빛이 눈이 부셔 못 보겠다.
- 辛金이 전깃줄이라면 午未火局은 전기로 세계적으로 중추 역할을 한다.
- 壬癸水 역할은→불에 제련된 金은 水(물) 속에 담았다 꺼내야 한다→규격(쇠의 부피)이 맞아야 한다.
- 종으로 비유하면 은은한 종소리→壬癸水(공기) 따라 퍼진다.

- 흠이라면 甲木이 庫藏에 있어 木生火하고 午未合하여 자식 낳고
  아내가 죽는다.
- 乙木이면 예뻤겠으나 甲木이라→丑月 甲木이 午未가 있어 예쁘긴
  하나 地支에 있어 속살이 예쁘겠다→또 甲午 자체가 紅艶殺이다.
- 만약 辛金이 아니라 庚金이라면 火局을 용광로로 본다.
- 60년 대운이 오는데 戊午대운이 가장 좋다.
- 壬癸水 구름이 끼었는데 戊土가 土剋水한다.
- 己未대운에는 己土가 水를 극하기에는 조금 약하다.
- 未가 財庫이므로 돈까지 들어온다.
- 庚申대운에 죽는다.
- 壬癸水가 金水冷寒으로 나쁘지만 강도 조절이 필요한 사주다.
- 癸丑 白虎는 어머니와 할머니다.

    癸 己 丙 壬
    酉 酉 午 辰

- 겉은 단단해 보이나 속은 푸석하다.
- 建祿印綬格이 月에서 印綬를 만나면 착하고, 박력 없고, 부모덕
  없다. 卯亥가 月에서 인수를 만나 印綬가 比劫으로 변하면 박력
  이 있다.
- 食神用印格이라 배워서 가르치려 하나 학생이 더 똑똑하니 다시
  배우고 와라. 인정이 많은 게 흠이고, 쓸데없는 의리 지키지 마라.
- 貪財反禍格이니 사업은 절대 안 된다. 사업하면 있던 귀인도 떠나

는데 時干 癸水가 눈에 아른거려 운명적으로 하게 되어 있다. 辰酉合하여 金生水하면 壬丙沖으로 印綬가 얻어맞으므로 日柱가 약하다. 신용 잃지 마라. 그러면 다 잃어버린다.

– 욕심 부리면 큰일 난다.

– 財星이 忌神이니 여자 조심해라. 어떤 일을 하든 여자가 끼어들면 다 깨져버린다.

– 무슨 일을 하든 부모와 상의해라. 본인의 능력을 가장 잘 아는 사람이 부모다.

– 부부가 해로하지 못하겠다→어머니 丙火가 丙壬沖去해서 또 正偏財혼합→나이 많고 魁罡이고(드세고) 과부(辰中乙木으로 딸 가졌다)라서 그렇다→劫財 위의 여자→癸水는 애교가 많으니 좋다→自刑은 안 봐준다. 辰午酉亥가 다 있어야 自刑이다→桃花 중중(園內桃花도 있고, 印綬桃花도 되고).

※ 日支 桃花는 年을 기준으로 본다.

　·時支에 桃花가 있으면 말년에 딸 같은 여자와 바람난다.

　·園內桃花：日支를 기준으로 月에 桃花 놓은 것→유부녀.

　·印綬桃花：기생오라비, 장모 봉양.

　·月令桃花：年 기준 月桃花→어머니가 재취, 재가.

– 時干에 악신이 있으면 截路空亡과 같다. 天干에 악신 있으면 되는 일이 없다(癸).

– 일조량이 부족하니 피다만 격이 되어 덜 떨어진 사람이다.

– 土가 박한데 土生金이 심하니 지층이 얇다. 평생 남한테 이용만 당하고 자기 노출이 심하다 결국은 뒤통수 얻어맞는다.

- 정에 약해서 이용만 당한다(약한 사주).
- 印綬가 用神이면 어머니 치마폭 떠나면 죽는 줄 안다.
- 건강은 소화 능력이 나쁘고 몸이 차가운 것이 病이다.
  - 위하수→土生金으로 심하게 설기해서 밑으로 쳐졌다.
  - 위궤양→水가 많으니까(金水로 몰아서 봤다).
- 무조건 배를 따뜻하게 해라.
- 냉하여 활동하기 어려우니 절대 찬 것은 먹지 마라.
- 木이 안 보이니 간이 나쁘다.
  ※곤명이라면
  - 木이 없으니 夫星이 없다.
  - 신랑 없는 팔자며, 설령 있다 해도 마음에 와닿지 않는다.
  - 신랑 이전에 친정어머니 구실까지 해줘야 정을 준다.
  - 이성 문제에서 土金 傷官→유부남을 사귀어도 의리 때문에 빠져 나오지 못한다.
- 양쪽에 水가 떠있으나 관리 능력이 부족하니 관리 잘해라→더구나 물이라 흘러내린다→가끔 횡재해도 내 것이 아니다.
- 남편 자리를 생하니 남편에게는 헌신적이다. 음식 솜씨→財가 음식인데(水가 음식, 水는 짠 것). 음식이 짜서 문제다.
- 자식궁은 桃花 자식으로 처녀 포태며 부정 포태다→남의 자식 키워주고.
  ※ 여자 官食同臨(日支로 합해 들어오면)
  - 酉가 2개이니 2번 낳는다.
  - 酉桃花이니 닭띠 딸 예쁘겠다.

· 여자가 月 印綬가 用神이면 친정덕이 있다.

· 부모 자리에 있으니 부모가 똑똑하다.

· 친정부모 돌아가시면 유산도 들어온다.

- 乙巳大運

· 여자가 초년에 官運이 들어오면 나쁘다.

· 사주가 나쁜데 초년운에 財官이 들어오면 일찍 돈 벌러 나간다.

· 午火가 중중한데 官運이 들어와 이성을 빨리 안다.

· 火生土 하나 들어오고, 土生金 세 개 나간다.

- 甲辰大運

· 甲己合, 辰酉合→이성(찰떡궁합)

· 이때 만난 인연은 헤어졌다 해도 마음은 甲辰年에 만난 사람에게 있다.

· 辰土 깔아 甲木 남자 잘생기고 키 크고 통통하나 유부남이다. 사리분별 없을 때 걸려들었다.

- 癸卯大運

· 卯酉→인연 다했다

· 甲辰대운에 들어온 인연 癸卯대운에 헤어진다.

- 壬寅大運

· 본 팔자가 후실 팔자인데 地支로 들어오면 소실로 연결.

· 寅午戌 火局으로 원수가 은인이 되는데, 寅이 驛馬이니 여행 중에 만난 동양 사람이다

· 湯火가 있어 안 만나주면 죽는다고 공갈치지만 地支로 들어오니 죽지 않는다. 그러나 乙丑湯火로 들어오면 진짜 죽는다.

- 辛丑大運
  - 丑午(꺼지는 줄 모르게 꺼지고).
  - 丙辛合, 만권 정지.
  - 丙火 어머니가 바람났다.
- 庚子大運
  - 子午沖으로 죽는다.

```
乙 乙 乙 戊
酉 酉 卯 申
```

- 水火가 없다. 水가 있으면 金生水, 水生木하여 金木이 싸우지 않을 텐데.
- 金木相戰格.
- 建祿用劫格.
- 調候不實格.
- 二月強風格.
- 無花果格→多者無者.
- 외로운 운명.
- 저는 똑똑한 줄 알아도 그렇지 않고. 나무에 올려놓고 흔드는 격.
- 調候도 안되고, 성질도 고약하다.
- 2월 서리가 눈처럼 내렸다.
- 인간의 괴로움을 많이 겪어야 한다→꽃도 없고, 꽃 없는 열매는 필요 없다→日柱가 약하니 官이 많아도 없는 거나 마찬가지다.

- 사업하면 백전백패하고, 직장도 마음에 맞는 곳이 없다.
- 身弱 사주가 月에 뿌리를 내렸으니 부모가 쓰러지면 별 볼일 없다.
- 말년이 보잘 것 없다.
- 庚申大運부터 열중쉬어.
- 木이 죽으니 간장병이다.
- 時上 乙木은 쳐주지도 않는다.

　　　丙 乙 己 庚
　　　戌 丑 卯 辰

- 建祿用劫格.
- 財殺太旺格.
- 財多身弱格.
- 虛花無實格.
- 惡山雜木格.
- 先强後弱格.
- 세력을 확장해야 하고.
- 印綬가 없으니 부모덕 없다.
- 月에 比肩이나 劫을 놓으면 장남이나 장녀지만 日柱가 약하니 역
　할을 하지 못한다.
- 남자는 죽도록 일하고 배신당하고, 여자는 내 것 주고 뺨 맞는다.
- 가정에서마저 따돌림.
- 財多身弱이면 뜬구름 잡고 산다.

- 財가 湯火에 丑戌刑.
- 자식 : 앉은 자리 官庫(乙日 丙戌時 : 연애자금 달라는 자식).
- 時上 傷官 : 이름 불리는 운명(남자도 마찬가지).
- 일 시켰더니 망쳐놓아 시킨 사람이 수습한다.
- 木生火, 火生土로 도니 머리는 좋으나 깊지 못하다.
- 印綬도 없으니 시작이 없다는 뜻. 모든 것을 나부터 시작해야 한다.
- 악산의 잡목이며 탄광의 불쏘시개니 비참한 팔자다→땅은 넓은데
  나무는 십 리에 하나씩(외롭다)→이 나무는 굽어서 큰 나무(곡).
- 日柱가 약하니 사업하면 안 되고 직장생활이 최고다.
- 경거망동해서는 안 된다.
- 여자 조심하고, 돈 욕심 부리지 마라.
- 인정 많아 푼수 없이 퍼준다.
- 건강은 간이 약하고, 위 수술받고, 소화 능력이 부족하다. 누구나
  日柱가 약하면 소화 능력 부족하다.
- 木이 부족하니 채식이나 분식을 해라.
- 얼굴은 木 자형과 결혼해라.
- 庚辰運
  ·財殺運이다. 正官과 正財지만 日支가 약하므로 財殺로 본다.
  ·건강.
  ·부모 사랑이 뭔지 모르고 자란다.
  ·어린아이가 짐이 무겁다.
  ·압박과 설움을 받으며 자라온 몸.
- 辛丑運

· 三合하니 집을 나간다

· 乙辛冲(모든 것과 이별).

· 巳丑金局으로 金克木하니 내가 얻어맞는다.

· 동서에서 나를 치고 들어온다(몸 아프고, 배신당하고).

· 충치도 생기고, 몸에 칼 맞고 다닌다. 운전하면 꼬나박는다.

‒ 壬午運

· 나쁘다. 水木이 필요한 팔자로 火土가 좋은 게 아니다.

· 午 나쁘고, 壬水는 떠있는 물로 水生木하지 못한다.

· 壬水가 午火의 絶地다.

· 壬水가 있어 줄 사람은 생각도 않는데 김칫국부터 마신다.

· 겉보기에는 부자같지만 가난뱅이다.

· 하나 들어오고, 3~4개 나가고.

· 丑午 미치기 일보 직전 元嗔 : 원망, 원수(세상이 다 원수로 보인다).

· 午戌火局 : 꽃은 무성한데 열매는 없고.

· 火局 : 가뭄에 시달린다.

· 戌(내돈), 午(부하), 午戌合(합은 움직이는 것).

· 부하가 와서 戌土 좀 움직이자고 하나 아랫사람 말 따라 돈 움직이면 손해다. 안 들어온다. 가지고 도망간다. 日柱가 약하므로.

· 午桃花 : 여자 조심. 여자 때문에 미친다. 이 여자 예쁘다(午火가 紅艶殺). 木生火 지출만 생기고.

· 囚獄殺(申子辰에 午, 子午冲→하극상)→官災. 여자와 말 조심, 아랫사람 때문에.

· 패소당한다.

- 癸未運

  ·水生木하지 못한다.

  ·乾水 이슬만 받아먹고 목추김 해야 한다.

  ·丑未沖→타의 변화.

  ·戌未刑→돈과 여자에 官災 연결(財가 받고 그것이 나쁠 때).

  ·내 돈 쓰고 병신되고.

  ·수술수.

  ·未가 자기 庫藏(沖刑까지 하면서 卯未가 합하여 木局을 이룬다. 죽었다가 살아났다. 入墓하여 墓宮 작용이 나온다. 財(여자 때문에 폭삭 늙었다(몰라보게).

  ·흰머리 생긴다.

  ·卯未木局은 좋으나 丑戌未 三刑 때문에 나쁘다.

- 甲申運

  ·甲木이 申(칼, 톱, 살)을 달고 왔다.

  ·옆 사람이 칼을 들이댄다(꼼짝없이 배신당함).

  ·날벼락, 친구가 모략, 날 물고 늘어지고.

  ·天干으로 시작해서 地支로 끝.

  ·추풍낙엽→財殺당권→(처자에 배신당한다).

  ·地殺, 亡身→길거리 망신.

  ·驛馬. 남의 일로 甲 출장, 여행.

  ·날벼락.

  ·가을이라 申辰水局은 木을 생하기 어렵다.

- 乙酉運

· 66세는 金木이 서로 싸우니 친구 때문에 골병들어 죽는다.

　壬　壬　丁　庚
　寅　子　亥　申

- 처, 丁火 殺地 위. 合多沒火.
- 亡身 위의 처.
- 驛馬 위의 여자.
- 沒火→약한 불(철 안 든 여자)→마누라 바람둥이.
- 金水 태왕→의처증(比劫 많고) 의심, 배다른 형제.
- 참모격(水生木으로), 남의 돈 벌어주고→아이디어 맨.
- 물이 많으니 나가서 써야 하는데 土가 없으니 水生木으로 설기해
  야 한다.
- 망망대해에서 등대 역할을 할 팔자다. 寅中丙火는 등댓불이고, 木
  은 긴 것이다.
- 남의 일은 멋지게 해주나 자기 일은 엉망이다.
- 못난 똑똑이(身旺). 여자라면 남편은 모두 죽치니까.
- 물이 많아도 沖刑이 없어 파도가 없는 게 다행이다.
- 寅卯空亡으로 자식이 土에 떠내려 간다.
- 火物貴則貪이라 火를 원하니 여자만 보면 좋아한다. 또 財星이 필
  요하니 아내만 보면 마음이 싹 녹는다.
- 水가 강하니 정력이 풍부해 두 번 결혼해도 바람피운다.
- 壬水日柱에 丁火 부인은 바람둥이였다(申中壬水, 亥中壬水, 壬子,

時上壬水)→첫 여자는 4번 시집가야 하는 사람을 만났다.

- 숨통은 寅木으로. 힘 빼기 작전으로 나가라.
- 건강은 기본 체력이 있으니 별탈 없다. 다만 火가 약하니 시력에 문제 있고, 水가 차가우니 몸이 차다. 그러나 水氣가 왕하니 土가 와도 土剋水하나 日柱가 강해 건강 걱정은 없다.
- 戊土를 좋아한다. 寅午戌이 움직이는 부적이니 개를 키워라.
- 戊子(羊刃運) 초년 20년 고생.
- 己丑運에는 急刻殺 들어오고, 水局을 이루어 土가 떠내려가니 운이 나쁘다. 아무리 공부해도 印綬 庫藏, 官運 잘해도 서울대 가기 힘들다. 취직해서 주경야독한다.
- 庚寅運은 100% 좋다. 天干에 흉신이 있어도 地支가 길신을 달고 들어오니 나를 도와주는 귀인을 만난다.
- 辛卯運은 庚寅運 50%도 안 되고 子卯刑까지 있다. 木局이 귀인이니 水生木으로 잘 빠지고, 木生火까지 연결되어 돈도 들어오고 여자도 생긴다. 驛馬와 地殺까지 있으니 국제파다.
- 壬辰運에는 子辰이 水局을 이루어 친구한테 배신당하고, 아내는 도망가는데 壬辰 魁罡에게 간다→질병은 혈압이나 풍→急刻殺까지 봐줌.
- 辰(旺者入墓)→주중에서 왕한 게 入墓되면 생명도 위험하다. 같은 入墓라도 甲辰이면 오히려 좋다. 壬辰→水局, 甲辰→木局(卯辰)이 된다. 한쪽으로 쏠린 것을 旺者入墓라 한다.
- 癸巳運에는 寅巳刑, 巳亥沖하여 寅亥合木局을 파괴한다. 水를 충하므로 많은 물이 요동치는데 파고가 높다→沖 : 난류와 한류가

교차한다. 물이 끓는다→하루도 편할 날이 없다→이 중에 申年
이 걸리면 寅巳申三刑이 된다.

- 경신생(庚申生)이라 환갑잔치 하면 안 되겠다.
- 食神이 用神이면 印綬는 倒食運이 되어 고집이 너무 세 크레믈린
  이라는 소리를 듣고, 비밀이 많다.
- 바람을 피우면 마누라와 끝장난다.
- 水→腎氣→神氣로 연결→壬辰大運 같은 때→청각(이고)→귀에서
  소리가 난다고.

　　　庚 丁 丙 丁
　　　子 丑 午 未

- 丁未日柱라 바람둥이다. 羊 : 五氣, 샘이 많고, 쌤통. 죽어도 안 지
  려고 한다. 財가 되면 먹는 욕심. 공부 욕심이면 좋을 텐데.
- 丙午는 겉으로는 강해 보이나 약한 불이다.
- 丁丑이 白虎·湯火·鬼門이다. 남자가 이렇게 湯火에 걸리면 여자
  를 조심해야 한다. 그렇지 않으면 죽는다고 난리다.
- 火日柱라 배우지 않아도 영리한데 丙火 때문에 죽을 지경이다→
  진짜로 미치게 만든다(丑午 鬼門關→친구와 형제한테 콤플렉스
  있다.
- 日支에 財庫를 놓아 욕심이 많고, 여자가 꼬이는데 연상이다. 실컷
  돈 써보고, 아무리 나이가 많아도 무릎 꿇린다.
- 庚子가 앉은 자리 傷官→金水 傷官, 子丑水局.

- 印綬 안 보이니 자수성가해야 한다.
- 月에 比肩과 劫을 놓아 장남인데 두 번째 태어난 장남이다. 첫 번째 月上 丙火가 있으나 내가 장남 노릇을 한다.
- 형제 중에서 제일 출세했다. 子丑水局이 丁火 것이지 丙午나 丁未 것이 아니다.
- 旱天甘雨→가물어 찌든 하늘에 비가 줄줄→이 사람만 보면 갈증이 해소하는 듯.
- 建祿格도 되나 比劫格도 된다. 그러나 時上一位貴格이라 先濁後淸格으로 장관 팔자다.
- 흠이라면 경쟁자가 많다는 것이다. 자극이 필요하고, 원수가 귀인이다. 가정적으로는 財庫가 있어 아내한테 잔질이 많다.
- 서북운에 크게 발전하고 동남운에 패퇴한다.
- 장관이라 놀아도 장관하고만 논다.
- 처자가 用神이니 장가도 잘 가고 자식도 잘 둔다.

4. 양인격(羊刃格)

- 月에 羊刃이 있다.
- 天干의 比劫도 포함된다.
- 陽日柱에 국한한다.
- 戊土日柱는 未月도 포함한다.
- 羊刃은 比劫이므로 身旺하면 흉하지만 身弱하면 오히려 좋다.

- 羊刃의 성격은 육친을 상하게 한다. 무조건 장남이나 장녀인데 소
  년소녀 가장이 될까 걱정이다→眼大髮强, 임전무퇴, 戰而不降, 부
  達男兒. 횡사하나 空亡이면 상관없다.
- 羊刃은 飛刃이 있으면 殺이 풀린다.
- 직업은 생사를 좌우하는 경찰·군인·법관·의사가 좋다.
- 羊刃이 태왕하면 羊刃無格이 된다. 羊刃無格은 불구, 상지, 고용인,
  고기 장사(즉석 닭요리)→성격이 잔인하다(말할 때 칼 소리부터
  한다. 무섭다. 깡패다).
- 羊刃은 무기(총, 칼)→偏官이 있으면 무기를 다루므로 오히려 좋다.
- 저 혼자 똑똑하니 처궁은 나쁘다.
- 羊刃은 日柱에 3개뿐.

　　辛 丙 丁 丁
　　卯 申 未 酉

- 丁火가 酉金에서 죽는다. 丁火는 長生인 酉時에서 살아나지만 세
  력을 봐서 죽은 것으로 본다. 丁未月에 죽었다가 살아난다.
- 丁未(고집, 쌤통).
- 申酉戌生은 未가 과부되는 날이다. 月에 과부살. 未時라면 또 과
  부시→日柱를 몰라도 과부살.
- 丙申→丙申은 병신이다→申中壬水와 庚金이 財殺地다.
- 辛卯는 牛山之木이라 木 작용이 별로 없다.
- 卯申 鬼門關.

- 6월 丙丁火는 從하지 않을 뿐 강한 게 아니다.
- 辛金이 日支 申金에 뿌리를 내려 어머니 卯木을 자른다.
- 合局이 하나도 없으니 각각 행동하여 일에 모듬이 없다. 申金이 방해해 卯未도 잘 안 된다.
- 正財와 偏財, 比劫이 있어 격이 깨졌다.
- 장가 3번 가고.
- 官이 없으니 직장 틀렸다.
- 官을 택해도 공직은 안 되고 일반 기업체(중소기업→재산 산만).
- 財가 국을 이루면 재벌회사다.
- 財가 亡身이니 忌神 작용을 하는데 길거리에서 망신당한다.
- 본래는 傷官格이나 月上에 丁火가 있으니 羊刃格으로 본다.
- 月에 印綬 庫藏이 있으니 어머니의 피를 말린다. 어머니의 속을 썩이는 팔자로 뒤통수에 제비추리가 있다.
- 사주가 모듬이 안 되고 혼탁하니 점수 깍인다.
- 卯未木局을 用神으로 삼는다→木火가 用神→卯木이 갇혀 행세하지 못한다.
- 未土 때문에 卯가 없고 丁이 없어도 從은 안 한다.
- 丁火는 방해가 없으나 卯未木局에 申金이 누른다.
- 연상 여자(丁) 유부녀에게 동정을 바치다→申子辰 酉桃花
- 日支에 財星이 있으니 욕심이 많다. 여자 조심해라.
- 時支 辛金이 丙辛合하자고 들어오는데 卯申合이 안 되니 살림을 못한다.
- 丙丁이 투간했으니 배다른 형제 있고, 술 친구는 많으나 진정한 친

구는 없다.

丙 庚 癸 己
戌 寅 酉 亥

- 己土가 亥水에 絶地를 놓아 亥中甲木과 暗合한다. 財官이 同臨→
  財官雙美(壬午는 낮이므로). 그러나 己亥는 財官雙美에서 제외
  (밤이므로).
- 癸水는 깨끗한 물이다.
- 庚寅이 財殺地이나 日支가 강하면 財官同臨.
- 金日柱가 地支에 火局을 이루면 의사 팔자다.
- 庚丙이 있으니 목소리가 좋고 법조계로 간다. 庚金이 丙火를 만나
  면 偏官이 되므로 법조계와 더 가깝다.
- 月에 羊刃을 놓아 羊刃格이니 무관 출신이다.
- 亥水가 장난, 寅亥合으로 얼마나 작용하는가가 문제다.
- 身旺官旺하면 亥水가 合木局으로 자꾸 가니 日柱가 약간 약하다.
- 日柱가 강하면 用神 잡기가 더 어렵다.
- 庚金이 무쇠인데 火局은 용광로→좋은 그릇, 소리 잘 나는 그릇.
- 癸水는 강도를 조절해야 한다. 金生水로 내 것을 빼앗아가는 것도
  필요악이다.
- 淸格이며 財星도 있으니 고귀를 겸전한다.
- 이런 그릇은 하고 싶은 것 다 해보고 갖고 싶은 것 다 가져보고 운
  명을 부정한다.

- 입각.
- 좋은 소리 듣고 싶어서(장관 팔자 소리).
- 약점은 죽음을 제일 무서워한다는 것이다.
- 日柱가 강약 실수하기 좋은 사주.
- 時干 丙火가 羊刃 辛金과 합하니 매부가 나한테 길작용을 한다.
- 종은 종이로되 보신각 종이다.
- 보석 : 빛, 광선으로 비춰라.
- 庚金이 전깃줄이라면 火는 전기로 국가의 중요 기관이다.
- 卯木을 만나면 나쁘니 토끼띠를 만나면 안 된다.
- 戊辰大運 壬辰年 54세에 영의정이 되었다.
- 오행이 다 있어 좋다.
- 火(丙)剋金 들어온다 해도 癸水가 막아준다.
- 丁卯대운에 卯酉가 충한다.
- 卯는 내가 극하는 財桃花니 소실 때문에 죽는다. 음식이니 약 타서 들어올지도→돈과 여자로 충격받아서.
- 남자 時干이 官(자손이 되면서) 약하고 있으면. 여자 여손→아들 같기도 하고 손자 같기도 한 자식→사주에 있으므로 늦게 보는 자식→丙戌白虎라 寅이 없으면 약하다.
- 여자가 時干에 官이 있으면 늦게 결혼하며 연하 남자다.

己 甲 乙 癸
巳 子 卯 未

- 癸未 : 유색, 土剋水.

- 乙卯 : 木多水縮.

- 甲子 : 水木 응결, 子卯刑→羊刃刑이라 아주 고약하다.

- 月에 羊刃을 놓아 羊刃格이 되었으니 군인 출신이다→羊刃에 刑殺
  까지 있으니 살기가 등등하다.

- 慾敗地만 있어도 바람 피우는데(敗地 : 沐浴殺, 咸池殺, 桃花)→
  바람둥이.

- 木日柱가 身强하니 더하다. 木 자체가 바람이다.

※ 甲己日 巳酉丑時에 태어나 金神格을 이루었으니 암기력이 뛰어나
  고 영리하다.

- 이 사주는 金神格으로 안 봐준다→日柱 身旺格.

- 甲己合化土. 土가 되면 合而格(地支가 전부 土라야). 土가 안 되면
  合而不化(木이 많아). 용두사미격, 시작은 있고 끝이 없다. 오래 살
  지 못한다.

  · 日柱가 강하면 官이 用神인데 巳中庚金(불 속의 金), 金克木 못
    한다.

  · 日柱가 강하면 財가 用神인데 己土→燥土가 되고, 爭財 未土→
    木局으로 갔다.

  · 日柱가 강하면 食傷이 用神인데, 食神이 用神이면 참모격이고, 군
    인이라면 작전 참모다.

- 巳中丙火가 食神→食神有氣勝財官(食神이 잘 짜여지면 어설픈
  財나 官보다 낫다).

- 旺者宜泄→巳中庚金이 偏官七殺이라 본래 호랑이처럼 무서운데

다행히 卯中에 乙木이 합해서 좋은 팔자다. 그런데 불 속의 庚金에다 木이 국을 이루고 있는데 과연 庚金이 무서울까?→旺者宜泄 : 日柱가 강하고 官이나 財가 없을 때만.

```
庚 戊 己 癸
申 午 未 巳
```

- 癸巳(財官雙美, 財官同臨).
- 己未 : 急刻殺, 앉은 자리 桃花, 巳午未.
- 戊午 : 燥土, 2처 혹은 3처, 日支 桃花 작첩, 장모 봉양.
- 陽日柱의 正祿이 더 좋다(庚申). 暗藏 食神을 가지고 있으므로.
- 陰日柱는 暗藏에 食傷이 없으니 성격도 빡빡하다.
- 日柱가 너무 왕하다→年上 癸水는 乾水, 증발(熬乾濁水).
- 癸水가→巳中戊土에 좋지 않으므로 己未, 午(형제, 어머니)에게 볶여서 쫓겨났다.
- 庚申金이 用神(대리 用神)→본래가 水를 좋아하므로.
- 申中壬水로 用神을 삼고 싶다. 현재 투출한 것이 金이니 金用神.
- 술 잘 먹고(목이 타므로 갈증)→日柱 旺(술 먹고 이긴다)→日柱 弱 (술 먹고 못 이긴다).
- 戊土日柱라 술 잘 먹고.
- 火日柱 술에 정신 놓고.
- 日柱가 왕하여 火土重濁이 되어 승려 팔자인데, 庚申金이 土生金 해달라고 기대하나 할 수 없으니 金이 화가 나서 배신하므로 보이

지 않는 벽이 있다. 이때 子가 들어가면 申子水局과 子午沖으로 土生金이 된다.

- 木이 들어오면 傷官見官爲禍百端이 되어 나쁘다.
- 羊刃이 2개나 있어 지나치게 건조한 게 흠이다.
- 손재하고 자식 농사 안 되니 물 따라 살아라.
- 辰土도 좋다(申辰水局).
- 寅申沖으로 用神을 충하니 寅卯木이 가장 나쁘다.
- 食傷이 用神인데 官運을 만나면 백가지 화가 온다.

　丙 壬 戊 庚
　午 寅 子 申

- 羊刃格이며, 申子水局으로 身旺해졌으니 매사에 자신이 있다.
- 水日柱이니 영리하며 처세를 잘한다.
- 庚申 원유가 풍부하니 가물지 않고 자신만만하다.
- 수심이 깊으니 마음도 넓어 따를 자가 없다.
- 막아서 쓰는 물이 아니라 흐르는 물을 쓰는 것이니 공부할 환경만 조성해 주면 알아서 한다. 庚申 어머니가 참견하면 반발한다.
- 이 사주는 戊土, 土生金, 金生水, 水生木으로 가니 제동이 한 번도 안 걸린다.
- 丙火가 핵이며 用神이고, 羊刃用財格이다.
- 羊刃은 군인, 丙午 財는 병참이나 경리다.
- 身旺財旺格, 身旺偏財格, 長星이 있으니 장관격.

- 水火旣濟格으로 낮과 밤이 균형을 이루었다.
- 申子水局으로 추운 사람이 화로를 잘 안았다.
- 앉은 자리 寅木이 通關시키나 寅申沖을 하면 통로가 막히는데 申
  酉運이 숨통을 막으며 들어온다.
- 처덕은 있으나 자식이 부진하니 戌土가 떠내려간다.
- 丙壬沖해도 寅午가 있으니 財星이 用神이다.
- 羊刃이 있으니 자수성가하며 장남이다.
- 건강이 좋고, 운까지 잘 들어온다.
- 巳運은 寅木 通關이 寅巳刑을 맞아 걸려든다.
- 丙火 祿 만났다고 좋아하지 마라.
- 時上 偏財가 아니면 羊刃格을 빼버리고 食神用財格이라 한다. 이
  런 사주는 돈을 쉽게 벌고, 쓰는 대로 벌고, 인심 쓰면서 번다.

　　丙 庚 辛 癸
　　戌 午 酉 丑

- 羊刃格, 身旺官旺格.
- 時干에 偏官이 있는데 用神이면 時上一位貴格이다.
- 庚丙星은 법과 관계있고, 조화가 비상하며 명진사해한다→卯酉戌
  이자봉→의사, 법관(법무장관).
- 청귀격이나 木이 없어 부자는 아니다.
- 양대 정승(자식도 장관).
- 羊刃合殺, 妹氏合殺, 權刃相停, 殺刃相停이다. 身旺할 때는 제거.

比劫(身弱할 때만 써준다).

- 丙火는 용광로 구실을 해야 하므로 묶어놓으면 안 된다.

- 癸水는 강도를 조절해야 한다.

- 본래는 水剋火해서 用神이 병인데 없어서는 안 될 필요악이다.

- 午火桃花는 필요악으로 사람은 끼가 있어야 하는데 자식이 더 끼가 있고, 桃花는 처세도 상징하므로 처세에 일가견이 있다.

- 사주에 財星이 없으면 가정적이지 않다. 아내가 없는 게 아니라.

- 多者無者, 無者多者가 아니다.

- 오로지 직장과 명예가 우선이다.

- 똑똑하며 빈틈없는 사주다.

- 金이 결실을 이루고, 육친으로 火가 결실을 맺는다.

　壬　庚　辛　癸

　午　申　酉　丑

- 官殺이 있으면 傷食은 내 편이다.

- 金實無聲이니 어느 세월에 그릇이 되고, 어느 세월에 철이 들꼬.

- 庚金이 午火를 만나면 紅艶과 慾敗地가 된다.

- 多者無者, 無者多者, 多財無財.

　·제멋대로 거칠 게 없으니 건드리지 말아야 한다.

　·가장 좋은 것은 권투선수다. 해머 펀치, 살인 펀치, 肅殺地氣

　·왕한 기운을 터뜨릴 데가 없다. 샌드백이라도 두드려라.

　·7 : 3이라 어떤 대운을 만나도 균형을 이루지 못한다.

·1년에 한두 달뿐 균형이 안 이루어진다.

- 日柱가 강하여 큰 자리를 원하지만 官이 작다보니 수위직을 받으니 불만이 많다.

※ 文昌貴人 : 내가 생(傷食)→같이 놓고 있으면 학당귀인.

　文曲貴人 : 나를 생(印綬) 교육자 팔자다.

　天主貴人 : 食神(식복)→항상 財를 생하므로.

　　丁 甲 辛 乙

　　卯 申 巳 亥

- 巳中丙火로 食神格이 되었으니 이것만으로도 남편궁이 나쁘다.
- 마음이 착하며 교사다.
- 官食이 싸우니 매맞고 사는 팔자다.
- 배짱을 부리기 시작하면 대단하다.
- 傷官과 食神이 순종할 때는 순종하지만 돌아설 때는 물어버린다.

　　壬 庚 壬 壬

　　午 申 子 申

- 食神格이면서 食傷이 태과하니 법이 없어 직결 재판이다.
- 간첩으로 써먹어라. 관재구설에도 눈 하나 깜짝 안 한다. 인질극 벌일 때 인질을 구하는 사람이다.

丁 甲 壬 壬
　卯 子 子 申

- 偏印이 傷官을 완전히 죽여버렸으니 거지다.

　丙 乙 壬 庚
　子 亥 午 子

- 午中丁火가 食神이 분명하고 壬子와 亥子가 倒食인데 또 子運을
  만나면 혈압이 올라 죽는다. 물귀신이 잡아간다.

　庚 甲 丙 丁
　午 申 午 未

- 食去先殺去後, 制殺이 태과하니 官殺이 用神이다.
- 법 없어도 사는 사람이지만 여자라면 포주 팔자다. 庚申金이 필요
  하니 양공주고, 驛馬殺이 있으니 미국 사람이 밥이다.

　甲 戊 庚 癸
　寅 辰 申 酉

- 아름드리 나무가 좋은데 戊申日柱면 사주 버린다.
- 食去先殺去後, 官과 食神이 조정이 잘된다.

- 食傷은 내 편이므로 官殺이 用神이라 자식이 잘나서 높이 칭송받
  는다. 여자는 자식만 잘 낳아도 사모님 소리 듣는다.

5. 대운(大運) 통변(通辯)

1. 인수용인격(印綬用印格)

己 丙 己 庚
丑 辰 卯 申

- 印綬運이며 木이 喜神이다.
- 귀인래조, 문서내왕·매입.
- 좋은 소식 받고.
- 印綬運 앞에 官運이 오니 약한 日柱가 어려웠겠으나 그만큼 보람
  도 있겠다. 돌아가신 부모님이 살아오신 것만큼이나 좋다.
- 印綬와 집터와 객터가 움직이니 이사수가 있다.
- 새 옷 해입고, 선물 들어오고, 집 수리하고, 가구라도 바꾼다.
- 아이들은 성적이 오르니 진학 걱정 없고, 좋은 선생 만난다.
- 여자는 화장 잘 받고, 친정 가고 싶고, 가계부라도 정리한다. 친정
  덕분에 좋은 일 있고, 건강하고, 마음이 편하다.
- 肩劫運(火).
- 운수가 대통한다.

- 형제와 친구가 도와주고, 좋은 친구 만난다.
- 肩劫은 내가 뿌리를 내리는 것이므로 자립한다.
- 동업수가 있으나 하지 마라. 印綬가 用神이면 동업 안 되고, 比劫 운 다음에는 食傷運이니 주머니에 펑크난다.
- 독식하지 마라. 肩·劫은 나눠먹어야 한다. 肩·劫은 남의 것이 내 것으로 보인다.
- 일기 화창하여 꽃을 피우고 결실을 맺는다.
- 힘이 생기니 큰 일은 당년에 완결지어라.
- 옛 친구나 형제를 만난다.
- 作事易成.
- 內患可畏라 財가 상하니 싫든 좋든 아내가 한번 아파야 한다.
- 財運이니 金이 흉하다.
- 印綬가 用神인데 財運이 貪財壞印이 되므로 무조건 나쁘다.
- 貪財壞印은 부도를 낸다. 집 팔아 사업하나 결국은 망한다.
- 印綬가 죽으니 원류가 두절되고 보급로도 끊긴다.
- 귀인이 물러간다.
- 내가 극하는 것은→계산이 앞서고, 아기도 낳지 않고 포대기 준비 한다→앞으로 남고, 뒤로 밑지고→내가 극하므로→자신하나 財將.
- 여자 때문에 발목 잡히고, 돈과 여자 때문에 망한다.
- 가정적으로는 부모가 화합하지 못하고, 어머니가 아프다. 財印이 싸우니 어머니와 아내가 갈등한다.
- 집이 날아가는 운이라 돈을 버는 게 아니라 길거리에 깔고 다닌다.

- 건강은 먹는 것마다 체하니 음식 조심해라. 財는 음식도 나타낸다.
- 財生殺.
- 일몰서산(냉기 재배, 결실 안 되고, 해가 서산에 진다).
- 何渡長江.
- 나루터에 도착하니 배가 없다. 앞길이 암담하다.
- 食傷運은 官運보다 더 나쁘다.
- 지출 많고, 아랫사람이 배신하고, 말조심 해야 한다.
- 官災(아랫사람 때문에).
- 사표.
- 직장 권태.
- 상사들 하는 짓이 전부 마음에 안 든다.
- 학생들은 선생이 밉다.
- 여자는 이별수, 남편 권태기.
- 설기가 심하니 주머니에 구멍 난 격이다.
- 食傷이 있어 투자하지만 身弱하니 망한다.
- 이상하게 씀씀이가 커지고.
- 食傷→쓸데없는 고집(위법 행위).
- 火가 土를 만나면 망하는지도 모르게 망하고, 골병 드는지도 모르게 골병든다.
- 食傷運 다음에 오는 財運에 망한다. 작년부터 골병 들었는데 이제야 아느냐.
- 丙火가 火生土하면 土生金할 줄 알고 크게 기대한다.

- 酉丑 : 아랫사람이 돈으로 보이고(내가 火生土만 하는 줄 알고)→
  子丑 : 아랫사람이 官으로 날 죽인다→丑辰破 : 모든 일이 동결되
  어 되는 일이 하나도 없다.
- 戌→卯戌合(用神合)→만권 정지, 활동 정지→辰戌·丑戌刑→아랫
  사람 교통사고(내가 수습해 줘야 한다)→수술수(刑이 충받아)→
  개종(華蓋沖)→운이 나쁠 때. 좋을 때는 개종 안 한다.
- 水官運에 亥는 그런대로 괜찮으나 子가 나쁘다.
- 죽도록 일해도 공은 남한테 가고, 오라는 곳은 없어도 갈 곳은 많다.
- 감사 대비.
- 모든 게 무리고 건강도 해친다.
- 윗사람에게 항상 꾸지람을 들으니 상사가 무섭고 일이 두렵다.
  財·官은 모두 시댁으로 봐라.
- 子→본인은 눈 뜨고 다닌다고 해도 눈 감고 다니고→북쪽으로 헤
  매고→매사 동→음지(한밤중)로 들어가고→자손 걱정→누명, 모
  략 당하고, 코너로 몰린다→조금만 참으면 印綬運이 오니 참아라.
- 여자는 남편 배신하고, 이혼수 있다. 어설프게 애인 만들었다가는
  큰일 난다.
- 시댁 식구와 죽이 안 맞는다.
※ 여자(印綬 用神 계하다가 財運 만나면 무조건 빵꾸).
劫煞 : 패재, 파산.
財運 : 아내가 말 안 듣는다.

2. 인수용겁격(印綬用劫格)

丙 丁 辛 辛
午 酉 卯 酉

- 印綬運(木이 길)
  · 귀인과 부모를 만나 도움받고, 매사가 잘되고 힘이 생긴다.
  · 用神이 살아나니 매매로 이득본다.
  · 노력한 것보다 잘되고, 건강 좋고, 가정도 안정된다.
  · 날씨 화창하고(木).
  · 학생 때 공부 잘하고, 성적 오르고, 선생에게 귀여움 받고.
  · 대학생이면 장학금 받고, 25~6세 취직한다. 여력만 있으면 자격
    증 다 따놔라. 시험 보는 대로 합격한다.
  · 30세 전후에 승진하고, 40세 전후에 집 장만하고, 50세 전후에
    늘려가고, 60세 전후에는 건강하며 자식이 잘되고 출세한다.
- 肩劫運(火).
  · 좋은 친구나 형제와 뜻이 잘 맞는다.
  · 작은 것이 큰 것이 된다.
  · 형제 경사.
  · 주체가 강해지고, 사람 구실하고, 철이 든다.
  · 동업은 하지 말고, 돈 꿔주지 마라.

·보증 서면 財運에 물어줘야 하니 食傷運이 오기 전에 매듭지어라.

·官과 殺運이 있으니 水가 흉하다. 구설·모략·누명·관재·송사·쟁투가 따르고, 건강 나쁘고, 재수 없고, 불안하고, 자신이 없어진다.

·시험당하고 있다. 印綬運에 좋은 복 주려고.

·고립되고, 처자가 두렵고, 직장에서 쫓겨난다.

·火日柱가 水를 만나면 몰광, 일몰. 밤길에 등불 꺼진다.

·도처에 함정. 水 자체가 함정이다.

·장마 계속.

- 財運(金).

·그림의 떡.

·여자 조심.

·처 때문에 패가.

·見而不食.

·내가 극하는 것은 이기는 것인데 반대로 지는 것(패장).

·1득 3실.

·내가 극하는 것은 계산 잘하는데 착오가 있다.

·觸蟹救水→게를 잡았다가 다시 놓아주었다. 버는 놈 따로 쓰는 놈 따로 있는 격이다.

·火日柱→일몰, 서산.

·金多火熄.

·내가 극하는 것은 먹는 것(財)이지만 밥그릇 열어보니 벌레만 가득하다. 입에 들어와 삼키려 하니 턱에 걸린다.

- 食傷運(土)

· 아랫사람 때문에 변동수 있는데 손해를 입히고 배신한다.

· 지출과다.

· 내가 생하는 것은 꾀인데 자기 무덤 자기가 판다.

· 위법 행위, 반항부터 하고, 모략.

· 食傷이 작용하니 매사가 역행한다. 자신은 바르게 한다고 해도
  남이 볼 때는 거꾸로 간다.

· 말 잘못하면 남편과 이혼할 수도 있다.

· 남편은 망하고, 자식은 말 안 듣는다.

· 晦氣之運이라 가물가물 꺼져간다.

· 日干이 허약하니 기력이 쇠진하고 비밀이 드러난다.

· 丑 : 酉丑合 가지고 유혹. 丑은 금고이면서 財庫→배반, 다 가지고
  도망간다. 이럴 땐 아랫사람에게 돈 심부름. 다 가지고 도망간다.

3. 인수용상식(印綬用傷食)

　　甲 癸 辛 癸

　　寅 亥 酉 丑

– 만약 乙卯時면 水木이 응결되니 격이 깨진다.

– 甲寅木은 바싹 마른 나무다.

– 財運(火가 길)

　· 水生木, 木生火로 설기하면 시원한 꼴 한번 보겠다.

　· 기대한 것보다 잘된다.

· 목적 달성.

· 재수 있고.

· 여자에 인기 있고.

· 8월 장마가 개고 화창.

· 천고마비.

· 모든 것이 결실.

 - 食傷運(木)

· 순풍에 돛달고 항해.

· 물이 흘러흘러 바다로 잘 가고 있다(必達于海).

· 계획이 들어맞고(내가 생하는 것).

· 아랫사람 경사 있고.

· 내가 생→말만 하면 돈이 된다.

· 쉽게 돈 벌고.

· 남자는 남의 자손이 들어오는데 인기가 좋고, 여자는 자손한테
  경사가 있다.

 - 印綬運(金이 흉)

· 倒食運.

· 부도, 숨통 막힌다.

· 실수 거듭.

· 계획은 좋으나 성공하기 어렵다.

· 혈압 상승.

· 아랫사람 사고.

· 재수 없고.

· 문서로 손해.

· 손해보고 팔고.

· 시작이 잘못되었다.

· 金이 나쁘게 작용해 부모한테 걱정 끼친다→친정에 걱정→답답한 소식.

· 서리가 일찍 내린다.

· 교통사고→남편 官庫를 가지고 있다.

- 官殺運(土)

· 傷官見官爲禍百端.

· 관재 송사.

· 골육상쟁.

· 구설, 모략.

· 매사 역행하니 되는 일이 없다.

· 직장 없어지고 여자는 이별수 있다.

· 자손에 근심걱정(꿀도 못 먹고 벌만 선다).

· 丑, 辰(辰酉金局, 酉丑金局).

· 戌, 未(木局이 된다).

· 건강 부실.

- 肩劫運(水)

· 실물(도인 들어온다. 문단속 잘해4), 배신, 모략.

· 방해받고, 되는 일 없고, 빼앗기고.

· 버는 사람 쓰는 사람 따로 있다.

· 형제, 친구 걱정.

- 동업하지 말고.
- 콩으로 메주 쑨다 해도 곧이 듣지 마라.
- 친구 가려서 사귀어라.
- 북방에서 온 친구 때문에 손해본다.
- 8월 장마.
- 子→바람둥이 친구→日支 桃花 亥卯未의 子桃花→자유→부모 때문에 신경.
- 물이 범람하니 쓸데없는 일 한다. 고집부리지 마라.

4. 인수용재격(印綬用財格)

　　壬 戊 丙 丁
　　子 申 午 未

- 申金이 있어 火生土, 土生金, 金生水로 돌아가니 일등 사주다.
- 金水만 좋다.
- 官運(木이 길)
  - 財用神이면서 官 목적인 사주는 목적 달성하고, 인기 좋고, 財用神은 사업가인데 官 만났으니 관에서 도와주고, 명예 생기고, 중책 맡는다(어깨가 무거워진다).
  - 매사에 결실 맺으니 무슨 일이든 잘되고, 처자한테 경사가 있고, 건강도 좋다.
  - 여자는 남편한테 경사 있고, 시댁과 화합한다.

· 財가 온 뒤에 官이 오므로(항상 순서가 이렇게 되어 있다).

· 결혼 후 자식 낳고.

- 財運(水)

· 壬子水(偏財)→偏財는 횡재→돈을 갈퀴로 긁는다.

· 묵은 돈 받고, 옛 애인 만나고.

· 여자 따르고.

· 내가 극하니까 자신 있고, 가는 곳마다 이긴다.

· 기분 만점, 콧노래.

· 회춘하는 운.

· 壬子時는 내 財이고, 壬子年에 만난 여자는 죽어도 안 떨어진다.

· 투자하면 즉시 효과 나타난다. 財運 다음에는 官運이니 마음놓고 해라.

· 5월 가뭄에 단비→목마른 사람이 물 마시는 격→배고픈 사람이 밥을 만났다.

· 처가에 경사가 생기고, 처가 예뻐보인다.

· 다른 여자도 본다→정복욕 때문에→아극자.

· 日柱의 병 제거(제거 병운)→환자가 완치된 기분.

· 군사 자복→모든 사람이 내 앞에 엎드린다→아극자이므로.

- 食傷運(金)

· 먼저 나가고 나중에 들어오고(일실삼득, 선실후득).

· 말만 하면 돈이 되고, 매사가 쉽게 되고, 아랫사람이 돈 벌어주고, 재주는 곰이 넘고 돈은 내가 취하고.

· 옛날 부하가 모여서 나를 살게 해준다.

·노력한 것보다 큰 효과.

·시작은 불안하나 결과 좋고.

·내가 생하는 것은 항상 투자→財年에는 틀림없이 이득본다.

·새 기계 들여놓고 기술 개발한다.

- 肩劫運(土)

·동업하다 망하고 배신, 모략, 투서, 부도.

·경쟁하다 망하고.

·지출 과다(도실→도둑놈 옆구리 끼고 다닌다. 도둑놈 키운다)

·오른팔이 배신한다.

·독식은 절대 안 된다.

·처가 병고, 형제가 원수.

·고집부리다 망한다.

·문단속.

·물이 흘러가지 못하고→물이 썩고, 돈 썩는다.

- 印綬運(火)

·用神이 絶地가 된다. 水와 火는 서로 絶地.

·빛 좋은 개살구라 겉은 화려하나 속은 썩었다.

·보증 서면 책임져야 하고, 노력하지만 실속이 없다.

·모처불합.

·가뭄에 시달리고.

·물이 증발(마누라, 돈)→돈줄이 막힘.

·불면증(화가 많아지므로).

·혈압 상승.

· 답답하고 또 답답한 소식만 들린다.

· 직장에서 교육받아라.

· 사업하는 사람은 현상 유지만 해라.

5. 인수용관격(印綬用官格)

乙 戊 己 己
卯 辰 巳 巳

- 官運(木이 길)

· 승진, 중책 맡게 되고, 입맛대로 골라 가고, 직장에 경사.

· 인정받고, 훈장·상장 받고, 무엇이든 잘되고, 결실을 맺는다.

· 처자 경사, 재수도 있다.

· 인기 좋고, 명진사해.

· 名崇祿高(祿이 財).

- 財運(水)

· 돈 생기고 승진한다. 뇌물 아무리 먹어도 탈 나지 않는다.

· 내가 극하므로 매사에 자신이 있다.

· 처자한테 경사(애인도 생긴다).

· 선물 들어오고.

· 가뭄에 단비.

· 심신 안정.

· 인기 좋고.

- ·年年大榮.
- ·배짱껏 진행.
- 食傷運(金)
  - ·자기 꾀에 자기가 넘어간다
  - ·사표.
  - ·직장 권태.
  - ·사고 연발, 말 조심.
  - ·고집 부리지 말고.
  - ·아랫사람 조심.
  - ·본인도 실수 연발.
  - ·아랫사람 잘못 책임져야 한다.
  - ·관재, 누명, 모략.
  - ·재수 없고, 건강도 부실.
  - ·역행, 함정.
  - ·木(직장, 벼슬) 꺾인다. 卯酉沖, 金克木.
  - ·직장이 서리맞는다.
  - ·酉가 巳酉金局을 이루니 문서 손해와 부모님 걱정 생긴다.
  - ·己巳의 巳가 움직이면 天干도 움직이니 己와 辰을 묶어서 본다
    →天干 己, 辰→金局(辰酉合) : 친구가 배신.
  - ·傷官 酉가 桃花이니 여자 때문에 삭탈관직당할 수 있다. 비서 잘
    못 건드리면 卯酉沖 때문에 신문에 대서특필되어 물러나야 한다.
  - ·土生金(내가 계속 생하므로) 入少用多, 入山求魚, 인기하락.
  - ·飛流千尺→높이 나는 새가 땅에 떨어져 긴다(이건개, 박철언 등).

- 肩劫運(土→戊戌)
  - 내 것 빼앗기고.
  - 모략, 배신.
  - 官災, 송사(辰戌沖), 교통사고→戌, 巳, 巳→天羅地網을 辰이 沖.
  - 卯戌合→만권 정지.
  - 도둑맞고, 죽도록 노력해도 공은 따로 간다. 경쟁하지 말고 한직을 자청해라.
  - 책임 회피하라. 내가 사는 길이다.
  - 남의 벼락이 내 발등에 떨어진다.
  - 도매금으로 넘어간다(比劫). 때문에 싸잡아서→잘못이 없어도.
  - 손님 출입이 많다(쓸데없는).
  - 처의 병고, 처가 때문에 상변.
  - 평민→의처증(여자→의부증 : 남편 빼앗긴다).
- 印綬運(火)
  - 대개 印綬를 나쁘다고 하지만 官에 있으면 그렇지 않다. 특히 身旺官旺은 더하다. 木生火할 것 같으나 걱정할 것 없다.
  - 길운으로 봐라. 원체 사주가 튼튼하니 酉金만 만나지 않으면 괜찮다. 공직자는 官이나 印綬나 같은 맥락으로 본다.

    辛 戊 戊 癸
    酉 申 午 亥

- 印綬用印格이니 아주 착하다.

- 戊土는 원래 신용있고 순박한데 午火羊刃이 있어 독한 면도 있다.
- 傷官用印格→지출이 많아 수입에 의존해야→아랫사람이 더 똑똑
  →호랑이 키우는 사람→時柱 酉桃花(아가씨 좋아하는 사람).
- 羊刃用印格.
- 火生土, 土生金하니 재주가 많다.
- 철분이 지나치게 많아 지층이 얇아 노출이 심하고, 못된 송아지
  엉덩이에 뿔날까 염려된다.
- 日柱가 약하니 인내력과 지구력 없고, 아랫사람에게 이용당한다.
- 5월 우박.
- 부모덕은 있으나, 月이 戊癸合하여 형제덕이 없고 한 번 실패한다.
- 土日柱의 財는 흘러가므로 내 손에서 나가면 끝이다.
- 사업하면 貪財壞印.
- 직업은 교육자인데 제자가 더 똑똑하다. 운에서 작용하면 고등학
  교 선생까지는 할 수 있다. 甲寅大運까지는 월급쟁이 하겠다.
- 木이 없으니 간이 위험한데 허·남궁·남 씨한테 치료받아라. 신장
  때문에 죽겠다. 주중에 旺者가 있으니 병에 걸리면 백약이 무효다.
- 申子辰年에 변동이 있고, 寅午戌年이 좋다.
- 말띠 좋고, 쥐띠 나쁘다.
- 귀인 남, 해 서북.
- 子年에 申子合할 때 여자 만나면 신세 망친다→凍土 여자 앞에서
  꼼짝 못하고→子午沖 코 끼어 집 날아간다.
- 적색 좋고, 백색 돈 쓰러 가고, 흑색 여자 만나러 가고(바람).
- 여름이 좋고, 겨울은 나빠 연말만 되면 나 죽겠다고 한다.

- 地名(南, 光明) 남향집 2층(2·7火).
- 未土가 있으면 좋다.
- 丙辰大運은 虛火라 안 좋다.
  - 일득삼실, 문서 財庫→깨보니 꿈.
  - 辰土는 친구. 친구가 돈 창고 가져와 申辰合 나를 움직인다→엄청나게 돈 벌 것 같아 동업했더니 도망(申辰水局으로 없어졌다).
  - 辰土는 華蓋가 나쁘게 작용할 때→충할 때는 개종(華蓋沖)→여기서는 충이 없어 개종 아니다→부처님도 돌아앉는다→목사도 사기친다.
  - 辰土 문전옥답 팔아 한 백년 살 것 같더니→申辰水局.
- 乙卯大運→진퇴양난.
  - 직장은 들어왔는데 불만(卯申元嗔, 鬼門).
  - 木生火가 부족(濕木).
  - 죽으나 사나 붙어 있어라.
  - 여자는 남편 같지 않은 것이 신경쓰게 한다.
  - 卯酉沖하니 아랫사람 사고가 많다→卯(官) 윗사람, 酉(傷官) 아랫사람.
  - 고래싸움에 새우등 터진다.
  - 亥卯가 木局을 이루나 濕木이다. 濕木이 木生火하려면 시간이 걸리니 서두르지 마라.
- 甲寅大運(寅午火局)→甲木 偏官→일복.
  - 일은 고되지만 좋아지니 염려하지 마라.
  - 寅申沖→충 때문에 일어나는 변화는 타의에 의한 변화인데 결과

는 좋다.

· 木剋土, 寅午火局→일 많은 곳으로 발령받았으나 그곳에서 더 좋아졌다(전화위복).

· 이 사주는 어떤 대운에서도 癸丑年은 나쁘다. 중화를 못 이루는 사주이므로.

· 자손도 기대 이상 잘되고.

- 癸丑大運은 좋은 직장 버리고 사업하다 망할 운이다.

· 身弱하니 관리 능력이 없어 망한다.

· 癸水 正財는 白虎라서 혼자 사는 과부.

· 癸丑은 섣달 물이라 춥고 배고프다→丑 湯火(죽는다고 자살 일보 직전)→戊癸合(만나주지 않으면 나 죽는다고⋯)→만난다(합되므로)→만나면 저 죽는다→살림은 차릴까?→丑申合(살림까지는 안 차리겠다).

· 財가 水剋火하니 건강도 나빠진다→내 것 주고 병신된다→돈 잃어버리고 결국은 망하고 심장병만 생긴다.

- 壬子大運 : 죽는 운, 황천간다. 壬子(60)→癸亥, 甲子, 乙丑, 丙寅, 丁卯→甲子年에 죽겠다→子午, 偏官七殺→日支 三合(한번 가면 영원히 가는 것) : 너무나 큰 변화(결혼 등).

※ 사주에 官殺이나 印綬가 많으면 외가에서 자란다.

　　戊 乙 甲 庚
　　寅 丑 申 申

- 官殺 : 고조할아버지.
- 사주가 너무 약하니 운동해야 하는데 木이 필요하니 손으로 하는 핸드볼이나 볼링이 좋다. 日柱 강하면 발로 하는 운동이 좋다.

　　丁 丙 丁 戊
　　酉 寅 巳 午

- 戊午가 火土重濁이고, 丁巳가 孤蘭殺이다.
- 寅巳刑으로 火氣 폭발하고, 형제 중에 과부 하나 있고, 형제가 불목하고, 앉은 자리가 湯火이니 항상 불조심해라.
- 驛馬殺과 刑이 있어 성질이 너무 급하다.
- 얼굴이 크고 한쪽에 점이나 흉이 있다. 刑이 있으니 눈에 살기가 등등하고, 키가 아주 작다.
- 酉金 財는 丁火 것이다. 丙火 것이 아니다.
- 꽃은 무성하나 열매가 적다.
- 群劫爭財가 아니라 그냥 爭財다. 比劫이 많은데 天干에 財가 떠야 群劫爭財가 된다.
- 巳酉合은 寅木이 가로막아 지금은 못 한다. 丑年이나 巳年에 한다.
- 比劫이 많으면 의심이 많고, 성질이 급하고, 집에 친구를 잘 데려온다. 친구 좋아하다 망한다.
- 肩劫 많고 刑殺 있으니 탁격이다.
- 酉金이 用神이나 水가 필요하다. 여자라면 저녁에 한 대 때려줘야

아침에 생선 토막 더 올라온다→水剋火(사랑의 매, 자극)가 필요.

- 官이 없고 日柱가 강하니 죽이 되든 밥이 되든 사업하고, 자기가 최고라고 생각한다.

- 직업은 스테인리스, 알루미늄 새시, 전자컴퓨터가 좋다. 印綬 옷이 刑받았으니 재단사도 좋고, 여자라면 불이 많아 木을 지지고 볶으니 파마 전문 미용사도 좋다.

- 처덕(물즉귀탐)→바람피워야→午火 酉金 桃花→桃花 부인(酉) 예쁘겠다.

- 부모 말은 안 들어도 아내 말은 듣겠다.

- 子運
  - 水剋火로 財와 官이 살아난다.
  - 官殺이 많으면 旺者沖發이 아니므로 用神의 병을 제거한다. 金이 用神이고 火가 병이다. 매사가 잘되니 환자가 완쾌된 듯 하늘을 훨훨 날 것 같다.
  - 囚獄殺이 있으니 송사에서 이긴다.
  - 자손의 경사가 있고, 건강도 좋다.

- 丑運
  - 酉丑이 金局을 이루니 길하다.
  - 묵은 돈 받고, 傷官이 火生土로 퍼준 결실을 맺는다.
  - 華蓋가 있으니 부처님이 돈 벌어준다.
  - 財庫는 여자와 돈이 모인다.
  - 巳丑金局은 묵은 돈 받는다.
  - 형제와 친구가 돈 벌어준다.

- 巳火가 驛馬이니 金局으로 변하여 외화 벌어들이고 여행하다 귀인 만난다.
- 친구 하다가 연애한다.
- 丑 겨울이 調候가 균형→원래 불면증 있는 사람(火 많은 사람 옆에서 바스락거리면 깬다).

- 寅運
  - 印綬.
  - 해외에서 불리한 소식.
  - 시작이 잘못.
  - 길거리에서 돈 잃어버리고.
  - 寅午火局으로 印綬 문서가 휴지가 되었다.
  - 보증 서면 책임져야 한다.
  - 부모 걱정.
  - 寅巳刑이 있으니 차 사고가 나 불까지 난다. 차 도둑도 해당하고, 옆집에서 불난다. 寅 자체가 湯火이니 화재보험 들어놔라.
  - 매매수는 작년 운이 좋아서 사는데 속아서 산다. 확장은 무리다.

- 卯運
  - 正印인데 桃花다. 急刻殺이 있으니 들어오는 여자 키만 컸지 웃을 때 보니 못생겼다.
  - 卯酉沖으로 木局이 되는데 桃花가 正財를 沖去하니 돈이 날아간다. 아내와 첩이 바뀌고, 印綬가 들어와 애인이 집 사달라고 한다. 여자 때문에 실패하는 사주다.
  - 가뭄·바람(木)→아주 건조하다. 바람 불면 수분 증발이 대단하다.

- 印綬가 桃花이니 기생 공부나 춤 공부한다.
- 財星과 印綬가 싸우니 어머니와 아내가 불화하고, 마누라 다치고 수술수도 있다. 주중에서 金이 沖刑되면 치아가 고르지 않다.

- 辰運
  - 食神, 官庫.
  - 辰酉合으로 재산 늘고 쉽게 돈 벌고→官에서 돈 벌어준다→자식이 아프고(官庫), 무덤에 들어갈까 염려(자손 入墓). 用神은 살아나나 심하면 자손 죽고 보상금→通關이 잘된다(火金相戰인데 火生土, 土生金으로). 막혔던 게 잘 소통된다(형제, 마누라4) 화해.
  - 여자라면 辰官庫라 과부살이 되었다. 壬辰으로 들어오면 壬丙沖까지, 남편이 죽는데 보상금은 확실하다.

- 巳運
  - 天干에 따라 달라진다.
  - 상반기에는 木火가 당권하지만 巳酉金局이 되어 하반기가 되어야 좋다.
  - 친구가 송사를 걸고, 1·4·7·10월에 눈 수술수가 있다.
  - 먼길 갈 때 조심.
  - 巳酉金局으로 친구가 돈 벌어주지만 比肩과 亡身이 있으니 친구 때문에 망신당한다.
  - 寅巳刑과 湯火가 있으니 불조심해야 한다.
  - 친구나 형제가 돈 꾸러온다.

- 午運
  - 比劫, 羊刃, 湯火, 火局, 長星이 왕하다.

· 長星이 있으니 고집부리다 망하고, 친구 좋아하다 망한다.
· 火剋金하니 돈이 녹아난다.
· 羊刃은 日支가 三合하면 변화수도 되지만 사고(羊刃 연결)나기 바쁘다(과속 사고).
· 湯火가 있으니 화재 조심해야 하고, 친구나 형제가 도와주지 않으면 죽는다고 난리친다.
· 가뭄 旱天.
· 寅午火局으로 印綬가 肩劫으로 변하여 부모 때문에 돈 써야 한다. 그동안 보증 선 것 있으면 여기서 물어줘야 한다.
· 火旺(눈이 커짐)→多者無者(불이 너무 커버렸다).
· 酉金이 제일 많이 당한다. 다른 것은 보이지 않는 것으로 당하지만 酉金은 보이게 당하니 자살하고 싶은 심정이다.
· 강한 火가 배설구가 없어지니 뙤약볕에 서있는 현상이다.
- 未運
· 傷官, 鬼門關殺, 急刻殺, 火局, 印綬庫藏.
· 傷官 : 아랫사람이 배신한다.
· 鬼門關殺 : 신경이 쓰여 미치기 일보 직전이다.
· 急刻殺 : 다리가 부러지거나 신경통이 따르거나 치과 가겠다.
· 火局 : 아랫사람이 맞먹고, 손해 많이 본다. 도둑놈 키웠다.
· 印綬庫藏 : 묵은 소식이 불길하고, 어머니한테 잔질 따른다.
· 불면증 오고, 가뭄에 시달린다.
· 火生土로 주다 나가고, 나가는 날이 끝이다.
· 華蓋 목사가 사기꾼이라 헌금만 하지 복은 받지 못한다.

- 申運

  ·驛馬가 충하여 金局이 되었다.

  ·沖은 타의 변화로 결과가 좋고, 여행하다 귀인 만난다.

  ·財局을 이루어 재수가 좋은데 국제 연애로 자손까지 생긴다. 沖 맞아야 뗀다.

  ·寅巳申은 시끄러워야 재수 있다. 사주 원국도 마찬가지다.

  ·균형을 이루므로 성격도 유순해진다.

  ·驛馬, 地殺, 刑沖은 자동차 사고인데 헌 차를 새 차로 바꾼다. 운이 좋을 때는 사고가 나도 죽지 않는다.

  ·印綬는 어머니라 결과가 좋으니 염려마라.

- 酉運

  ·巳酉와 酉酉로 金局을 이룬다.

  ·재산이 늘고 재수가 좋다. 연애운이면 결실 맺는다.

  ·형제나 친구가 돈 벌어준다.

  ·寅午戌로 酉가 六害殺이나 작용하지 않는다. 元嗔도 안 받고.

  ·기분 만점이니 콧노래를 부른다.

  ·다음 해가 戌年이니 대소사를 막론하고 酉年에 매듭지어라.

- 戌運

  ·火局, 三合, 入墓, 斷橋關殺. 食神이 比劫으로 변하니 아랫사람이 배신한다. 아랫사람 때문에 신상에 변동이 생기는데 결과는 흉하다. 해외를 출입하나 되는 일 없고, 승려가 배신한다.

  ·손자 때문에 손해본다.

  ·年支 三合 : 조상 발동(할머니)→천묘, 사초, 족보, 비석.

· 入墓 : 건강→묵은 병(아파도 꼭 땅속을 헤맨다)→日柱 卯(기운이 없다)→기진맥진, 탈진→늙는 운.

· 火가 많으니 혈압이나 신경통이 따른다.

- 亥運

· 偏官, 劫殺, 木局 : 官印合(寅亥合木局)→巳亥冲.

· 木局이 되면 用神이 絶地에 앉으니 흉하다.

· 巳酉합을 깨면서 木局을 이루니 官으로 손해 보고, 형제한테 교통사고가 생기고, 길거리에 돈 버리고→도적(劫煞)이 따라 붙는다→자식 때문에 손해→官印合은 官과 부모 때문에 손해→관청문서로 손해→官으로 나쁜 작용(인기는 좋으나 실속은 없다).

※ 卯木이 제일 나쁘다. 子, 丑, 辰, 申, 酉 좋고, 巳→반흉반길(5/12만 좋다).

제4장. 역학으로 본 건강과 재난

1. 4상 체질

- 체질이란 어느 한쪽 세력이 강하면 강한 것끼리 뭉쳐 약한 것을 더욱 괴롭힌다. 相剋의 원리다.
- 사람의 체질은 모두 다 다르다.
- 폐는 金이라 단단해서 인체 상단에서 솥뚜껑 구실을 한다.
- 四端七情 : 哀怒喜樂.

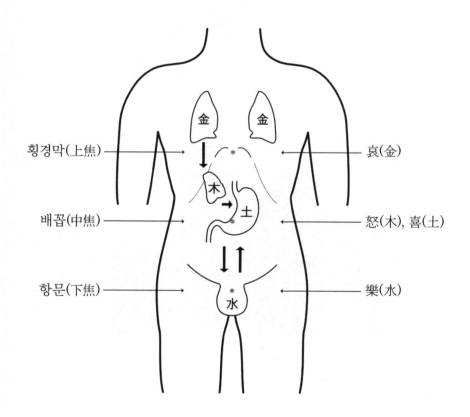

1) 태양인

- 폐가 크고 간이 작다.
- 가을이 가을을 만나면 金氣가 더욱 강해져 몸이 아프다.
- 고기 먹지 마라.
- 금반지, 금목걸이, 금테 안경은 해롭다.
- 봄을 만나면 펄펄 날고, 여름도 좋다.
- 결벽, 괴팍, 예술성 있고 식성 까다롭다.

2) 소양인

- 위가 크고 신장이 작다.
- 비위가 좋다. 즉 넉살이 좋다.
- 속이 더워 소화를 잘 시킨다.
- 얼굴이 희다.
- 성격이 급하고 화도 잘 낸다.
- 눈물도 많다.
- 오줌소태에 잘 걸린다.
- 뒤끝이 없다.

3) 태음인

- 간이 크고 위가 작다.
- 과감한 일도 서슴지 않는다.
- 솔직하고 현실 감각이 뛰어나다.
- 사업가 수완이 있다.

- 자본주의 시대에 맞는 사람이다.
- 봄을 만나면 아프다. 즉 봄을 타는 사람이다.

4) 소음인

- 신장이 크고 위가 작다.
- 하초가 발달해 위장이 약하다.
- 하초에 냉기가 돌아 신수가 불량하다.
- 정력이 강하다.

2. 오행으로 본 질병

1) 목(木)

- 木은 간장과 혼을 담당한다. 魂은 氣요 靈이다.
- 사람의 몸에 흐르는 것은 陽氣요, 이를 움직이는 피는 陰氣다.
- 간은 피의 흐름을 주관하고 간에 陽氣를 보존하니 이것이 곧 혼이다.
- 혼은 낮에는 눈, 밤에는 간으로 들어가 머문다. 밤에 꿈을 꾸는 것은 혼에서 나오는 것이다.
- 간 기능이 너무 왕성하면 陽氣가 극에 달한 것 같아 짜증과 화를 잘 내고, 정조 관념이 희박하다. 이러한 정도가 지나치면 광증이나 정신착란이 된다.

2) 화(火)

- 火는 인체에서 군왕이며 심장을 주관한다.

- 火인 심장은 인체의 신경계를 조절하고, 신명을 발동시키는 기관 이기도 하다.
- 火는 하늘의 태양이다. 태양은 천지를 비쳐줘 만물의 생육을 돕는 것처럼 사람의 심장도 신경계가 골고루 움직이도록 피를 공급해 생육을 돕는다.
- 심장이 허약하고 병들면 정신이 혼미해지고 헛소리를 한다.
- 심장은 신명이 발동되는 곳이라 병들면 이성을 잃어 미친 사람이 된다.

3) 토(土)
- 土는 비장을 주관한다.
- 비장은 음식의 영양분을 섭취하여 저장하는 중추기관이다.
- 이곳에서는 사람의 기억력과 信을 주관하면서 중용을 지키도록 조절한다. 이것은 영양이 부족하면 기력이 감퇴하고 정신이 혼미 해지는 것으로도 알 수 있다.
- 비장이 강건하고 온전해야 오미의 영양분을 축적해서 각 기관에 골고루 보내 건강한 정신으로 건강하게 생활할 수 있다.

4) 금(金)
- 金은 대기를 호흡하는 폐를 주관한다.
- 들이쉴 때는 산소가 들여오고, 내쉴 때는 탄산가스를 내보낸다. 산소가 들어오면 피가 붉어져 사람의 생기를 돕고, 탄산가스가 들어오면 피가 자색으로 변해 사람이 생기를 잃는다.

- 魂은 木이요 魄은 金이고, 魂은 陽이요, 魄은 陰이다. 陽은 움직임을 좋아하고, 陰은 고요함을 좋아해 서로가 조절하면서 감정을 다스린다.
- 사람은 폐장이 호흡을 멈춰 죽는다고도 하지만, 혼백이 떠나 죽는 것이다.

5) 수(水)

- 水는 신장을 주관한다.
- 만물은 水火旣濟가 되어 생육을 돕는 것처럼, 사람도 남녀의 精水와 心火가 모여 형성되는 것이다.
- 신장의 水가 마르면 사고력이 떨어져 삶의 의욕을 잃는다.
- 사람이 늙으면 水氣가 말라 피골이 상접하고, 기력이 떨어져 나태해진다.
- 신장에 水氣가 성하면 정신력과 정력이 강해서 늙지 않고 장수한다.

3. 오행과 오장의 관계

天干인 하늘에는 음양의 氣가 있고, 地支인 사람에게는 남녀가 있다. 1년이 360일인 것처럼 사람에게는 360가지 급소혈이 있고, 사람의 뼈골 역시 360개다. 그런가 하면 12支地는 사람에게는 12경맥이요, 하늘의 춥고 더운 것은 인체의 열도와 같고 하늘의 풍우설상은 사람의 희노애락과 같으니 우주의 오행이나 사람의 오행은 다를

게 하나도 없다.

이것만도 아니다. 사람의 오장이 앉은 것을 보아도 천지의 모습을 닮았다. 횡경막을 중심으로 횡경막 위는 天干이요 아래는 地支다. 심장과 폐장은 횡경막 위에 있어 天干을 나타내고, 간장·비장·신장은 횡경막 아래에 있어 地支를 나타낸다.

天干의 심장은 태양이고 폐장은 대기다. 태양이 대지를 비추면 대기에서는 산소가 생기고, 이를 바탕으로 삼아 地支의 木(간장)과 土(비장)와 水(신장)가 호흡하는 것이다. 여기서 土인 비장은 인체의 중앙에 자리잡고 水의 상승 작용을 돕는다.

지금까지 오행별로 오장의 위치를 설명했으니 이들의 실허 작용도 알아보기로 하자.

1) 오행별 오미 기관

① 木→간장→신맛

② 火→심장→쓴맛

③ 土→비장→단맛

④ 金→폐장→매운맛

⑤ 水→신장→짠맛

2) 오행별 질병

① 木이 병들면 잔소리를 많이 한다.

② 火가 병들면 하품을 많이 한다.

③ 土가 병들면 식탐이 많다.

④ 金이 병들면 기침을 많이 한다.

⑤ 水가 병들면 재치기를 많이 한다.

3) 오행별 오장오액

① 木 : 간장이 약하면 눈물이 많이 나온다.

② 火 : 심장이 약하면 땀을 많이 흘린다.

③ 土 : 비장이 약하면 군침을 많이 흘린다.

④ 金 : 폐장이 약하면 콧물이 많이 나온다.

⑤ 水 : 신장이 약하면 침이 많이 나온다.

4) 오행별 오장이 싫어하는 것

① 木 : 간이 병들면 바람을 싫어한다.

② 火 : 심장이 병들면 더운 것을 싫어한다.

③ 土 : 비장이 병들면 습한 것을 싫어한다.

④ 金 : 폐장이 병들면 추운 것을 싫어한다.

⑤ 水 : 신장이 병들면 건조한 것을 싫어한다.

5) 오행별 오미의 상극

① 木 : 신맛. 많이 먹으면 일찍 늙고 허리가 굽으며 힘줄이 약하다.

② 火 : 쓴맛. 많이 먹으면 뼈골에 질병이 생긴다.

③ 土 : 단맛. 많이 먹으면 근육에 힘이 없어진다.

④ 金 : 매운맛. 많이 먹으면 기력이 일찍 쇠한다.

⑤ 水 : 짠맛. 많이 먹으면 혈액이 굳어 고혈압이 된다.

6) 오행별 오장이 간직한 요소

① 木 : 간장, 魂

② 火 : 심장, 神(心)

③ 土 : 비장, 意(憶)

④ 金 : 폐장, 魄

⑤ 水 : 신장, 智(志)

7) 오행별 오장이 맡은 요소

① 木 : 간장, 힘줄

② 火 : 심장, 혈맥

③ 土 : 비장, 육질

④ 金 : 폐장, 피모

⑤ 水 : 신장, 골정

8) 오행별 태과불급으로 나타나는 질병

- 木이 많은데 金이 적으면 간이 나쁘다.

- 木이 많은데 水가 냉하면 간경화에 걸린다.

- 火가 많은데 水가 적으면 신장병이 생긴다.

- 火가 적은데 土가 많으면 심장병이 생긴다.

- 水가 적은데 土가 많으면 신장병이 생긴다.

- 水가 적은데 火가 많으면 신장병이 생긴다.

- 水가 없으면 빈혈증이 생긴다.

- 水土가 서로 극하면 황달·백혈병이 생긴다.

- 水가 너무 많으면 적혈구 과다증이 생긴다.
- 水火가 서로 극하면 월경불순·괴혈병이 생긴다.
- 木이 왕한 土를 극하면 위궤양·위암·신경성 소화불량·위확장이 생긴다.
- 왕한 木이 土를 극하면 급성위장병·위하수가 생긴다.
- 火가 왕한 金을 극하면 만성위질환·위장결핵·장암이 생긴다.
- 왕한 火가 金을 극하면 장염·설사·맹장에 걸린다.
- 土가 왕한 水를 극하면 신장결석·신장종양·방광염·신우염이 생긴다.
- 왕한 土가 水를 극하면 신염·혈압이 생긴다.
- 왕한 金이 木을 극하면 황달·급성간경화가 생긴다.
- 水가 왕한 火를 극하면 변비·기생충·심장병·신경통·동맥경화가 생긴다.
- 왕한 水가 火를 극하면 심장파열·복막염·췌장병이 생긴다.
- 水가 왕한 火를 감당하지 못하면 심장판막·심근경색·심장병이 생긴다.
- 水木이 태과하면 비위가 약하다.
- 金水가 건조하면 신경이 허하고, 金水가 약하면 신장병이 생긴다.
- 火土가 건조하면 피부가 가렵고 풍증이 있다.
- 土가 많은데 水가 부족하면 신장이 약하다.
- 木火가 왕성하면 神氣가 있다.

4. 오장별 질병 증상

1) 목(木) : 간장

- 간은 7쪽으로 되어 있는데 오른쪽에 4쪽, 왼쪽에 3쪽이 있다.
- 간장에 병이 들면 겨드랑이가 아프고 팔꿈치가 붓는다.
- 간장에 물이 들면 아랫배가 붓는다.
- 간장에 병이 들면 코에서 고열이 나고, 화를 잘 내며 가슴을 헐떡 거린다.
- 간장에 바람이 들면 땀을 많이 흘리고, 화를 잘 내고, 여자는 눈 아래가 푸른색을 띤다.

2) 화(火) : 심장

- 심장에 병이 들면 영양분을 흡수하지 못하니 사람이 우울하고 생 각이 깊지 못해 경거망동한다.
- 심장이 왕성하게 활동하면 영양분이 충분해 사람이 즐거워하며 잘 웃는다.
- 심장에 열이 있으면 이마가 붉고, 화를 잘 내고, 매사에 권태를 느 끼고, 짜증을 잘 낸다.
- 심장병에는 내병과 외병이 있다. 내병이 들면 배꼽 위가 아프고, 외병이 들면 손바닥에 열이 있다.
- 심장이 병들면 무서움을 많이 탄다.

3) 토(土) : 비장

- 비장 위에는 심장과 폐장이 있고, 아래에는 간장과 신장이 있어 비장 土는 인체의 중심을 이루는 곳이다.
- 운동을 지나치게 하면 비장에 무리를 주어 인체의 중심을 잃는다.
- 비장이 약하면 사지가 약하니 허약해진다.
- 비장에 열이 들면 코가 붉고, 허리가 아프며 구토한다.
- 비장이 차가우면 배가 아프며 오한이 생기고, 장염이 생긴다.
- 비장이 추우면 콧등이 푸르고, 땀을 많이 흘린다.
- 입술이 단단하면 비장이 튼튼한 것이고, 입술이 크고 단단하지 않으면 비장이 약한 것이다.
- 입술이 위로 올라갔으면 비장이 높이 있는 것이고, 입술이 내려갔으면 비장이 아래에 처져있는 것이다.
- 아래위 입술이 바르면 비장도 바른 것이고, 아래위 입술이 기울었으면 비장도 기운 것이다.
- 비장에 물이 차면 사지가 무겁고, 심하면 소변을 보지 못한다.

4) 금(金) : 폐장

- 폐는 본래 기공으로 되어 있어 구멍이 많다. 기분이 나쁘거나 피곤하면 목소리가 쉰다.
- 폐는 水 신장에서 기를 받고, 밤에 잘 때는 水 신장 속으로 들어가고, 낮에는 기를 밖으로 내보내는 일을 한다.
- 폐에 열이 들어가면 오른쪽 볼이 붉어진다.
- 폐가 추우면 혓바닥이 누렇고 몸에서 열이 나는데, 심하면 피도

토한다.

- 폐에 바람이 들면 눈썹 위가 하얘진다.
- 폐가 작으면 천식에 걸리지 않는다.
- 폐가 위에 있으면 어깨로 숨을 쉬고, 아래에 있으면 겨드랑이 밑이
  아프다.
- 어깨와 등이 두터우면 폐가 단단하고, 얇으면 폐가 약하다.
- 폐에 병이 깊으면 머리카락이 부서지고, 피부가 건조해진다.
- 폐에 바람이 들면 숨소리가 짧다.

5) 수(水) : 신장

- 신장이 병들면 입이 마르고 목구멍이 건조해진다.
- 신장은 본래 습한 곳이나 물 속에 오래 있어도 신장병을 만들고,
  성관계를 많이 해도 골수를 많이 쏟아 허해진다.
- 신장의 경락은 발바닥에서 시작해 사타구니를 타고올라가 허리를
  지나 신장의 기를 흐르게 한다.
- 성관계를 많이 해 신장이 지치고 피로하면 호르몬이 고갈되어 빨
  리 늙는다.
- 신장이 병들면 아랫배가 차고 무겁다.
- 신장에 열병이 들면 허리가 아프고 조갈증이 생기며 뒷목이 당긴다.
- 신장이 병들면 귀에서 이명이 들리는데 심하면 중이염이나 불감
  증에 걸린다.
- 신장에 바람이 들면 등이 아프며 얼굴이 붓고 땀이 많이 난다.
- 왼쪽 신장은 陰水로 木인 간장을 생하고, 오른쪽 신장은 陽火로

土인 비장을 生한다.

- 귀가 높이 있으면 신장도 높이 있고, 귀가 아래에 있으면 신장도아래에 있다.
- 여자의 귀 뒤가 움푹하면 자궁이 아래에 붙어있다.
- 신장은 생명체의 뿌리와 같다. 정수가 고갈되면 기력이 감퇴해 머리가 빠지고 눈이 침침해진다. 정액은 곧 뇌수와 같아 남용하지 말아야 한다.

5. 사주로 질병을 통변하다

날로 발전하는 사회에 적응하자니 인체도 스트레스를 많이 받는다. 게다가 사람마다 사주에 배속된 오행의 장부에 따라 尅沖이 심하면 그곳에 먼저 질환이 생긴다. 천병만약이라는 말이 있듯이 인체에는 기관마다 질환이 있지만 여기서 전부 설명할 수는 없고, 일반적으로 나누어 다루는 각 과만을 소개하니 명리학을 공부하는 사람들은 반드시 읽어보기 바란다.

1. 정신신경과

① 水·木·火·土日生이며 사주가 아주 身弱한 자
② 鬼門關殺이 있는 자
③ 官殺이 태왕한 자

■ 해설

- 木은 뇌에 해당하고 火는 정신에 해당하므로 火가 약하면 자연히
  木도 약해진다. 또 火가 약하면 土도 약해지고, 土가 약하면 정신
  인 火도 火生土로 약해져 虛火가 되므로 정신이 혼미해져 정신질
  환이 된다.

- 木이 태왕하면 신경이 굳고, 火가 태왕하면 多者無者가 되어 오히
  려 정신이 없고, 水가 태왕하면 火 정신이 빛을 잃으면서 水 청각
  에 이상이 생겨 난청이 되거나 남들이 듣지 못하는 것까지 듣는
  다. 이를 신들린 사람 혹은 신기가 있는 사람이라고 한다.

- 鬼門關殺은 정신질환을 일으키는 흉살로 寅未·卯申·辰亥·巳戌·
  丑午·子酉가 있으면 해당한다.

- 정신질환은 두통으로 시작된다. 사주에 官殺이 태왕하면 身弱해
  져 사주가 기를 펴지 못한다.

- 살은 鬼가 되므로 이를 귀신이라 하고, 정신질환자로 본다.

辛 乙 乙 壬
巳 巳 巳 申

- 月支의 火傷官이 巳申刑을 맞아 아버지대부터 이상이 생겼다.
- 乙木이 火가 많으니 본인도 정신에 문제가 생겼다.
- 巳火가 아래로 흘러 땅만 보고 다니는 습관이 있다.
- 地支에 巳火 셋이 刑을 맞으면서 혼 뚜껑이 열려 정신질환자가 되
  었다.

己 乙 乙 甲
卯 卯 亥 申

- 乙木이 亥卯로 木局을 이루었으나 많은 木이 응집해 정신질환자가
  되었고, 卯申 鬼門關殺이 2개나 있어 간질까지 있고, 天干의 甲木
  은 閑神이 되었다.
- 태어난 己卯時는 아직 동이 트지 않은 때라 매우 추운데, 木이 많
  아 바람까지 심하니 정신을 흐트러 놓은 형상이라 정신질환자가
  되었다.
- 火는 꽃이요 金은 열매인데, 이 사주에는 火가 없어 꽃이 없으니
  열매를 맺을 수 없어 사람 노릇하기 어렵다.
- 時干의 己土는 아버지인데, 사주에 많은 木이 회오리 바람이 되어
  아버지 己土가 날아갔거나 붕괴되었으니 아버지와는 일찍 인연이
  끊긴다.
- 卯申 鬼門關殺이 2개나 있으니 정신질환을 면하기 어려운데, 문제
  는 약인 火가 없으니 불쌍한 사주가 되었다.
- 이 사주는 火가 用神이니 여름 한철만 조용하다가 찬바람만 불면
  지랄병이 생긴다.

庚 己 丙 丙
午 卯 申 申

- 己土가 金이 많아 身弱한데 卯申 鬼門關까지 있으니 정신질환자

가 되었다. 火運이 좋다.
- 위와 허리가 약하고, 소화 능력이 약하고, 위하수 체질이다.
- 己卯日의 특징
  • 여자는 40대 이후에 부부간에 이별하고, 연하와 애정을 갖는다.
  • 군중 심리에 동화되기 쉽다.
  • 사람 자체가 까다롭고, 태어날 때부터 잘 놀랜다.

乙 己 丙 己
亥 未 寅 亥

- 己土日柱의 地支가 寅亥, 亥未로 木局이 되어 身弱하고, 寅未로 鬼
  門關殺에 湯火까지 놓아 한때 본드에 미쳤던 사람이다.
- 財生殺에 官殺이 태왕하여 정신질환에 걸렸다.
- 丙火가 用神이니 부모가 돌아가시면 이 사주도 끝장난다.
- 이 사주는 선대의 亥水에서 병이 된 것으로 보아 할아버지 산소에
  나무 뿌리가 엉켜 생긴 질환이라고 본다.
- 위산과다, 신경성 위염, 위괴양 증세가 있다
- 日柱가 약하면 쉽게 피로해진다.
- 여자가 官殺이 혼잡하면 직장을 가져 땜질하라.

2. 안과

丙午는 소장에 해당하고, 丁巳는 심장과 눈에 해당한다. 눈이 크

면 심장이 작고, 눈이 작으면 간이 크다. 선천적인 장님은 동공이 안으로 들어가 있고, 후천적인 장님은 동공이 밖으로 나와 있다.

① 木火土 日柱가 制殺이 태왕한데 身弱한 자

② 丁巳 日柱가 金水 때문에 몹시 상했을 때

③ 火日柱인데 火가 태왕하거나 刑沖을 심하게 당하면 맹인이 되기 쉽다.

④ 日柱를 기준으로 좌우에 있는 火가 음양이 다르거나 균형을 이루지 못하면 짝눈이다.

⑤ 木이 많으면 원시, 火가 부족하면 근시, 火가 부족한데 金水가 태왕하면 난시가 된다.

⑥ 火日柱인데 火가 태왕하면 백내장에 걸리고, 水日柱가 地支에 火局을 놓으면 야맹이나 청맹에 걸린다.

⑦ 火가 刑이나 空亡을 맞으면 색맹에 색약이고, 火가 刑을 맞았는데 羊刃殺까지 놓으면 사시가 된다.

※ 눈은 장애가 많아 병명이 많다. 맹인, 청맹, 야맹, 색맹, 색약, 사시, 원시, 근시, 난시, 삼백안, 사백안

　　辛 乙 甲 乙

　　巳 丑 申 亥

- 乙木이 官殺이 태왕한데 巳申刑·巳亥沖을 맞아 맹인이 되었다.
- 木日柱가 財殺이 태왕한데 官殺이 혼잡하면 청맹이 된다.

壬 壬 辛 丙
　　寅 申 丑 辰

- 이 사주는 丙火가 辛金과 합한 것이 문제다. 丙火 用神이 合水되
  어 아내가 눈이 멀었다.
- 이런 사주는 用神이 묶이면 평생 되는 일이 없다.

　　戊 丙 辛 辛
　　戌 子 卯 丑

- 火日柱가 戌에 入墓되어 火가 약하니 안경을 쓴다.
- 丙火가 濕木인 卯의 木生火를 받지 못했다.
- 卯木 印綬가 子卯刑되어 위법 행위를 하고, 성병에 걸리기 쉽다.
- 丙辛合에 子卯刑이 있어 衰浪桃花가 되었다.

3. 이비인후과

① 水 : 귀
② 金 : 코
③ 木 : 인후

■ **해설**
- 金水가 습냉하면 귓속이 깨끗하지 않다.

- 木이 왕하면 인후암, 임파선 결핵, 간경화, 간암을 조심해야 한다.

　　　壬 戊 癸 丁
　　　子 申 卯 亥

- 戊土日柱가 水木이 왕한데 卯申 鬼門關殺이 있으니 신경만 쓰면 편
　도선이 붓고, 취각과 이명증에 중이염까지 앓고, 사람이 까다롭다.
- 時에 財生殺을 놓아 헛배가 부르다
※ 戊土의 특징
- 身弱하면 평생 잔병치레를 하고,
- 뿌리가 없으면 평생 분별이 없고,
- 戊土와 火日柱는 자의든 타의든 돈놀이를 해보고.
- 戊申은 孤蘭殺과 陽差殺.
- 陽差殺이 日에 있으면 외삼촌이 고독하고, 時에 있으면 처남이 고
　독하다.
　·陽差殺 : 丙午 丁未 戊申 辛酉 壬戌 癸卯
　·陰差殺 : 丙子 丁丑 戊寅 辛卯 壬辰 癸酉

　　　庚 壬 癸 癸
　　　子 子 亥 丑

- 地支에 水氣가 태왕하니 중이염을 앓는다.
- 원래 난류였으나 庚子와 壬子가 있어 한류가 되어 빙수가 되었다.
- 물 속이 깊으니 평생을 살아도 이 사람 속은 모른다.

- 陽水와 陰水가 교차하니 이중성격자다.
- 어차피 흘려보내야 할 물이므로 결혼과 사업 중 하나는 실패해야
  한다.
- 亥子丑으로 물이 역류하니 무모한 짓을 한다.
- 比劫이 많아 비뇨기계가 나쁘고, 하초가 습냉하다.
- 火가 없어 아내가 도망갔다.
- 子月生이면 혼자 살고, 亥月生이면 혼자는 못산다.
- 水日生이 比劫이 많으니 의심이 많다.
- 水가 많은데 羊刃을 놓아 매일 뗑깡을 부리거나 싸움질로 산다.
- 여자가 水가 많으면 재취팔자요, 목소리는 양철 깨지는 파열음이
  난다.
- 여자는 남자 같은 성격으로 남편을 꺾고, 남자는 여자 같은 성격
  으로 자식이 없다.

4. 치과

① 오행에서 金은 골격과 치아에 해당하니 약한 金이 刑沖을 받으
  면 손상될 수밖에 없다
② 急刻殺과 斷橋關殺은 뼈와 치아를 상하게 하는 흉살로 풍치를
  앓기도 한다.

```
丁 丁 乙 辛
未 巳 未 未
```

- 地支 火局이 年干 辛金을 녹인다.
- 未土 急刻殺이 3개씩이나 있어 의치를 한다.
- 炎上格에 아내인 辛金이 불 위에 있으니 아내가 달달 볶인다.
- 사주가 가벼워 경솔하고 산만하다.
- 사주에 未土가 많으니 丑을 만나면 다 털린다.

辛 庚 丙 甲
巳 申 寅 申

- 寅巳申三刑에 寅이 斷橋關殺이 되어 치아가 모두 상했다.
- 사주가 단조로워 자기 생각대로만 사는 사람이다.
- 丙火 偏官이 있어 명예를 좋아한다.
- 丙火가 用神인데 사주에 水가 없으니 庚金이 잘 마모된다. 기계가
  마모될 때는 시끄러운 소리가 나는 것처럼 사람도 시끄럽다.
- 사주에 食傷이 없으니 지혜가 부족해 못 먹어도 고하는 무지막지
  한 사람이다.
※ 食傷이 발달한 여자의 특징
- 입이 튀어나왔다.
- 부부가 해로하지 못한다.
- 혼자 살 능력을 갖고 태어났다.
- 입이 작으면 소심하고, 입이 크면 대범하다.

5. 기관지와 폐

① 金은 기관지와 폐에 해당하는데, 金이 허약하면 일찍 늙는다.

② 木火가 태왕하면 金이 피상된다.

③ 水日柱가 火局이면 물이 끓을 때 소리가 나듯 이런 사람은 목에서 가래 끓는 소리가 나고, 해소·천식·치질·맹장·빈혈·대장·생리통이 있다.

④ 木火가 태왕하면 더위를 잘 먹는다.

⑤ 水木이 응결하면 기침이 심하다.

⑥ 金氣가 태왕하면 폐암이 두렵다.

⑦ 여자는 월경 양이 적고, 백혈병도 조심해야 된다.

乙 庚 辛 己
酉 午 未 巳

- 庚金日柱에 巳午未로 火局을 놓아 기관지가 약하고, 빈혈에 혈압까지 있다.
- 자율신경계가 약해 늦도록 오줌을 싼다.
- 일사병과 피부병에 약하고, 환절기에는 감기를 달고 산다.
- 庚午日柱 여자는 남자만 보면 짜릿짜릿 전기가 잘 통한다.
- 火가 병이며, 자식이 원수다.

己 甲 己 甲
巳 午 巳 寅

- 木火가 강하면 金은 자연 피상되는 것.
  · 木焚飛灰 : 木이 타서 財만 남았다.
  · 灰飛烟 : 나무 형체조차 없어지고 재까지 날아가 버렸다.
- 甲己合은 爭合이 되지 않는다. 兩甲木이 兩己土와 합하여 舒配가
  되기 때문이다.
- 그래도 甲木은 욕심쟁이다.
- 火의 꽃은 큰데 열매가 없다.
- 火가 많아 金官을 무서워하지 않는다.
- 食傷이 발달해 내일 아침에 먹을 양식이 없어도 눈 하나 깜빡하
  지 않는 사람이다.

甲 庚 甲 戊
申 寅 寅 寅

- 3寅에 甲庚이 충하고 金木相戰格이니 치질이 있다.
- 金木相戰格은 태어날 때부터 약골이다.
- 從財格 사주로 申金이 忌神이다.

6. 심장과 혈압

① 火는 심장으로 木이 허하면 심장병에 걸린다.

② 火가 약한데 土가 강하면 심장병에 걸린다.

③ 火가 태왕해도 火가 없는 것과 같아 심장병에 걸린다.

④ 水氣가 태왕하면 비만하고, 火는 저절로 꺼지니 혈압이 높아진다.

⑤ 火土食神格도 비만 체질이다.

⑥ 金日柱가 木火가 많으면 혈압이 높다.

⑦ 火가 약하면 저혈압·심장판막·협심증 환자다.

⑧ 火가 태왕하면 고혈압과 심장확장증이 있다. 특히 여자는 심장 변막증을 조심해야 한다.

※ 日柱가 강하면 고혈압이 따르고, 약하면 저혈압이 따른다. 水土 日柱가 태왕하면 아내에게 산망이 따른다.


```
乙 丙 戊 己
未 戌 辰 丑
```

- 土가 많아 火가 허해졌으니 심장병 환자다.

- 火土 食神이 있으니 뚱뚱하다.

- 母衰子旺格으로 자식한테 배신당한다.

- 土白虎가 중중하니 위암 수술을 한다.
- 여자는 백발백중 자궁암에 걸린다.

　　乙 癸 癸 癸
　　卯 亥 亥 亥

- 水가 많으니 비만·풍기·고혈압에 걸린다.
- 水木이 응결되었으니 쓸모 없는 팔자요, 간경화가 무섭다.
- 木이 用神이니 火가 와야 발복한다.

7. 간질환

① 木이 간인데 土金이 왕하면 財生殺로 金剋木하니 간이 상한다.
② 水木이 응결하면 木으로 핵이 모이는 것은 좋으나, 木이 태과해
　　져 木이 굳고, 水가 많아 木이 퉁퉁 불으면 간경화·동맥경화·간
　　암에 걸린다. 이런 사람에게 과음은 자살 행위나 마찬가지다.
③ 金木이 서로 싸우면 金克木으로 木이 피상되기 때문이다. 이렇
　　게 되면 간염·두통·근육통·신경통이 생긴다.
④ 木日柱가 火를 많이 만나도 간염에 걸리기 쉽다.

　　丁 甲 甲 庚
　　卯 戌 申 申

- 金이 많아 木이 꺾이니 간이 약하다.
- 月上 甲木이 甲庚沖을 일차적으로 막아준다.
- 卯木이 用神이다.
- 金木이 서로 싸우니 간이 약하다.
- 木이 깨지기 직전이라 팔자가 고달프다.
- 7월에 서리가 너무 일찍 내렸다. 그것도 눈처럼 많아 고사하기 직전이다.
- 급하게 火가 필요하다. 여자는 火인 이마를 훤하게 하라.
- 金木相戰格이라 안 아픈데 데가 없다. 몸을 덥게 하는 게 명약이다. 여자는 남편한테 맞지 않아도 아픈 팔자다.

　　甲 甲 壬 己
　　子 辰 申 卯

- 7월 장마다.
- 음지 木.
- 水가 病.
- 申子辰과 子卯刑이 있으니 고시 공부를 하지만 운이 없다.
- 사십 중반까지 돈 못 번다.
- 아내가 벌어먹는다.
- 申子辰으로 金官이 水에 가라앉아 없어졌으니 자식이 없다.
- 用神이 없다.

- 본래 독실한 불교 신자인데 장 수술받다가 의사가 기독교 신자라 기독교 믿으면 좋다고 해서 개종했다.
- 壬戌年에 華蓋가 충하여 개종했다. 華蓋가 충하면 개종한다.
- 己土와 卯木은 用神으로 삼을 수 없다. 밭에 나무 뿌리가 침입한 것 같아 己土가 卯木을 제일 싫어한다. 고로 己卯日柱는 중년이나 말년에 이혼하는 경우가 많다.

丁 庚 庚 甲
亥 辰 午 申

- 甲木이 좌하 申金에 절하고 양 庚金에 沖剋을 당해 간이 약하다.
- 甲木이 날아갔다. 남편도 아내도 간이 나쁘다.
- 丁火가 약이다. 사랑의 매 官으로 때려주면 약이 된다.
- 무조건 오냐오냐하며 도와주면 안 된다. 방법을 알려주고 칭찬을 아끼며 스스로 하도록 한다.
- 官殺이 있으면 食傷은 내 편이다.
- 癸酉年에 用神이 꺼지면 남편이 미워지고, 남편도 일이 안 풀린다.
※ 傷官見官을 모면하는 방법
  · 취미생활을 해라.
  · 바쁘게 살면 피할 수 있다.
  · 여행해라.

8. 내과와 위장

① 土日柱가 약하거나 주중에 火土가 약한 자.
② 土日柱가 火土를 많이 만난 자.

■ **해설**

- 土는 위장이므로 土가 약하면 자연 위가 약하고, 火가 약하면 자
  연 火生土를 못하므로 위가 약하다. 고로 위가 약하면 심장도 약
  하고, 심장이 약하면 위장도 약하다.
- 木이 왕하여 위장이 약한 것은 木은 산이요 신경이므로 위산과다
  나 신경성 위장병을 앓게 된다.
- 金이 왕하면 土生金으로 위하수병이 되고, 水가 왕하면 土流로
  위벽이 상한즉 위궤양이 생기고, 火土가 왕하면 火生土로 土가 왕
  한즉 土(위)가 운동을 못 하여 위무력증이 생기고, 土가 沖刑을
  받으면 위 수술에 위경련이 생기고, 土가 왕하면 위암에 걸리고,
  土가 약하면 요통이 생긴다.

```
乙 戊 辛 丁
卯 寅 亥 亥
```

- 亥卯, 寅亥, 寅卯로 財生殺을 놓아 위산과다요, 日柱가 너무 허약

하여 잘 체하기도 한다.

– 寅中丙火가 用神.

– 財殺太旺格의 특징

　·위산과다, 위궤양, 신경성 위장병.

　·소화 능력 부족, 비명횡사.

　·자살 기도.

　·산성토질 : 버려진 땅, 쓸모없는 땅.

　·신용이 없다.

　·어디를 가나 자기 주장을 하지 못한다.

※ 土日柱가 허약하면

– 木이 많으면 위산과다, 신경성 위장병(신경안정제 가미조제할 것).

– 火土가 많으면 위무력증.

– 金이 많으면 위하수– 水木다 : 위궤양.

– 土가 沖刑되면 위 수술, 위경련, 위암.

– 土가 약하면 허리가 약하다.

※ 財星이 忌神인 사람은 財年에 음식을 조심하라.

　　　癸　戊　癸　癸

　　　亥　戌　亥　亥

– 水가 많아 土流되어 위궤양환자다.

– 戊土가 用神.

– 水多土流 위궤양 환자요, 水 때문에 죽는다.

· 6·25전쟁 때 남쪽으로 피난갔다가 아군이 북상할 때 조치원에서 물을 얻어먹으려고 어느 집으로 가던 중 마침 그 집에서 강간을 하고 있던 흑인 병사와 마주치자 흑인 병사가 총을 쏴 죽은 사람이다.
- 결국 물 때문에 죽었고 흑인(물)에게 죽었다.

癸 己 丙 甲 坤
酉 卯 寅 子

- 木이 많아 土가 허해져 요통이 심하고 위장이 약하다.
- 木이 많으니 위산과다, 신경성 위장병.
- 자궁폐쇄증.
- 子卯刑 수술.
- 官殺 혼잡격.
- 財殺太旺格.
- 피부병 : 金 비뇨기 : 水.
- 야뇨증 : 신허, 신 태약.
- 金水冷寒格 : 자율신경 작용 불능으로 오줌을 오래도록 싼다.
- 熱則膨脹冷則收縮.
- 金氣太旺格 : 피부병.
  · 火要 : 앞집 허씨.
  · 水要 : 소금 뒷집.
- 衰浪桃花 : 天干合 地支刑 : 子卯.

9. 피부·비뇨기과

① 金水 허약에 地支 火局 자 : 야뇨증, 피부증.
② 金水로 냉한 자 : 야뇨증과 발기 장애.
③ 桃花刑 또는 衰浪桃花 자 : 성병.
④ 日柱 심약자 : 腎氣虛.
⑤ 印綬 다봉자 : 포경.

乙 庚 戊 戊
酉 寅 午 寅

- 地支에 寅午寅으로 火局을 놓아 庚金의 피상이 심한즉 건성 피부
  에 종기가 잘 난다.
- 財殺太旺格 : 신허증, 신기 부포.
- 피부가 나쁘다(건성).
- 피로가 쉽게 온다.
- 酉金이 用神.
- 화재 조심, 水運은 대길, 亥運은 불길.

乙 癸 庚 辛
卯 酉 子 卯

- 金水가 냉한데 水木이 응결되어 13세까지 오줌을 쌌다.

- 癸水日柱 濁水.
- 乙卯木 濕木(水生木 흡수 불가).
- 調候가 부실하니 애타는 일이 많다.

```
壬 癸 庚 辛
子 卯 子 酉
```

- 子卯로 桃花刑이 있고 한랭하여 비뇨기계에 이상이 왔고, 성병이
  있다.
- 丁年이 되면 丁壬으로 횡재한다.
- 내가 생하는 것이 부족하면 말을 더듬는다.

```
戊 丙 己 庚
戌 寅 卯 戌
```

- 寅卯木局을 놓아 印綬가 태왕하나 寅戌寅戌로 火局이 되어 포경
  이다(印綬를 많이 만나면 포경).
- 月에 印綬가 있으면 예술성이 있다.
- 여학교 선생이다(여학교와 인연).

10. 산부인과

① 日柱 약에 食傷이 태강.

② 印綬 태왕에 食傷 심약자.

③ 食傷 허약에 봉沖刑자.

④ 日柱 약에 日支 기준 寅, 申, 卯, 酉 충자.

⑤ 金氣가 냉한에 사주가 건조한 자.

⑥ 모쇠자왕 사주 : 자연유산 잘 되고 기본 체력이 달린다.

⑦ 印綬 태왕하고 食傷 몰.

⑧ 자궁폐쇄 : 자궁이 발달하지 못했다.

⑨ 食傷이 沖刑되면 자손이 다한다. 낙태나 유산도 된다.

　　· 木東: 日出之門戶요.

　　· 金西: 日沒之門戶라.

　　　乙 丙 戊 己

　　　未 戌 辰 巳

– 다봉토로 泄氣가 태왕하여 신체가 허약하고, 未戌刑, 辰戌沖로
　유산이 심하여 자식이 없다.

– 食神格.

– 母衰子旺格.

– 자연유산 잘 되고, 수술받아야 하며, 자궁외 임신했다.

– 火土 食神 : 살찌는 팔자.

– 土多칙 암성 있고.

– 火土重濁格에 身弱格이요 보모 팔자다.

– 食傷이 태왕하면 잘 풀리면 고아원 원장, 못 풀리면 식순이. 조모

가 두 분.

- 남 걱정에 세월 가는 줄 모르는 팔자.

- 木이 필요하다.

- 아내는 있어도 서방은 없는 팔자.

丙 乙 壬 壬
子 亥 子 申

- 印綬太旺格.

- 母子滅子格.

- 水木이 응결되었다.

- 풍북한설(丙火는 죽었다).

- 浮木 : 떠돌이 팔자 : 無花果.

- 평생 철 안 든다.

  ·丙 : 火 : 여름 : 태양.

  ·水 : 밤 : 겨울.

- 이 사람 寅木이 급하게 필요하다. 이름에 寅 자를 써라.

- 바닷가에서 태어난 사람.

- 평생 안경 써야 한다.

- 水印綬 태왕에 時上 丙火 몰광.

己 戊 壬 丁
未 申 寅 亥

– 食神 申金이 寅申沖을 받아 자궁이 약하고 수술받았다.

– 寅申 官食鬪戰이 되어 매맞고 산다.

– 土가 약한데 寅亥木局을 놓아 남편이 잘나고 똑똑해 모시기 힘들다.

– 시댁 식구 눈치 보랴, 등쌀에 못 산다.

– 戊申 孤蘭殺 : 외롭다. 남편은 작첩하고 나는 남편 빼앗기고 산다.

– 그의 어머니는 丁壬合되었으니 연애박사였겠다.

丙 庚 庚 辛
子 子 子 酉

– 金水가 태왕하여 냉한하니 불감증 환자다.

– 자궁암, 대하증.

– 金水雙淸格 : 너무 깨끗한 것이 흠이고, 나 혼자 애국자다.

– 여자는 혼자 살아야 한다→丙火 官死.

– 예체능 교사.

11. 수족

① 急刻殺이나 斷橋關殺 놓은 자.

② 水木 응결 혹은 金水 냉한 자.

③ 身弱에 金水相戰 또는 驛馬殺이 刑.

④ 사주가 지나치게 건조한 자.

⑤ 財殺 태왕에 羊刃 太旺者.

■ 해설

- 사주가 건조한 것은 열기가 많아서인데, 열이 많으면 소아마비요, 소아마비에 걸리면 수족이 상하게 마련이다.
- 身弱은 병에 가라앉기 쉬우며 金木相戰은 木을 상하게 하기 때문이다.
- 羊刃이 태왕하면 身旺할 것 같아도 太强則折이라 성격이 잔인해서 사고를 잘 일으킨다.

```
戊 辛 己 己
戌 未 巳 巳
```

- 巳巳未 火局에 刑을 만나고 未가 격각살되었으며 사주가 너무 건조하여 다리를 전다.
- 未 : 急刻殺 : 아내가 急刻殺이 되어 다리를 전다.
- 火局 : 從殺格.
- 土生金 불능 : 燥土.

※ 羊刃 태왕→손가락 잘려본다.

※ 건조한 사주→소아마비.

※ 상전하는 사주→수족마비, 수술.

※ 산후풍→산후에 바람 쐬면 안 된다. 여름에도 선풍기 바람 절대 불가.

※ 急刻殺

月支	寅卯辰	巳午未	申酉戌	亥子丑
急脚	亥子	卯未	寅戌	丑辰

※ 斷橋關殺

月支	寅	卯	辰	巳	午	未	申	酉	戌	亥	子	丑
斷橋	寅	卯	申	丑	戌	酉	辰	巳	午	未	亥	子

癸 壬 乙 癸
卯 子 卯 亥

- 急刻殺, 斷橋關殺, 水木 응결. 子卯로 刑沖되어 다리를 절고 풍질을 앓는다.
- 水木 응결 : 풍파가 많다.
- 2월 장마.
- 月에서 傷官을 만나면 아버지대에 패망한다.
- 桃花刑殺 : 比肩 桃花.
- 花流之病 : 손재 중중.
- 日支 桃花 : 작첩 동거.
- 調候가 우선.
- 여자가 官星이 없으면 여러 번 시집가도 별 수 없다.
- 傷官이 많아 농담 잘하고 욕 잘한다.

- 성격이 고약하고, 말을 함부로 하고, 어느 게 진실인지 알 수 없고 시끄럽다.
- 근심걱정이 많은 팔자.

　庚甲辛丙
　午申卯戌

- 金木相戰하고 卯 斷橋關殺이 있는 자, 甲寅年에 寅申沖으로 손을 다쳐 불구가 된다.
- 丙辛合, 卯戌合 : 남편은 있으나 잠은 따로 잔다.
- 官殺 혼잡격 : 하격.
- 대형트럭 기사다. 甲寅年에 차 밑에서 차를 고치는데 조수가 사람이 없는 줄 알고 차를 몰아 바퀴에 손을 치어 이그러지도록 다쳤다. 손절단 마비.
- 日支에 偏官과 羊刃이 있으니 성격이 급하다.
- 庚은 자식인데 자식 하나는 잘됐다.

　庚甲庚甲
　午午午寅

- 地支에 火局이 강하여 건조하니 다리를 전다.
- 木火 당권 : 木火運 대길.

- 직업이 주방장이다.
- 水도 없고 印綬도 없으니 시작도 없고 끝도 없다(事頭無序格).
- 火가 많으면 항상 즐겁게 살려고 한다. 어떻게 되겠지 하는 안일한 생각과 될 대로 되어라 하는 사람으로 내일을 걱정하지 않는 사람이다.
- 인정이 많아 오는 사람 가는 사람 다 술 받아준다.
- 사주가 건조하니 술이 당긴다.

丙 丙 丙 辛
申 辰 申 酉

- 財多金으로 火熄이 되었고, 辰土 斷橋關殺 있어 불운에 두 다리를 모두 절단했다.

戊 戊 丙 丙
午 申 申 申

- 고등학교 때부터 알코올 중독으로 손을 떤다.
- 은행에서 일하는데 후배들이 모두 상대 나와 간부급으로 있는데 스트레스 받아 퇴직하고부터 술 마신 것이 화근이 되어 중독되었고 수족을 떤다.
- 庚子대운에 죽는다.

6. 역학으로 본 재난

1. 재난 관계

① 감금생활 : 日支에 刑沖이나 囚獄殺 놓은 자.

② 天羅地網殺 놓은 자.

③ 財殺이나 食傷이 태왕하면 석양의 무법자다.

④ 食傷이 태왕하면 시간을 안 지킨다.

戊 甲 丙 丁

辰 申 午 巳

－辰과 申이 用神이다.

－巳申刑 놓고 子 囚獄殺 있으니 감금되어 보았다.

－뿌리없는 나무 : 성씨도 바꿔보며 산다.

－인정이 다하여 주체성이 없다.

－食傷이 많으니 간염이 따른다.

－5월 나무에 꽃만 무성(虛花無實).

－얼굴이 흘렀고, 볼수록 밉다.

－공부해서 초등학교 선생이라도 해라.

乙 己 丁 己

亥 巳 卯 巳

- 巳亥 羅網殺에 卯 囚獄殺이 있으니 감옥에 가본다.
- 寅, 亥, 申年에 관재 발생한다.
- 日柱가 약하다(殺印相生).
- 丁·己日生이 財官格이면 법, 은행, 역학 계통으로 많이 나간다.

　　庚 乙 辛 庚
　　辰 巳 巳 辰

- 財殺이 태왕한데 天羅地網殺까지 있어 별을 5개나 달아보았다(간통죄, 사기죄).
- 巳 傷官, 官食鬪戰, 寅申巳亥年에 관재구설 들어온다.
- 巳火는 이마에 해당하는데 巳火가 4개이니 이마에 별 넷을 달아본다.
- 乙木이 巳火 傷官을 놓아 배짱 하나는 좋다. 선거할 때는 꼭 필요한 사람이다.
- 여자는 선술집이나 군인 상대, 스탠드바.
※ 明暗夫集 : 좋은 사람이다 싶으면 차고 도망간다. 막가파 인생.

　　丁 丁 甲 己
　　未 丑 戌 丑

- 丑戌未 三刑에 食傷이 태과하고 羅網까지 있으니 癸亥年에 감옥간다.

- 子旺母衰格 : 불종했다.
- 火 : 태양, 빛, 광선.
- 土 : 태산, 햇빛이 골고루 못 들어온다(음지팔자).
- 時上 丁火가 用神이다.
- 癸酉年에 관재 들어온다. 피하려면 입원해라.
- 관재구설 들어오는 해에 수술받으면 때운다.
- 이름에 林, 森, 寅 같이 木을 많이 넣어 지어라.
- 木이 태과하면 뇌성마비가 따르는데, 이 사주는 木이 어지간히 들어와도 괜찮다.

2. 화상과 음독

① 日支에 湯火殺이나 湯火局을 놓은 자.
② 水火日柱에 水火가 태왕한 자.

■ 해설
- 寅·丑·午가 日支에만 있으면 가벼우나, 충이나 刑을 만나면 가중된다.
- 湯火局이 日柱를 극하면 음독한다.
- 水日柱가 水氣가 왕하면 약물로 재앙을 당한다. 火日柱가 火氣가 태왕하면 성격이 조급해서 홧김에 음독한다.
※ 水氣가 태왕하면 죽어서 관이 없다.

丙 甲 丁 甲

寅 午 卯 子

- 日支에 寅·午 湯火가 있고 냉한절생이라 소아마비를 비관하다가
  여러 번 음독했다.
- 丙火가 用神이다.
- 상호에 大 자를 넣지 말라. 화재가 났던 곳으로 이사하면 금방 발
  복한다.
- 2월 나무·꽃 : 잡꽃.
- 木火通明格.
- 先濁後淸格 : 개천에서 용난다.

癸 癸 辛 辛

丑 丑 丑 丑

- 金水가 태왕한데 日에 湯火가 중중하다.
- 소아마비로 비관 자살 기도.
- 湯火가 4개이니 음독 4번 했다.
- 金水運이 좋다.
- 日은 土로 보지 말고 12월 水로 봐라.
- 日柱가 沖刑될 때 사건이 생긴다.

3. 교통사고

① 驛馬나 地殺이 日支와 沖刑된 자.

② 金氣가 약한 자.

③ 驛馬나 地殺이 官이 되면 교통경찰, 운전기사.

$$乙\ 戊\ 己\ 丙$$
$$卯\ 寅\ 亥\ 辰$$

- 財殺 水木局을 놓고 驛馬가 임했으니 교통사고 난다.
- 寅中丙火가 用神이다.
- 위장병 환자, 투신자살.
- 土日柱가 財殺太旺格이니 횡사나 익사한다.
- 戊寅日柱라 죽어도 좋하지 않는다.

4. 수액과 수재

① 사주에 金水가 태왕하면 물에 빠진다. 특히 여자는 상·하수도
가 막히고 고장도 잘 난다.

※ 落井關殺

	甲己	乙庚	丙辛	丁壬	戊癸
落井	巳	子	申	戌	卯

- 木日柱 : 표류
- 火日柱 : 몰광
- 土日柱 : 土流
- 水日柱 : 유하
- 金日柱 : 금침

　　癸　戊　癸　癸
　　亥　戌　亥　亥

- 財多身弱.
- 土流.
- 인정이 많아 되는 일이 없다.
- 이런 사람 아내한테 신세지면서 산다.
- 그러나 그 아내 역시 이런 사람과 만난 여자라 별 수 없다.

　　庚　癸　庚　丙
　　申　卯　寅　申

- 卯申 鬼門關殺이 있어 친정에서 일만 있으면 불러댄다.
- 가는 곳마다 속썩는 일 많다.
- 癸日生이라 일을 잘 처리한다.
- 남편이 쩔쩔 맨다.
- 자식 때문에 신경 많이 쓴다(卯申鬼門).

丙 乙 庚 丙

子 亥 子 子

- 水氣가 태왕하여 浮木이 되었다.

- 음독도 해보고 수액도 당해 보았다.

- 무화과 나무, 濕木.

- 水木이 응결되었다.

- 몰광, 금침.

- 母子滅子.

- 身旺, 太强則折 : 병골 : 병 달고 산다.

- 調候가 부실하다.

甲 庚 甲 甲

申 申 戌 申

- 金을 많이 만나 金實無聲이 되었다.

- 중금속 병을 앓고 있다.

- 戌中丁火가 用神이다.

- 金木相戰格이니 木 아내와 서로 싸운다.

- 財가 분산되어 돈이 없다.

신비한 동양철학 시리즈

적천수 정설
유백온 선생의 적천수 원본을 정석으로 해설
원래 유백온 선생이 저술한 적천수의 원문은 그렇게 많지가 않으나 후학들이 각각 자신의 주장으로 해설하여 많아졌다. 이 책은 적천수 원문을 보고 30년 역학의 경험을 총동원하여 해설했다. 물론 백퍼센트 정확하다고 주장할 수는 없다. 다만 한국과 일본을 오가면서 실제의 경험담을 함께 실었다. 공부하는 사람들에게는 많은 도움이 될 것이라 믿는다.
신비한 동양철학 82 | 역산 김찬동 편역 | 692면 | 34,000원 | 신국판

궁통보감 정설
궁통보감 원문을 쉽고 자세하게 해설
『궁통보감(窮通寶鑑)』은 5대원서 중에서 가장 이론적이며 사리에 맞는 책이며, 조후(調候)를 중심으로 설명하며 간명한 것이 특징이다. 역학을 공부하는 학도들에게 도움을 주려고 먼저 원문에 음독을 단 다음 해설하였다. 그리고 예문은 서낙오(徐樂吾) 선생이 해설한 것을 그대로 번역하였고, 저자가 상담한 사람들의 사주와 점서에 있는 사주들을 실었다.
신비한 동양철학 83 | 역산 김찬동 편역 | 768면 | 39,000원 | 신국판

연해자평 정설(1·2권)
연해자평의 완결판
연해자평의 저자 서자평은 중국 송대의 대음양 학자로 명리학의 비조일 뿐만 아니라 천문점성에도 밝았다. 이전에는 년(年)을 기준으로 추명했는데 적중률이 낮아 서자평이 일간(日干)을 기준으로 하고, 일지(日支)를 배우자로 보는 이론을 발표하면서 명리학은 크게 발전해 오늘에 이르렀다. 때문에 연해자평은 5대 원서 중에서도 필독하지 않으면 안 되는 책이다.
신비한 동양철학 101 | 김찬동 편역 |1권 559면, 2권 309면 | 1권 33,000원, 2권 20,000원 | 신국판

명리입문
명리학의 정통교본
이 책은 옛부터 있었던 글들이나 너무 여기 저기 산만하게 흩어져 있어 공부하는 사람들에게는 많은 시간과 인내를 필요로 하였다. 그래서 한 군데 묶어 좀더 보기 쉽고 알기 쉽도록 엮은 것이다.
신비한 동양철학 41 | 동하 정지호 저 | 678면 | 29,000원 | 신국판 양장

조화원약 평주
명리학의 정통교본
자평진전, 난강망, 명리정종, 적천수 등과 함께 명리학의 교본에 해당하는 것으로 중국 청나라 때 나온 난강망이라는 책을 서낙오 선생께서 자세하게 설명을 붙인 것이다. 기존의 많은 책들이 오직 격국과 용신을 중심으로 감정하는 것과는 달리 십간 십이지와 음양오행을 각각 자연의 이치와 춘하추동의 사계절의 흐름에 대입하여 인간의 길흉화복을 알 수 있게 했다.
신비한 동양철학 35 | 동하 정지호 편역 | 888면 | 46,000원 | 신국판

사주대성
초보에서 완성까지
이 책은 과거 현재 미래를 모두 알 수 있는 비결을 실었다. 그러나 모두 터득한다는 것은 어려울 것이다.역학은 수천 년간 동방의 석학들에 의해 갈고 닦은 철학이요 학문이며, 정신문화로서 영과학적인 상수문화로서 자랑할만한 위대한 학문이다.
신비한 동양철학 33 | 도관 박흥식 저 | 986면 | 49,000원 | 신국판 양장

쉽게 푼 역학(개정판)
쉽게 배워 적용할 수 있는 생활역학서!

이 책에서는 좀더 많은 사람들이 역학의 근본인 우주의 오묘한 진리와 법칙을 깨달아 보다 나은 삶을 영위하는데 도움이 될 수 있도록 가장 쉬운 언어와 가장 쉬운 방법으로 풀이했다. 역학계의 대가 김봉준 선생의 역작이다.

신비한 동양철학 71 | 백우 김봉준 저 | 568면 | 30,000원 | 신국판

사주명리학 핵심
맥을 잡아야 모든 것이 보인다

이 책은 잡다한 설명을 배제하고 명리학자에게 도움이 될 비법들만을 모아 엮었기 때문에 초심자가 이해하기에는 다소 어려운 부분도 있겠지만 기초를 튼튼히 한 다음 정독한다면 충분히 이해할 것이다. 신살만 늘어놓으며 감정하는 사이비가 되지말기를 바란다.

신비한 동양철학 19 | 도관 박흥식 저 | 502면 | 20,000원 | 신국판

물상활용비법
물상을 활용하여 오행의 흐름을 파악한다

이 책은 물상을 통하여 오행의 흐름을 파악하고 운명을 감정하는 방법을 연구한 책이다. 추명학의 해법을 연구하고 운명을 추리하여 오행에서 분류되는 물질의 운명 줄거리를 물상의 기물로 나들이 하는 활용법을 주제로 했다. 팔자풀이 및 운명해설에 관한 명리감정법의 체계를 세우는데 목적을 두고 초점을 맞추었다.

신비한 동양철학 31 | 해주 이학성 저 | 446면 | 34,000원 | 신국판

신수대전
흉함을 피하고 길함을 부르는 방법

신수는 대부분 주역과 사주추명학에 근거한다. 수많은 학설 중 몇 가지를 보면 사주명리, 자미두수, 관상, 점성학, 구성학, 육효, 토정비결, 매화역수, 대정수, 초씨역림, 황극책수, 하락리수, 범위수, 월영도, 현무발서, 철판신수, 육임신과, 기문둔갑, 태을신수 등이다. 역학에 정통한 고사가 아니면 추단하기 어려우므로 누구나 신수를 볼 수 있도록 몇 가지를 정리했다.

신비한 동양철학 62 | 도관 박흥식 편저 | 528면 | 36,000원 | 신국판 양장

정법사주
운명판단의 첩경을 이루는 책

이 책은 사주추명학을 연구하고자 하는 분들에게 심오한 주역의 이해를 돕고자 하는 의도에서 시작되었다. 음양오행의 상생상극에서부터 육친법과 신살법을 기초로 하여 격국과 용신 그리고 유년판단법을 활용하여 운명판단에 첩경이 될 수 있도록 했고 추리응용과 운명감정의 실례를 하나하나 들어가면서 독학과 강의용 겸용으로 엮었다.

신비한 동양철학 49 | 원각 김구현 저 | 424면 | 26,000원 | 신국판 양장

내가 보고 내가 바꾸는 DIY사주
내가 보고 내가 바꾸는 사주비결

기존의 책들과는 달리 한 사람의 사주를 체계적으로 도표화시켜 한 눈에 파악할 수 있고, DIY라는 책 제목에서 말하듯이 개운하는 방법을 제시한다. 초심자는 물론 전문가도 자신의 이론을 새롭게 재조명해 볼 수 있는 케이스 스터디 북이다.

신비한 동양철학 39 | 석오 전광 저 | 338면 | 16,000원 | 신국판

인터뷰 사주학
쉽고 재미있는 인터뷰 사주학

얼마전만 해도 사주학을 취급하면 미신을 다루는 부류로 취급되었다. 그러나 지금은 하루가 다르게 이 학문을 공부하는 사람들이 폭증하고 있는 것으로 보인다. 젊은 층에서 사주카페니 사주방이니 사주동아리 하는 것들이 만들어지고 그 모임이 활발하게 움직이고 있다는 점이 그것을 증명해준다. 그뿐 아니라 대학원에는 역학교수들이 점차로 증가하고 있다.

신비한 동양철학 70 | 글갈 정대엽 편저 | 426면 | 16,000원 | 신국판

사주특강
자평진전과 적천수의 재해석
이 책은 『자평진전』과 『적천수』를 근간으로 명리학의 폭넓은 가치를 인식하고, 실전에서 유용한 기반을 다지는데 중점을 두고 썼다. 일찍이 『자평진전』을 교과서로 삼고, 『적천수』로 보완하라는 서낙오의 말에 깊이 공감한다.
신비한 동양철학 68 │ 청월 박상의 편저 │ 440면 │ 25,000원 │ 신국판

참역학은 이렇게 쉬운 것이다
음양오행의 이론으로 이루어진 참역학서
수학공식이 아무리 어렵다고 해도 1, 2, 3, 4, 5, 6, 7, 8, 9, 0의 10개의 숫자로 이루어졌듯이 사주도 음양과 오행으로 이루어졌을 뿐이다. 그러니 용신과 격국이라는 무거운 짐을 벗어버리고 음양오행의 법칙과 진리만 정확하게 파악하면 된다. 사주는 음양오행의 변화일 뿐이고 용신과 격국은 사주를 감정하는 한 가지 방법에 지나지 않는다.
신비한 동양철학 24 │ 청암 박재현 저 │ 328면 │ 16,000원 │ 신국판

사주에 모든 길이 있다
사주를 알면 운명이 보인다!
사주를 간명하는데 조금이라도 도움이 됐으면 하는 바람에서 이 책을 썼다. 간명의 근간인 오행의 왕쇠강약을 세분하고, 대운과 세운, 세운과 월운의 연관성과, 십신과 여러 살이 미치는 암시와, 십이운성으로 세운을 판단하는 법을 설명했다.
신비한 동양철학 65 │ 정담 선사 편저 │ 294면 │ 26,000원 │ 신국판 양장

왕초보 내 사주
초보 입문용 역학서
이 책은 역학을 너무 어렵게 생각하는 초보자들에게 조금이나마 도움을 주고자 쉽게 엮으려고 노력했다. 이 책을 숙지한 후 역학(易學)의 5대 원서인 『적천수(滴天髓)』, 『궁통보감(窮通寶鑑)』, 『명리정종(命理正宗)』, 『연해자평(淵海子平)』, 『삼명통회(三命通會)』에 접근한다면 훨씬 쉽게 터득할 수 있을 것이다. 이 책들은 저자가 이미 편역하여 삼한출판사에서 출간한 것도 있고, 앞으로 모두 갖출 것이니 많이 활용하기 바란다.
신비한 동양철학 84 │ 역산 김찬동 편저 │ 278면 │ 19,000원 │ 신국판

명리학연구
체계적인 명확한 이론
이 책은 명리학 연구에 핵심적인 내용만을 모아 하나의 독립된 장을 만들었다. 명리학은 분야가 넓어 공부를 하다보면 주변에 머무르는 경우가 많아, 주요 내용을 잃고 헤매는 경우가 많다. 그러므로 뼈대를 잡는 것이 중요한데, 여기서는 「17장. 명리대요」에 핵심 내용만을 모아 학문의 체계를 잡는데 용이하게 하였다.
신비한 동양철학 59 │ 권중주 저 │ 562면 │ 29,000원 │ 신국판 양장

말하는 역학
신수를 묻는 사람 앞에서 술술 말문이 열린다
그토록 어렵다는 사주통변술을 쉽고 흥미롭게 고담과 덕담을 곁들여 사실적으로 생동감 있게 통변했다. 길흉을 어떻게 표현하느냐에 따라 상담자의 정곡을 찔러 핵심을 끌어내 정답을 내리는 것이 통변술이다.역학계의 대가 김봉준 선생의 역작.
신비한 동양철학 11 │ 백우 김봉준 저 │ 576면 │ 26,000원 │ 신국판 양장

통변술해법
가닥가닥 풀어내는 역학의 비법
이 책은 역학과 상대에 대해 머리로는 다 알면서도 밖으로 표출되지 않아 어려움을 겪는 사람들을 위한 실습서다. 특히 실명감정과 이론강의로 나누어 역학의 진리를 설명하여 초보자도 쉽게 이해할 수 있다. 역학계의 대가 김봉준 선생의 역서인 『알기쉬운 해설·말하는 역학』이 나온 후 후편을 써달라는 열화같은 요구에 못이겨 내놓은 바로 그 책이다.
신비한 동양철학 21 │ 백우 김봉준 저 │ 392면 │ 36,000원 │ 신국판

술술 읽다보면 통달하는 사주학
술술 읽다보면 나도 어느새 도사
당신은 당신 마음대로 모든 일이 이루어지던가. 지금까지 누구의 명령을 받지 않고 내 맘대로 살아왔다고, 운명 따위는 믿지 않는다고, 운명에 매달리지 않는다고 말하는 사람들이 많다. 그러나 우주법칙을 모르기 때문에 하는 소리다.
신비한 동양철학 28 | 조철현 저 | 368면 | 16,000원 | 신국판

사주학
5대 원서의 핵심과 실용
이 책은 사주학을 체계적으로 공부하려는 학도들을 위해서 꼭 알아두어야 할 내용들과 용어들을 수록하는데 중점을 두었다. 이 학문을 공부하려고 많은 사람들이 필자를 찾아왔을 깨 여러 가지 질문을 던져보면 거의 기초지식이 시원치 않음을 보았다. 따라서 용어를 포함한 제반지식을 골고루 습득해야 빠른 시일 내에 소기의 목적을 달성할 수 있을 것이다.
신비한 동양철학 66 | 글갈 정대엽 저 | 778면 | 46,000원 | 신국판 양장

명인재
신기한 사주판단 비법
이 책은 오행보다는 주로 살을 이용하는 비법을 담았다. 시중에 나온 책들을 보면 살에 대해 설명은 많이 하면서도 실제 응용에서는 무시하고 있다. 이것은 살을 알면서도 응용할 줄 모르기 때문이다. 그러나 이 책에서는 살의 활용방법을 완전히 터득해, 어떤 살과 어떤 살이 합하면 어떻게 작용하는지를 자세하게 설명하였다.
신비한 동양철학 43 | 원공선사 저 | 332면 | 19,000원 | 신국판 양장

명리학 | 재미있는 우리사주
사주 세우는 방법부터 용어해설 까지!!
몇 년 전 『사주에 모든 길이 있다』가 나온 후 선배 제현들께서 알찬 내용의 책다운 책을 접했다는 찬사를 받았다. 그러나 사주의 작성법을 설명하지 않아 독자들에게 많은 질타를 받고 뒤늦게 이 책을 출판하기로 결심했다. 이 책은 한글만 알면 누구나 역학과 가까워질 수 있도록 사주 세우는 방법부터 실제간명, 용어해설에 이르기까지 분야별로 엮었다.
신비한 동양철학 74 | 정담 선사 편저 | 368면 | 19,000원 | 신국판

사주비기
역학으로 보는 역대 대통령들이 나오는 이치!!
이 책에서는 고서의 이론을 근간으로 하여 근대의 사주들을 임상하여, 적중도에 의구심이 가는 이론들은 과감하게 탈피하고 통용될 수 있는 이론만을 수용했다. 따라서 기존 역학서의 아쉬운 부분들을 충족시키며 일반인도 열정만 있으면 누구나 자신의 운명을 감정하고 피흉취길할 수 있는 생활지침서로 활용할 수 있을 것이다.
신비한 동양철학 79 | 청월 박상의 편저 | 456면 | 19,000원 | 신국판

사주학의 활용법
가장 실질적인 역학서
우리가 생소한 지방을 여행할 때 제대로 된 지도가 있다면 편리하고 큰 도움이 되듯이 역학이란 이와같은 인생의 길잡이다. 예측불허의 인생을 살아가는데 올바른 안내자나 그 무엇이 있다면 그 이상 마음 든든하고 큰 재산은 없을 것이다.
신비한 동양철학 17 | 학선 류래웅 저 | 358면 | 15,000원 | 신국판

명리실무
명리학의 총 정리서
명리학(命理學)은 오랜 세월 많은 철인(哲人)들에 의하여 전승 발전되어 왔고, 지금도 수많은 사람이 임상과 연구에 임하고 있으며, 몇몇 대학에 학과도 개설되어 체계적인 교육을 하고 있다. 그러나 아직도 실무에서 활용할 수 있는 책이 부족한 상황이기 때문에 나름대로 현장에서 필요한 이론들을 정리해 보았다. 초학자는 물론 역학계에 종사하는 사람들에게 큰 도움이 될 것이라고 믿는다.
신비한 동양철학 94 | 박흥식 편저 | 920면 | 39,000원 | 신국판

사주 속으로
역학서의 고전들로 입증하며 쉽고 자세하게 푼 책

십 년 동안 역학계에 종사하면서 나름대로는 실전과 이론에서 최선을 다했다고 자부한다. 역학원의 비좁은 공간에서도 항상 후학을 생각하는 마음으로 역학에 대한 배움의 장을 마련하고자 노력한 것도 사실이다. 이 책을 역학으로 이름을 알리고 역학으로 생활하면서 조금이나마 역학계에 이바지할 것이 없을까라는 고민의 산물이라 생각해주기 바란다.

신비한 동양철학 95 | 김상회 편저 | 429면 | 15,000원 | 신국판

사주학의 방정식
알기 쉽게 풀어놓은 가장 실질적인 역서

이 책은 종전의 어려웠던 사주풀이의 응용과 한문을 쉬운 방법으로 터득하는데 목적을 두었고, 역학이 무엇인가를 알리고자 하는데 있다. 세인들은 역학자를 남의 운명이나 풀이하는 점쟁이로 알지만 잘못된 생각이다. 역학은 우주의 근본이며 기의 학문이기 때문에 역학을 이해하지 못하고서는 우리 인생살이 또한 정확하게 해석할 수 없는 고차원의 학문이다.

신비한 동양철학 18 | 김용오 저 | 192면 | 16,000원 | 신국판

오행상극설과 진화론
인간과 인생을 떠난 천리란 있을 수 없다

과학이 현대를 설정하여 설명하고 있으나 원리는 동양철학에도 있기에 그 양면을 밝히고자 노력했다. 우주에서 일어나는 모든 일을 과학으로 설명될 수는 없다. 비과학적이라고 하기보다는 과학이 따라오지 못한다고 설명하는 것이 더 솔직하고 옳은 표현일 것이다. 특히 과학분야에 종사하는 신의사가 저술했다는데 더 큰 화제가 되고 있다.

신비한 동양철학 5 | 김태진 저 | 222면 | 15,000원 | 신국판

스스로 공부하게 하는 방법과 천부적 적성
내 아이를 성공시키고 싶은 부모들에게

자녀를 성공시키고 싶은 마음은 누구나 같겠지만 가난한 집 아이가 좋은 성적을 내기는 매우 어렵고, 원하는 학교에 들어가기도 어렵다. 그러나 실망하기에는 아직 이르다. 내 아이가 훌륭하게 성장해 아름답고 멋진 삶을 살아가는 방법을 소개한다.

신비한 동양철학 85 | 청암 박재현 지음 | 176면 | 14,000원 | 신국판

진짜부적 가짜부적
부적의 실체와 정확한 제작방법

인쇄부적에서 가짜부적에 이르기까지 많게는 몇백만원에 팔리고 있다는 보도를 종종 듣는다. 그러나 부적은 정확한 제작방법에 따라 자신의 용도에 맞게 스스로 만들어 사용하면 훨씬 더 좋은 효과를 얻을 수 있다. 이 책은 중국에서 정통부적을 연구한 국내유일의 동양오술학자가 밝힌 부적의 실체와 정확한 제작방법을 소개하고 있다.

신비한 동양철학 7 | 오상익 저 | 322면 | 20,000원 | 신국판

수명비결
주민등록번호 13자로 숙명의 정체를 밝힌다

우리는 지금 무수히 많은 숫자의 거미줄에 매달려 허우적거리며 살아가고 있다. 1분·1초가 생사를 가름하고, 1등·2등이 인생을 좌우하며, 1급·2급이 신분을 구분하는 세상이다. 이 책은 수명리학으로 13자의 주민등록번호로 명예, 재산, 건강, 수명, 애정, 자녀운 등을 미리 읽어본다.

신비한 동양철학 14 | 장충한 저 | 308면 | 15,000원 | 신국판

진짜궁합 가짜궁합
남녀궁합의 새로운 충격

중국에서 연구한 국내유일의 동양오술학자가 우리나라 역술가들의 궁합법이 잘못되었다는 것을 학술적으로 분석·비평하고, 전적과 사례연구를 통하여 궁합의 실체와 타당성을 분석했다. 합리적인 「자미두수궁합법」과 「남녀궁합」 및 출생시간을 몰라 궁합을 못보는 사람들을 위하여 「지문으로 보는 궁합법」 등을 공개하고 있다.

신비한 동양철학 8 | 오상익 저 | 414면 | 15,000원 | 신국판

주역육효 해설방법(상·하)
한 번만 읽으면 주역을 활용할 수 있는 책
이 책은 주역을 해설한 것으로, 될 수 있는 한 여러 가지 사설을 덧붙이지 않고, 주역을 공부하고 활용하는데 필요한 요건만을 기록했다. 따라서 주역의 근원이나 하도낙서, 음양오행에 대해서도 많은 설명을 자제했다. 다만 누구나 이 책을 한 번 읽어서 주역을 이해하고 활용할 수 있도록 하는데 중점을 두었다.
신비한 동양철학 38 | 원공선사 저 | 상 810면·하 798면 | 각 29,000원 | 신국판

쉽게 푼 주역
귀신도 탄복한다는 주역을 쉽고 재미있게 풀어놓은 책
주역이라는 말 한마디면 귀신도 기겁을 하고 놀라 자빠진다는데, 운수와 일진이 문제가 될까. 8×8=64괘라는 주역을 한 괘에 23개씩의 회답으로 해설하여 1472괘의 신비한 해답을 수록했다. 당신이 당면한 문제라면 무엇이든 해결할 수 있는 열쇠가 이 한 권의 책 속에 있다.
신비한 동양철학 10 | 정도명 저 | 284면 | 16,000원 | 신국판

나침반 | 어디로 갈까요
주역의 기본원리를 통달할 수 있는 책
이 책에서는 기본괘와 변화와 기본괘가 어떤 괘로 변했을 경우 일어날 수 있는 내용들을 설명하여 주역의 변화에 대한 이해를 돕는데 주력하였다. 그러나 그런 내용을 구분할 수 있는 방법을 전부 다 설명할 수는 없기에 뒷장에 간단하게설명하였고, 다른 책들과 설명의 차이점도 기록하였으니 참작하여 본다면 조금이나마 도움이 될 것이다.
신비한 동양철학 67 | 원공선사 편저 | 800면 | 39,000원 | 신국판

완성 주역비결 | 주역 토정비결
반쪽으로 전해오는 토정비결을 완전하게 해설
지금 시중에 나와 있는 토정비결에 대한 책들은 옛날부터 내려오는 완전한 비결이 아니라 반쪽의 책이다. 그러나 반쪽이라고 말하는 사람은 없다. 그것은 주역의 원리를 모르기 때문이다. 그래서 늦은 감이 없지 않으나 앞으로 수많은 세월을 생각해서 완전한 해설판을 내놓기로 했다.
신비한 동양철학 92 | 원공선사 편저 | 396면 | 16,000원 | 신국판

육효대전
정확한 해설과 다양한 활용법
동양고전 중에서도 가장 대표적인 것이 주역이다. 주역은 옛사람들이 자연을 거울삼아 생활을 영위해 나가는 처세에 관한 지혜를 무한히 내포하고, 피흉추길하는 얼과 슬기가 함축된 점서인 동시에 수양·과학서요 철학·종교서라고 할 수 있다.
신비한 동양철학 37 | 도관 박흥식 편저 | 608면 | 26,000원 | 신국판

육효점 정론
육효학의 정수
이 책은 주역의 원전소개와 상수역법의 꽃으로 발전한 경방학을 같이 실어 독자들의 호기심을 충족시키는데 중점을 두었습니다. 주역의 원전으로 인화의 처세술을 터득하고, 어떤 사안의 답은 육효법을 탐독하여 찾으시기 바랍니다.
신비한 동양철학 80 | 효명 최인영 편역 | 396면 | 29,000원 | 신국판

육효학 총론
육효학의 핵심만을 정확하고 알기 쉽게 정리
육효는 갑자기 문제가 생겨 난감한 경우에 명쾌한 답을 찾을 수 있는 학문이다. 그러나 시중에 나와 있는 책들이 대부분 원서를 그대로 번역해 놓은 것이라 전문가인 필자가 보기에도 지루하며 어렵다는 느낌이 들었다. 그래서 보다 쉽게 공부할 수 있도록 이 책을 출간하게 되었다.
신비한 동양철학 89 | 김도희 편저 | 174쪽 | 26,000원 | 신국판

기문둔갑 비급대성
기문의 정수
기문둔갑은 천문지리·인사명리·법술병법 등에 영험한 술수로 예로부터 은밀하게 특권층에만 전승되었다. 그러나 아쉽게도 기문을 공부하려는 이들에게 도움이 될만한 책이 거의 없다. 필자는 이 점이 안타까워 천견박식함을 돌아보지 않고 감히 책을 내게 되었다. 한 권에 기문학을 다 표현할 수는 없지만 이 책을 사다리 삼아 저 높은 경지로 올라간다면 제갈공명과 같은 지혜를 발휘할 수 있을 것이다.
신비한 동양철학 86 | 도관 박흥식 편저 | 725면 | 39,000원 | 신국판

기문둔갑옥경
가장 권위있고 우수한 학문
우리나라의 기문역사는 장구하나 상세한 문헌은 전무한 상태라 이 책을 발간하였다. 기문둔갑은 천문지리는 물론 인사명리 등 제반사에 관한 길흉을 판단함에 있어서 가장 우수한 학문이며 병법과 법술방면으로도 특징과 장점이 있다. 초학자는 포국편을 열심히 익혀 설국을 자유자재로 할 수 있도록 하고, 개인의 이익보다는 보국안민에 일조하기 바란다.
신비한 동양철학 32 | 도관 박흥식 저 | 674면 | 46,000원 | 사륙배판

오늘의 토정비결
일년 신수와 죽느냐 사느냐를 알려주는 예언서
역산비결은 일년신수를 보는 역학서이다. 당년의 신수만 본다는 것은 토정비결과 비슷하나 토정비결은 토정 선생께서 사람들에게 용기와 희망을 주기 위함이 목적이어서 다소 허황되고 과장된 부분이 많다. 그러나 역산비결은 재미로 보는 신수가 아니라, 죽느냐 사느냐를 알려주는 예언서이이니 재미로 보는 토정비결과는 차원이 다르다.
신비한 동양철학 72 | 역산 김찬동 편저 | 304면 | 16,000원 | 신국판

國運 | 나라의 운세
역으로 풀어본 우리나라의 운명과 방향
아무리 서구사상의 파고가 높다하기로 오천 년을 한결같이 가꾸며 살아온 백두의 혼이 와르르 무너지는 지경에 왔어도 누구 하나 입을 열어 말하는 사람이 없으니 답답하다. 불확실한 내일에 대한 해답을 이 책은 명쾌하게 제시하고 있다.
신비한 동양철학 22 | 백우 김봉준 저 | 290면 | 16,000원 | 신국판

남사고의 마지막 예언
이 책으로 격암유록에 대한 논란이 끝나기 바란다
감히 이 책을 21세기의 성경이라고 말한다. 〈격암유록〉은 섭리가 우리민족에게 준 위대한 복음서이며, 선물이며, 꿈이며, 인류의 희망이다. 이 책에서는 〈격암유록〉이 전하고자 하는 바를 주제별로 정리하여 문답식으로 풀어갔다. 이 책으로 〈격암유록〉에 대한 논란은 끝나기 바란다.
신비한 동양철학 29 | 석정 박순용 저 | 276면 | 19,000원 | 신국판

원토정비결
반쪽으로만 전해오는 토정비결의 완전한 해설판
지금 시중에 나와 있는 토정비결에 대한 책들을 보면 옛날부터 내려오는 완전한 비결이 아니라 반면의 책이다. 그러나 반면이라고 말하는 사람이 없다. 그것은 주역의 원리를 모르기 때문이다. 따라서 늦은 감이 없지 않으나 앞으로의 수많은 세월을 생각하면서 완전한 해설본을 내놓았다.
신비한 동양철학 53 | 원공선사 저 | 396면 | 24,000원 | 신국판 양장

나의 천운 | 운세찾기
몽골정통 토정비결
이 책은 역학계의 대가 김봉준 선생이 몽공토정비결을 우리의 인습과 체질에 맞게 엮은 것이다. 운의 흐름을 알리고자 호운과 쇠운을 강조하고, 현재의 나를 조명하고 판단할 수 있도록 했다. 모쪼록 생활서나 안내서로 활용하기 바란다.
신비한 동양철학 12 | 백우 김봉준 저 | 308면 | 11,000원 | 신국판

역점 | 우리나라 전통 행운찾기
쉽게 쓴 64괘 역점 보는 법

주역이 점치는 책에만 불과했다면 벌써 그 존재가 없어졌을 것이다. 그러나 오랫동안 많은 학자가 연구를 계속해왔고, 그 속에서 자연과학과 형이상학적인 우주론과 인생론을 밝혀, 정치·경제·사회 등 여러 방면에서 인간의 생활에 응용해왔고, 삶의 지침서로서 그 역할을 했다. 이 책은 한 번만 읽으면 누구나 역점가가 될 수 있으니 생활에 도움이 되길 바란다.
신비한 동양철학 57 | 문명상 편저 | 382면 | 26,000원 | 신국판 양장

이렇게 하면 좋은 운이 온다
한 가정에 한 권씩 놓아두고 볼만한 책

좋은 운을 부르는 방법은 방위·색상·수리·년운·월운·날짜·시간·궁합·이름·직업·물건·보석·맛·과일·기운·마을·가축·성격 등을 정확하게 파악하여 자신에게 길한 것은 취하고 흉한 것은 피하면 된다. 이 책의 저자는 신학대학을 졸업하고 역학계에 입문했다는 특별한 이력을 갖고 있기 때문에 더 많은 화제가 되고 있다.
신비한 동양철학 27 | 역산 김찬동 저 | 434면 | 16,000원 | 신국판

운을 잡으세요 | 改運秘法
염력강화로 삶의 문제를 해결한다!

행복과 불행은 누가 주는 것이 아니라 자기 자신이 만든다고 할 수 있다. 한 마디로 말해 의지의 힘, 즉 염력이 운명을 바꾸는 것이다. 이 책에서는 이러한 염력을 강화시켜 삶에서 일어나는 문제를 해결하는 방법을 알려준다. 누구나 가벼운 마음으로 읽고 실천한다면 반드시 목적을 이룰 수 있을 것이다.
신비한 동양철학 76 | 역산 김찬동 편저 | 272면 | 10,000원 | 신국판

복을 부르는방법
나쁜 운을 좋은 운으로 바꾸는 비결

개운하는 방법은 여러 가지가 있으나, 이 책의 비법은 축원문을 독송하는 것이다. 독송이란 소리내 읽는다는 뜻이다. 사람의 말에는 기운이 있는데, 이 기운은 자신에게 돌아온다. 좋은 말을 하면 좋은 기운이 돌아오고, 나쁜 말을 하면 나쁜 기운이 돌아온다. 이 책은 누구나 어디서나 쉽게 비용을 들이지 않고 좋은 운을 부를 수 있는 방법을 실었다.
신비한 동양철학 69 | 역산 김찬동 편저 | 194면 | 11,000원 | 신국판

천직 | 사주팔자로 찾은 나의 직업
천직을 찾으면 역경없이 탄탄하게 성공할 수 있다

잘 되겠지 하는 막연한 생각으로 의욕만 갖고 도전하는 것과 나에게 맞는 직종은 무엇이고 때는 언제인가를 알고 도전하는 것은 근본적으로 다르고, 결과도 다르다. 만일 의욕만으로 팔자에도 없는 사업을 시작했다고 하자, 결과는 불을 보듯 뻔하다. 그러므로 이런 때일수록 침착과 냉정을 찾아 내 그릇부터 알고, 생활에 대처하는 지혜로움을 발휘해야 한다.
신비한 동양철학 34 | 백우 김봉준 저 | 376면 | 19,000원 | 신국판

운세십진법 | 本大路
운명을 알고 대처하는 것은 현대인의 지혜다

타고난 운명은 분명히 있다. 그러니 자신의 운명을 알고 대처한다면 비록 운명을 바꿀 수는 없지만 향상시킬 수 있다. 이것이 사주학을 알아야 하는 이유다. 이 책에서는 자신이 타고난 숙명과 앞으로 펼쳐질 운명행로를 찾을 수 있도록 운명의 기초를 초연하게 설명하고 있다.
신비한 동양철학 1 | 백우 김봉준 저 | 364면 | 16,000원 | 신국판

성명학 | 바로 이 이름
사주의 운기와 조화를 고려한 이름짓기

사람은 누구나 타고난 운명이 있다. 숙명인 사주팔자는 선천운이고, 성명은 후천운이 되는 것으로 이름을 지을 때는 타고난 운기와의 조화를 고려해야 한다. 따라서 역학에 대한 깊은 이해가 선행함은 지극히 당연하다. 부연하면 작명의 근본은 타고난 사주에 운기를 종합적으로 분석하여 부족한 점을 보강하고 결점을 개선한다는 큰 뜻이 있다고 할 수 있다.
신비한 동양철학 75 | 정담 선사 편저 | 488면 | 24,000원 | 신국판

작명 백과사전
36가지 이름짓는 방법과 선후천 역상법 수록
이름은 나를 대표하는 생명체이므로 몸은 세상을 떠날지라도 영원히 남는다. 성명운의 유도력은 후천적으로 가공 인수되는 후존적 수기로써 조성 운화되는 작용력이 있다. 선천수기의 운기력이 50%이면 후천수기도의 운기력도50%이다. 이와 같이 성명운의 작용은 운로에 불가결한조건일 뿐 아니라, 선천명운의 범위에서 기능을 충분히 할 수 있다.
신비한 동양철학 81 │ 임삼업 편저 │ 송충석 감수 │ 730면 │ 36,000원 │ 사륙배판

작명해명
누구나 쉽게 활용할 수 있는 체계적인 작명법
일반적인 성명학으로는 알 수 없는 한자이름, 한글이름, 영문이름, 예명, 회사명, 상호, 상품명 등의 작명방법을 여러 사례를 들어 체계적으로 분석하여 누구나 쉽게 배워서 활용할 수 있도록 서술했다.
신비한 동양철학 26 │ 도관 박흥식 저 │ 518면 │ 19,000원 │ 신국판

역산성명학
이름은 제2의 자신이다
이름에는 각각 고유의 뜻과 기운이 있어 그 기운이 성격을 만들고 그 성격이 운명을 만든다. 나쁜 이름은 부르면 부를수록 불행을 부르고 좋은 이름은 부르면 부를수록 행복을 부른다. 만일 이름이 거지같다면 아무리 운세를 잘 만나도 밥을 좀더 많이 얻어 먹을 수 있을 뿐이다. 저자는 신학대학을 졸업하고 역학계에 입문한 특별한 이력으로 많은 화제가 된다.
신비한 동양철학 25 │ 역산 김찬동 저 │ 456면 │ 26,000원 │ 신국판

작명정론
이름으로 보는 역대 대통령이 나오는 이치
사주팔자가 네 기둥으로 세워진 집이라면 이름은 그 집을 대표하는 문패라고 할 수 있다. 따라서 이름을 지을 때는 사주의 격에 맞추어야 한다. 사주 그릇이 작은 사람이 원대한 뜻의 이름을 쓰면 감당하지 못할 시련을 자초하게 되고 오히려 이름값을 못할 수 있다. 즉 분수에 맞는 이름으로 작명해야 하기 때문에 사주의 올바른 분석이 필요하다.
신비한 동양철학 77 │ 청월 박상의 편저 │ 430면 │ 19,000원 │ 신국판

음파메세지 (氣)성명학
새로운 시대에 맞는 새로운 성명학
지금까지의 모든 성명학은 모순의 극치를 이룬다. 그러나 이제 새 시대에 맞는 음파메세지(氣) 성명학이 나왔으니 복을 계속 부르는 이름을 지어 사랑하는 자녀가 행복하고 아름다운 삶을 살아갈 수 있도록 하는데 도움이 되었으면 한다.
신비한 동양철학 51 │ 청암 박재현 저 │ 626면 │ 39,000원 │ 신국판 양장

아호연구
여러 가지 작호법과 실제 예 모음
필자는 오래 전부터 작명을 연구했다. 그러나 시중에 나와 있는 책에는 대부분 아호에 관해서는 전혀 언급하지 않았다. 그래서 아호에 관심이 있어도 자료를 구하지 못하는 분들을 위해 이 책을 내게 되었다. 아호를 짓는 것은 그리 대단하거나 복잡하지 않으니 이 책을 처음부터 끝까지 착실히 공부한다면 누구나 좋은 아호를 지어 쓸 수 있을 것이라고 생각한다.
신비한 동양철학 87 │ 임삼업 편저 │ 308면 │ 26,000원 │ 신국판

한글이미지 성명학
이름감정서
이 책은 본인의 이름은 물론 사랑하는 가족 그리고 가까운 친척이나 친구들의 이름까지도 좋은지 나쁜지 알아볼 수 있도록 지금까지 나와 있는 모든 성명학을 토대로 하여 썼다. 감언이설이나 협박성 감명에 흔들리지 않고 확실한 이름풀이를 볼 수 있을 것이다. 그리고 아름답고 멋진 삶을 살아갈 수 있는 이름을 짓는 방법도 상세하게 제시하였다.
신비한 동양철학 93 │ 청암 박재현 지음 │ 287면 │ 10,000원 │ 신국판

비법 작명기술
복과 성공을 함께 하려면
이 책은 성명의 발음오행이나 이름의 획수를 근간으로 하는 실제 이용이 가장 많은 기본 작명법을 서술하고, 주역의 괘상으로 풀어 길흉을 판단하는 역상법 5가지와 그외 중요한 작명법 5가지를 합하여 「보배로운 10가지 이름 짓는 방법」을 실었다. 특히 작명비인 선후천역상법은 성명의 원획에 의존하는 작명법과 달리 정획과 곡획을 사용해 주역 상수학을 대표하는 하락이수를 쓰고, 육효가 들어가 응험률을 높였다.
신비한 동양철학 96 | 임삼업 편저 | 370면 | 30,000원 | 사륙배판

올바른 작명법
소중한 이름, 알고 짓자!
세상 부모들에게 가장 소중한 것이 뭐냐고 물으면 자녀라고 할 것이다. 그런데 왜 평생을 좌우할 이름을 함부로 짓는가. 이름이 얼마나 소중한지, 이름의 오행작용이 일생을 어떻게 좌우하는지 모르기 때문이다.
신비한 동양철학 61 | 이정재 저 | 352면 | 19,000원 | 신국판

호(雅號)책
아호 짓는 방법과 역대 유명인사의 아호, 인명용 한자 수록
필자는 오래 전부터 작명연구에 열중했으나 대부분의 작명책에는 아호에 관해서는 전혀 언급하지 않고, 간혹 거론했어도 몇 줄 정도의 뜻풀이에 불과하거나 일반작명법에 준한다는 암시만 풍기며 끝을 맺었다. 따라서 필자가 참고한 문헌도 적었음을 인정한다. 아호에 관심이 있어도 자료를 구하지 못하는 현실에 착안하여 필자 나름대로 각고 끝에 본서를 펴냈다.
신비한 동양철학 97 | 임삼업 편저 | 390면 | 20,000원 | 신국판

관상오행
한국인의 특성에 맞는 관상법
좋은 관상인 것 같으나 실제로는 나쁘거나 좋은 관상이 아닌데도 잘 사는 사람이 왕왕있어 관상법 연구에 흥미를 잃는 경우가 있다. 이것은 중국의 관상법만을 익히고 우리의 독특한 환경적인 특징을 소홀히 다루었기 때문이다. 이에 우리 한국인에게 알맞은 관상법을 연구하여 누구나 관상을 쉽게 알아보고 해석할 수 있도록 자세하게 풀어놓았다.
신비한 동양철학 20 | 송파 정상기 저 | 284면 | 12,000원 | 신국판

정본 관상과 손금
바로 알고 사람을 사귑시다
이 책은 관상과 손금은 인생을 행복하게 만든다는 관점에서 다루었다. 그야말로 관상과 손금의 혁명이라고 할 수 있다. 여러분도 관상과 손금을 통한 예지력으로 인생의 참주인이 되기 바란다. 용기를 불어넣어 주고 행복을 찾게 하는 것이 참다운 관상과 손금술이다. 이 책이 일상사에 고민하는 분들에게 해결방법을 제시해 줄 것이다.
신비한 동양철학 42 | 지창룡 감수 | 332면 | 16,000원 | 신국판

이런 사원이 좋습니다
사원선발 면접지침
사회가 다양해지면서 인력관리의 전문화와 인력수급이 기업주의 애로사항이 되었다. 필자는 그동안 많은 기업의 사원선발 면접시험에 참여했는데 기업주들이 모두 면접지침에 관한 책이 있으면 좋겠다는 것이다. 그래서 경험한 사례를 참작해 이 책을 내니 좋은 사원을 선발하는데 많은 도움이 될 것이라고 믿는다.
신비한 동양철학 90 | 정도명 지음 | 274면 | 19,000원 | 신국판

핵심 관상과 손금
사람을 볼 줄 아는 안목과 지혜를 알려주는 책
오늘과 내일을 예측할 수 없을만큼 복잡하게 펼쳐지는 현실에서 살아남기 위해서는 사람을 볼줄 아는 안목과 지혜가 필요하다. 시중에 관상학에 대한 책들이 많이 나와있지만 너무 형이상학적이라 전문가도 이해하기 어렵다. 이 책에서는 누구라도 쉽게 보고 이해할 수 있도록 핵심만을 파악해서 설명했다.
신비한 동양철학 54 | 백우 김봉준 저 | 188면 | 14,000원 | 사륙판 양장

완벽 사주와 관상
우리의 삶과 관계 있는 사실적 관계로만 설명한 책
이 책은 우리의 삶과 관계 있는 사실적 관계로만 역을 설명하고, 역에 대한 관심과 흥미를 갖게 하고자 관상학을 추록했다. 여기에 추록된 관상학은 시중에서 흔하게 볼 수 있는 상법이 아니라 생활상법, 즉 삶의 지식과 상식을 드리고자 했다.
신비한 동양철학 55 | 김봉준·유오준 공저 | 530면 | 36,000원 | 신국판 양장

사람을 보는 지혜
관상학의 초보에서 실용까지
현자는 하늘이 준 명을 알고 있기에 부귀에 연연하지 않는다. 사람은 마음을 다스리는 심명이 있다. 마음의 명은 자신만이 소통하는 유일한 우주의 무형의 에너지이기 때문에 잠시도 잊으면 안된다. 관상학은 사람의 상으로 이런 마음을 살피는 학문이니 잘 이해하여 보다 나은 삶을 삶을 영위할 수 있도록 노력해야 한다.
신비한 동양철학 73 | 이부길 편저 | 510면 | 20,000원 | 신국판

한눈에 보는 손금
논리정연하며 바로미터적인 지침서
이 책은 수상학의 연원을 초월해서 동서합일의 이론으로 집필했다. 그야말로 논리정연한 수상학을 정리하였다. 그래서 운명적, 철학적, 동양적, 심리학적인 면을 예증과 방편에 이르기까지 상세하게 기술했다. 이 책은 수상학이라기 보다 바로미터적인 지침서 역할을 해줄 것이다. 독자 여러분의 꾸준한 연구와 더불어 인생성공의 지침서가 될 수 있을 것이다.
신비한 동양철학 52 | 정도명 저 | 432면 | 24,000원 | 신국판 양장

이런 집에 살아야 잘 풀린다
운이 트이는 좋은 집 알아보는 비결
한마디로 운이 트이는 집을 갖고 싶은 것은 모두의 꿈일 것이다. 50평이니 60평이니 하며 평수에 구애받지 않고 가족이 평온하게 생활할 수 있고 나날이 발전할 수 있는 그런 집이 있다면 얼마나 좋을까? 그런 소망에 한 걸음이라도 가까워지려면 막연하게 운만 기대하고 있어서는 안 된다. 좋은 집을 가지려면 그만한 노력이 있어야 한다.
신비한 동양철학 64 | 강현술·박흥식 감수 | 270면 | 16,000원 | 신국판

점포, 이렇게 하면 부자됩니다
부자되는 점포, 보는 방법과 만드는 방법
사업의 성공과 실패는 어떤 사업장에서 어떤 품목으로 어떤 사람들과 거래하느냐에 따라 판가름난다. 그리고 사업을 성공시키려면 반드시 몇 가지 문제를 살펴야 하는데 무작정 사업을 시작하여 실패하는 사람들이 많다. 그래서 이 책에서는 이러한 문제와 방법들을 조목조목 기술하여 누구나 성공하도록 도움을 주는데 주력하였다.
신비한 동양철학 88 | 김도희 편저 | 177면 | 26,000원 | 신국판

쉽게 푼 풍수
현장에서 활용하는 풍수지리법
산도는 매우 광범위하고, 현장에서 알아보기 힘들다. 더구나 지금은 수목이 울창해 소조산 정상에 올라가도 나무에 가려 국세를 파악하는데 애를 먹는다. 따라서 사진을 첨부하니 많은 활용하기 바란다. 물론 결록에 있고 산도가 눈에 익은 것은 혈 사진과 함께 소개하였다. 이 책을 열심히 정독하면서 답산하면 혈을 알아보고 용산도 할 수 있을 것이다.
신비한 동양철학 60 | 전항수·주장관 편저 | 378면 | 26,000원 | 신국판

음택양택
현세의 운·내세의 운
이 책에서는 음양택명당의 조건이나 기타 여러 가지를 설명하여 산 자와 죽은 자의 행복한 집을 만들 수 있도록 했다. 특히 죽은 자의 집인 음택명당은 자리를 옳게 잡으면 꾸준히 생기를 발하여 흥하나, 그렇지 않으면 큰 피해를 당하니 돈보다도 행·불행의 근원인 음양택명당에 관심을 기울여야 한다.
신비한 동양철학 63 | 전항수·주장관 지음 | 392면 | 29,000원 | 신국판

용의 혈 | 풍수지리 실기 100선
실전에서 실감나게 적용하는 풍수의 길잡이
이 책은 풍수지리 문헌인 만두산법서, 명산론, 금랑경 등을 이해하기 쉽도록 주제별로 간추려 설명했으며, 풍수지리학을 쉽게 접근하여 공부하고, 실전에 활용하여 실감나게 적용할 수 있도록 하는데 역점을 두었다.
신비한 동양철학 30 | 호산 윤재우 저 | 534면 | 29,000원 | 신국판

현장 지리풍수
현장감을 살린 지리풍수법
풍수를 업으로 삼는 사람들이 진가를 분별할 줄 모르면서 많은 법을 알았다고 자부하며 뽐낸다. 그리고는 재물에 눈이 어두워 불길한 산을 길하다 하고, 선하지 못한 물)을 선하다 한다. 이는 분수 밖의 것을 바라기 때문이다. 마음가짐을 바로 하고 고대 원전에 공력을 바치면서 산간을 실사하며 적공을 쏟으면 정교롭고 세밀한 경지를 얻을 수 있을 것이다.
신비한 동양철학 48 | 전항수 · 주관장 편저 | 434면 | 36,000원 | 신국판 양장

찾기 쉬운 명당
실전에서 활용할 수 있는 책
가능하면 쉽게 풀어 실전에 도움이 되도록 했다. 특히 풍수지리에서 방향측정에 필수인 패철 사용과 나경 9층을 각 층별로 설명했다. 그리고 이 책에 수록된 도설, 즉 오성도, 명산도, 명당 형세도 내거수 명당도, 지각형세도, 용의 과협출맥도, 사대혈형 와겸유돌 형세도 등은 국립중앙도서관에 소장된 문헌자료인 만산도단, 만산영도, 이석당 은민산도의 원본을 참조했다.
신비한 동양철학 44 | 호산 윤재우 저 | 386면 | 19,000원 | 신국판 양장

해몽정본
꿈의 모든 것
시중에 꿈해몽에 관한 책은 많지만 막상 내가 꾼 꿈을 해몽을 하려고 하면 어디다 대입시켜야 할지 모르는 경우가 많았을 것이다. 그러나 최대한으로 많은 예를 들었고, 찾기 쉽고 명료하게 만들었기 때문에 해몽을 하는데 어려움이 없을 것이다. 한집에 한권씩 두고 보면서 나쁜 꿈은 예방하고 좋은 꿈을 좋은 일로 연결시킨다면 생활에 많은 도움이 될 것이다.
신비한 동양철학 36 | 청암 박재현 저 | 766면 | 19,000원 | 신국판

해몽 | 해몽법
해몽법을 알기 쉽게 설명한 책
인생은 꿈이 예지한 시간적 한계에서 점점 소멸되어 가는 현존물이기 때문에 반드시 꿈의 뜻을 따라야 한다. 이것은 꿈을 먹고 살아가는 인간 즉 태몽의 끝장면인 죽음을 향해 달려가고 있는 인간이기 때문이다. 꿈은 우리의 삶을 이끌어가는 이정표와도 같기에 똑바로 가도록 노력해야 한다.
신비한 동양철학 50 | 김종일 저 | 552면 | 26,000원 | 신국판 양장

명리용어와 시결음미
명리학의 어려운 용어와 숙어를 쉽게 풀이한 책
명리학을 연구하는 이들은 기초공부가 끝나면 자연스럽게 훌륭하다고 평가하는 고전의 이론을 접하게 된다. 그러나 시결과 용어와 숙어는 어려운 한자로만 되어 있어 대다수가 선뜻 탐독과 음미에 취미를 잃는다. 그래서 누구나 어려움 없이 쉽게 읽고 깊이 있게 음미할 수 있도록 원문에 한글로 발음을 달고 어려운 용어와 숙어에 해석을 달아 이 책을 내게 되었다.
신비한 동양철학 103 | 원각 김구현 편저 |300면 | 25,000원 | 신국판

완벽 만세력
착각하기 쉬운 서머타임 2도 인쇄
시중에 많은 종류의 만세력이 나와있지만 이 책은 단순한 만세력이 아니라 완벽한 만세경전으로 만세력 보는 법 등을 실었기 때문에 처음 대하는 사람이라도 쉽게 볼 수 있도록 편집되었다. 또한 부록편에는 사주명리학, 신살종합해설, 결혼과 이사택일 및 이사방향, 길흉보는 법, 우주천기와 한국의 역사 등을 수록했다.
신비한 동양철학 99 | 백우 김봉준 저 | 316면 | 24,000원 | 사륙배판

정본 | 완벽 만세력
착각하기 쉬운 서머타임 2도인쇄

시중에 많은 종류의 만세력이 있지만 이 책은 단순한 만세력이 아니라 완벽한 만세경전이다. 그리고 만세력 보는 법 등을 실었기 때문에 처음 대하는 사람이라도 쉽게 볼 수 있다. 또 부록편에는 사주명리학, 신살 종합해설, 결혼과 이사 택일, 이사 방향, 길흉보는 법, 우주의 천기와 우리나라 역사 등을 수록하였다.

신비한 동양철학 99 | 김봉준 편저 | 316면 | 20,000원 | 사륙배판

원심수기 통증예방 관리비법
쉽게 배워 적용할 수 있는 통증관리법

『원심수기 통증예방 관리비법』은 4차원의 건강관리법으로 질병이 악화되는 것을 예방하여 건강한 몸을 유지하는데 그 목적이 있다. 시중의 수기요법과 비슷하나 특장점은 힘이 들지 않아 어린아이부터 노인까지 누구나 시술할 수 있고, 배우고 적용하는 과정이 쉽고 간단하며, 시술 장소나 도구가 필요 없으니 언제 어디서나 시술할 수 있다.

신비한 동양철학 78 | 원공 선사 저 | 288면 | 16,000원 | 신국판

운명으로 본 나의 질병과 건강
타고난 건강상태와 질병에 대한 대비책

이 책은 국내 유일의 동양오술학자가 사주학과 정통명리학의 양대산맥을 이루는 자미두수 이론으로 임상실험을 거쳐 작성한 자료다. 따라서 명리학을 응용한 최초의 완벽한 의학서로 질병을 예방하고 치료하는데 활용하면 최고의 의사가 될 것이다. 또한 예방의학적인 차원에서 건강을 유지하는데 훌륭한 지침서로 현대의학의 새로운 장을 여는 계기가 될 것이다.

신비한 동양철학 9 | 오상익 저 | 474면 | 26,000원 | 신국판

서체자전
해서를 기본으로 전서, 예서, 행서, 초서를 연습할 수 있는 책

한자는 오랜 옛날부터 우리 생활과 뗄 수 없음에도 잘 몰라 불편을 겪는 사람들이 많아 이 책을 내게 되었다. 이 책에서는 해서를 기본으로 각 글자마다 전서, 예서, 행서, 초서 순으로 배열하여 독자가 필요한 것을 찾아 연습하기 쉽도록 하였다.

신비한 동양철학 98 | 편집부 편 | 273면 | 16,000원 | 사륙배판

모든 질병에서 해방을 1·2
건강실용서

우리나라는 아주 오랜 옛날부터 건강과 관련한 약재들이 산천에 널려 있었고, 우리 민족은 그 약재들을 슬기롭게 이용하며 나름대로 건강하게 살아왔다. 그러나 오늘날 현대의학에 밀려 외면당하며 사라지게 되었다. 이에 옛날부터 내려오는 의학서적인 『기사회생』과 『단방심편』을 바탕으로 민가에서 활용했던 민간요법들을 정리하고, 현대에 개발된 약재들이나 시술방법들을 정리했다.

신비한 동양철학 102 | 원공 선사 편저 | 1권 448면·2권 416면 | 각 29,000원 | 신국판

참역학은 이렇게 쉬운 것이다② — 완결편
역학을 활용하는 방법을 정리한 책

『참역학은 이렇게 쉬운 것이다』에서 미처 쓰지 못한 사주를 활용하는 방법을 정리한다는 의미에서 다시 이 책을 내게 되었다. 전문가든 비전문가든 이 책이 사주라는 학문을 이해하는 데 도움이 되고, 사주에 있는 가장 좋은 길을 찾아 행복하게 살았으면 합니다. 특히 사주상담을 업으로 하는 분들도 참고해서 상담자들이 행복하게 살도록 도와주었으면 한다.

신비한 동양철학 104 | 청암 박재현 편저 | 330면 | 23,000원 | 신국판

인명용 한자사전
한권으로 작명까지 OK

이 책은 인명용 한자의 사전적 쓰임이 본분이지만 일반적으로 통용되는 기본적인 것 외에 7가지를 간추려 여러 권의 작명책을 대신했기에 이 한 권만으로 작명에 관한 모든 것을 충족하고도 남을 것이다. 그리고 작명하는데 한자에 관해서는 다양하게 활용할 수 있도록 하였고, 일반적인 한자자전의 용도까지 충분히 겸비하도록 하였다.

신비한 동양철학 105 | 임삼업 편저 | 336면 | 24,000원 | 신국판

바로 내 사주
행복한 인생을 만들어 갈 수 있는 방법을 소개하는 책

역학이란 본래 어려운 학문이다. 수십 년을 공부해도 터득하기 어려운 학문이라 많은 사람이 중간에 포기하는 일이 많다. 기존의 당사주 책도 수백 년 동안 그 명맥을 유지해왔으나 적중률이 매우 낮아 일반인들에게 신뢰를 많이 받지 못했다. 그래서 지금까지 30여 년 동안 공부하며 터득한 비법을 토대로 이 책을 내게 되었다. 물론 어느 역학책도 백 퍼센트 정확하다고 장담할 수는 없다. 이 책도 백 퍼센트 적중률을 목표로 했으나 적어도 80% 이상은 적중할 것이라고 자부한다.
신비한 동양철학 106 | 김찬동 편저 | 242면 | 20,000원 | 신국판

주역타로64
인간사 주역괘 풀이

타로카드는 서양 상류사회의 생활상을 담은 그림으로 되어 있다. 그 속에는 자연과 인간이 겪을 수 있는 경험과 역사가 압축되어 있다. 이러한 타로카드를 점(占) 목적으로 사용하는 것인데, 주역타로64점은 주역의 64괘를 64매의 타로카드에 담아 점 도구로 사용한다. 64괘는 우주의 모든 형상과 형태의 끊임없는 변화의 원리로 나타난 것이다. 그리고 주역타로는 일반 타로의 공통적인 스토리와는 다른 점이 많으나 그 기본 이론은 같다. 주역타로의 추상적이며 미진한 정보에 더해 인간사에 대한 주역 괘풀이를 보탰으니 주역타로64를 점 도구로 활용하는 데 도움이 되었으면 한다.
신비한 동양철학 107 | 임삼업 편저 | 387면 | 39,000원 | 사륙배판

주역 평생운 비록
상수역의 하락이수를 활용한 비결

하락이수의 평생운, 대상운, 유년운, 월운은 주역의 표상인 괘효의 숫자로 기록했고, 그 해석 설명은 원문에 50,000여 한자 사언시구로 구성되어 간혹 어려운 글자, 흔히 쓰지 않는 낯선 글자, 주역의 괘효사를 인용한 것도 있어 한문 문장의 해석은 녹녹치 않은 것이어서 원문 한자 부분은 제외시키고 한글 해석만을 수록했다.
신비한 동양철학 109 | 경의제 임삼업 편저 | 872면 | 49,000원 | 사륙배판

사주 감정요결
세운을 판단하는 방법

사주를 간명하는 데 조금이라도 도움이 되었으면 하는 마음에서 『정법사주』에 이어 이 책을 내게 되었다. 여기서는 사주를 간명하는 데 근간이 되는 오행의 왕쇠강약을 세분해서 설명하고, 대운과 세운, 세운과 월운의 연관성과 십신과 여러 살이 운명에 미치는 암시와 십이운성으로 세운을 판단하는 방법을 설명했다.
신비한 동양철학 110 | 원각 김구현 편저 | 338면 | 36,000원 | 신국판

명리정종 정설(1·2)
명리정종의 완결판

이 책의 원서인 명리정종(命理正宗)은 중국 명대의 신봉(神峰) 장남(張楠) 선생이 저술한 명리서(命理書)다. 명리학(命理學)의 5대 원서는 어느 것 하나 귀하지 않은 것이 없지만 명리정종(命理正宗)은 연해자평(淵海子平)을 깊이 분석하며 비판한 것이 특징이다. 따라서 초학자는 연해자평(淵海子平)을 공부한 후 이 책을 공부하는 것이 좋다.
신비한 동양철학 108 | 역산 김찬동 편역 | 648/400면 | 49,000/39,000원 | 신국판

팔자소관
역학의 대조인 하락(河洛)에서 우주와 사람의 운명이 변하는 원리를 정리한 책

이 책은 역학의 대조인 하락(河洛)에서 우주가 변화는 원리를 정리한 것으로, 이는 만물의 근본과 인간의 운명은 한 치의 오차도 없이 맞물려 돌아간다는 내용을 담았다. 이는 즉 우리가 생활 속에서 흔하게 쓰는 "팔자 못 고친다", "팔자소관이다", "팔자 탓이다" 등등 많은 말로 팔자를 뛰어넘을 수 없다고 하는데, 이는 마지막 체념의 말인가 하여 이 책의 제목을 『팔자소관』으로 했으며, 이를 증명하는 데 주력했다. 운(運)은 시간이요 명(命)은 공간이다. 이를 주제로 누구나 알기 쉽고 이해하기 쉽도록 쓴 글이니 필독을 권하는 바다.
신비한 동양철학 111 | 김봉준·안남걸 공저 | 292면 | 30,000원 | 신국판

실용 인명한자 작명
수준높은 작명과 감명에 손색이 없는 국내 유일의 실용 인명한자 작명
이 책은 이름에 부적당(不適當) 부적정(不適正) 부적절(不適切) 불부합(不符合) 부적격(不適格)한 한자는 한곁에 두고, 작명상 실용적인 한자 4,250자를 인명 한자로 삼았다. 인명 한자마다 구체적인 명세[明細], 음령·천간오행·동속자·한자 부수·세 종류(원획·실획·곡획)의 획수 자원오행]를 붙였다. 인명 한자 외의 한자를 포함한 8,142자는 음별로 작성한 인명용 한자표에 한 자마다 원획(原劃)을 넣어 음가(音價)와 성명에 사용하는 원획을 한눈에 볼 수 있게 하여 성명 한자의 길수리를 구성하는 데 편리하게 하였다.
신비한 동양철학 112 | 임삼업 편저 | 448면 | 49,000원 | 사륙배판

사주는 믿어도 사주쟁이는 믿지마라
최고 적중률 70%를 100%로 끌어올리는 방법
사람이 살아가는 데 가장 필요한 것이 음식이고, 그 음식을 사려면 돈이 필요하고, 그 돈을 벌려면 직업이 있어야 합니다. 그 래서 사람이 살아가는 데 가장 중요한 직업을 아는 것이 바로 사주이고, 그 직업을 하루라도 빨리 알면 그 직업을 선택하는 데 유리할 것이며, 사주에서 원하는 적성대로 직업을 선택해서 그 길로 가면 한평생 어려움이 없습니다.
신비한 동양철학 113 | 박재현·최지윤 공저 | 300면 | 30,000원 | 신국판

역학교과서 | 신통한 역학
명리학을 교과서처럼 정리한 책
이 책은 목화토금수 속에는 천지인의 심성이 들어 있고, 오행으로 조립된 사주팔자 속에는 인생의 길흉화복과 영고성쇠의 이 치가 들어 있음을 설명하는 데 주력했다. 역학을 공부하는 사람들은 물론 누구에게라도 필독을 권하는 바다. 왜냐하면 명리학 은 자연의 이치를 근본으로 쓰여진 것으로, 노자의 도덕경처럼 삶의 지침서로 삼게 하고자 쓴 것이다. 특히 명리학을 공부하 는 사람들에게는 교과서처럼 읽을 수 있도록 요점을 정리하는 데 주력했다.
신비한 동양철학 114 | 김봉준 편저 | 336면 | 36,000원 | 신국판